KB160450

횡단과 연계의 탐색

# 환태평양 도시연구

이 책은 2020년 대한민국 교육부와 연구재단 지원에 의하여 연구되었음
(NRF-2020S1A5C2A02093112)

횡단과 연계의 탐색

# 환태평양 도시연구

노용석, 현민, 정호윤, 박명숙, 문기홍, 백두주, 서광덕, 전지영 지음

이담북스

# 환태평양 도시연구:
# 횡단과 연계의 탐색

## 추상에서 구체로: 구체적 태평양의 발견

고대로부터 많은 철학자들은 자연세계에 실존하고 있는 여러 요소들을 정의하기 위해 노력해왔으며, 특히 공간에 있는 도형의 성질인 기하학 등의 연구에 몰두했다. 이 중 원은 기하학에 등장하는 도형으로서, 유클리드 평면 위에서 한 점으로부터 거리가 같은 점의 집합으로 정의된다. 고대로부터 원은 가장 완벽한 형태로 여겨졌고, 많은 문화권의 도시에서는 타원이나 원형을 이용한 도시 계획 등이 실시되었다. 하지만 실제 원이라는 기하학적 패턴은 인간들의 추상적 인지 속에 자리 잡은 하나의 '개념'이라 볼 수 있다. 실제 원이 그려지는 원리는 우리가 일반적으로 개념화하고 있는 것과는 달리, 수많은 직선들의 결합과 교차로 이루어져 있다고 볼 수 있고, 이와 같은 결합과 교차로 인해 다른 어떠한 형태보다 질서와 균형, 정돈된 느낌을 주는 것이다. 이것은 달리 말해 인간의 인식에서 발전한 어떤 범주의 추상적 개념이 반드시 그것의 구체적 실체와 동일할 수는 없다는 것을 말한다. 사실 인간 문화의 철학사는 이러한 인간의 인식과 대상의 일치 여부를 판단하는 과정이었다고 볼 수 있다. 수학적 개념은 '구체적인 것에서 추상적인 것'으로 발전하여 오늘에 이르고 있으며, 보다 효율적인 개념의 이해는 현실적이고 구체적인 맥락에서 출발해야 명확하게 확인할 수 있다. 이러한 구체성과 추상화의 문제는 인문학에서도 적용할 수 있는데, 특히 우리는 지역의 명칭을 사용하면서, 그 지역의 구체성이 어떠한 방식으로 발전해왔고, 왜 하나의 범주로 묶일 수밖에 없는가의 문제와 끊임없이 마주치고 있다.

태평양은 아프리카와 유라시아, 아메리카, 오세아니아를 포함한 대양으로서 지구 표면적의 1/3을 차지하는 거대한 바다를 일컫는다. 거대한 자연적 실체에 '태평양'이라는 이름이 처음 적용된 것은 1521년 마젤란의 역사적인 항해가 이루어진 이후였다. 마젤란이 감격하였던 '고요하고 평화로운 바다'에 대한 인상은 곧 유럽 전역으로 퍼졌고, 이 지역의 이름이 태평양으로 명명되는 데 중요한 역할을 하였다. 이후 전 세계는 1941년부터 1945년까지 진행된 일본과 미국의 거대한 전쟁을 '태평양 전쟁'이라 칭하며, 이곳의 명칭을 공고히 하였다. 하지만 이와 같이 명명된 태평양이라는 지리적 실체는 사실 다른 시각에서도 볼 수 있다. 역사적으로 태평양 바다와 인접해 있는 다양한 문명권들은 자신들의 바다에 고유한 명칭을 붙였다. 예를 들어 마젤란보다 태평양을 먼저 발견했던 바스코 누녜스 데 발보아(Vasco Nuñez de Balboa)는 1513년 다리엔 지협에서 태평양을 보았을 때, 원주민들이 그 바다를 '위대한 남쪽바다'로 칭하는 것을 들었고, 이에 바다 이름을 '남쪽 바다(Mar del Sur)'로 명명하였다. 결국 우리는 지금까지 '서구의 인식'인 태평양이라는 개념을 중심으로 지역을 관망했고, 이 주변 지역의 모든 명칭을 이러한 시각에서만 파악하였다. '작은 섬들의 조합'인 미크로네시아(Micronesia)와 '멜라닌 색소가 많아서 얼굴이 검은 사람들이 사는 섬들'인 멜라네시아(Melanesia), '많은 섬들이 조합을 이루고 있는 곳'의 의미인 폴리네시아(Polynesia) 등도 비슷한 맥락에서 서구의 인식을 반영해 만들어진 개념들이다. 서구의 인식으로 명명된 지역명이 부당하거나 오류가 있다는 것은 아니다. 다만 이러한 개념하에서는 역사적으로 태평양의 여러 지역들을 연결하고 있는 거대한 고리의 원류를 간과할 수 있기에 색다른 접근이 필요함을 말하는 것이다.

본서의 목적은 위와 같이 태평양을 둘러싸고 있는 거대한 '환(環)'의 모습을 인지하면서, 이들의 커넥티비티(connectivity)를 조사하는 것이다. 이때 '환'은 추상적 개념으로서의 원을 의미하고, 커넥티비티는 그 원의 구체적 실제인 직선들의 결합과 교차를 말한다. 태평양이라는 개념이 실체가 된 것은 고리에 있는 여러 지역들이 태평양이라는 공간을 이용해 수많은 교섭과 접촉을 하였기 때문이다. 예를 들어 갤리온 무역(1565-1815)은 태평양이라는 공간을 통해 아시아와 아메리카, 유럽을 잇는 역할을 했으며, 이 과정에서 많은 지역의 거점들이 환태평양의 고리로 등장하게 되었다. 이 책은 그 고리들의 역사와 문화, 그리고 특성을 소개하고 있으며, 더 많은 연계점들과의 관계를 파악해 환태평양의 실체를 찾기 위한 여정을 떠난다.

이 책에 실린 논문들의 주요 논지와 시사점을 소개하면 다음과 같다.

## 북아메리카의 환태평양 거점: 샌프란시스코와 로스앤젤레스

본서에서는 먼저 태평양의 여러 역사 문화적 고리들을 추적하기 위하여 북아메리카 대륙의 거점 지역들을 분석하였다. 본서에서 다루고 있는 북아메리카 거점 지역들은 대부분 항구도시로서, 태평양이라는 실체적 연계고리의 형성에 어떤 역사 문화적 기원을 하였는가를 알아보고자 하였다. 분석을 시도한 도시는 캘리포니아에 위치한 샌프란시스코와 로스앤젤레스로서, 현재 미국 서부의 주요한 도시로 알려진 곳이다.

먼저 현민은 샌프란시스코의 역사 문화적 정체성을 탐구하면서, 이 도시가 '명백한 운명'에 따른 서부 개척과 골드러시의 결과로 태평양과 연관성을 가진 것이 아니라, 이미 이전부터 환태평양의 중요한 거점으로 역할이 있었음을 주장하고 있다. 샌프란시스코(San Francisco)는 스페인어 기원의 이름에서 볼 수 있듯이, 과거 누에바 에스파냐 부왕령의 역사에서 출발하여 멕시코를 거쳐, 현재 미국의 영토가 되었다. 이 과정에서 샌프란시스코는 칠레의 발파라이소(Valparaiso)와 페루의 카야오(Callao), 멕시코의 아카풀코(Acapulco), 알래스카의 시트카(Sitka), 호놀룰루(Honolulu), 그리고 멀리 중국 광동성으로 이어지는 태평양 통합 교역망의 중심으로 기능하면서, 이른바 '환태평양 메가지역 연계'를 완성시킨 주요 도시로 역할을 하였음을 기술하고 있다. 특히 골드러시 이전인 1848년, 미국 육군 대령 존 프레몬트(John C. Fremont)는 태평양과 샌프란시스코만을 가르는 좁은 해협을 콘스탄티노플의 골든혼(Golden Horn)에 빗대어 '동방과 무역하는 골든게이트'라고 말한 것을 언급하며, 이것은 샌프란시스코의 '골든게이트' 개념이 골드러시 이전에 이미 동방과의 무역에 기인하여 발생한 것이라는 것을 지적하고 있다. 골드러시 이후 샌프란시스코는 서던퍼시픽 철도의 완공과 더불어 환태평양 관문도시로서의 성격이 더욱 강화되었다.

샌프란시스코와 인접해 있는 로스앤젤레스도 북아메리카와 태평양 교역의 연결을 위한 중요한 지점 중의 하나이다. 현민과 정호윤은 다중심적 도시구조를 가진 로스앤젤레스가 환태평양 교역망을 위한 인공의 항구도시로 근대에 개척되었고, 이러한 개척은 19세기 말-20세기 초 철도 혁명을 배경으로 하고 있음을 말한다. 이 연구에서는 로스앤젤레스 형성이 캘리포니아 지역의 환태평양 연계성이 중심이 되어 태평양 철도(서던퍼시픽 철도)와 항구(산페드로 항)의 연결 등이 복합적으로 작용한 사례이고, 이를 통해 로스앤젤레스가 환태평양 무역 거점의 중요 지점으로 기능하고 있음을 밝히고 있다.

지금까지 북아메리카(미국)의 태평양 연안 지역들은 대부분 골드러시에 의해 발전되었고, 이후 태평양을 통한 교역이 증가하여 북아메리카 내부의 대륙 횡단 시스템이 고도화되었다는 것이 일반적인 상식이었다. 하지만 본서의 샌프란시스코와 로스앤젤레스의 사례를 보면, 미국의 태평양 연안 도시들은 '명백한 운명' 혹은 골드러시를 기점으로 발전한 것이 아니라, 이보다 빠른 시기에 태평양과의 연계를 고려하면서 건설되었음을 알 수 있다.

## 아시아와 태평양, 대서양의 연계: 베라크루스

멕시코의 베라크루스는 라틴아메리카 식민화의 시작점이자 스페인 식민 정책의 주요 항구로서 카리브해의 해적과 갤리온 무역 등 수많은 키워드로 지칭될 수 있는 항구이다. 베라크루스는 대서양과 카리브해에 접해 있지만, 환태평양 거점 도시들의 연계성과 무역 루트를 활성화시킨 실질적인 관문도시였다는 측면에서 상당히 흥미로운 거점지역이라 하지 않을 수 없다. 박명숙은 베라크루스가 대서양 횡단의 무역항으로 번창했지만, 그 기능은 결코 하나에만 머무르지는 않았음을 강조한다. 베라크루스는 멕시코 아카풀코와 마닐라 사이의 태평양 갤리온 무역의 교역품을 대서양 너머 유럽으로 넘겨주는 교역 중심에 위치하면서, 유럽과 누에바 에스파냐(현 멕시코 지역)를 비롯한 아메리카 대륙, 그리고 중국으로 대변되는 아시아 지역을 하나의 고리로 묶는 세계 최초의 글로벌 연계에서 중추 역할을 담당하였다. 환태평양의 실체적 고리가 최초로 실행되었던 것이 갤리온 무역이라면, 베라크루스는 대서양에 위치하면서 이러한 환태평양의 고리를 유럽 등 타 대륙의 인디아스 루트로 확산시킨 상징이었다.

## 이주를 통한 혼종문화의 탄생: 하와이

일반적으로 환태평양을 언급할 때, 많은 이들은 직감적으로 하와이의 중요성을 느낄 것이다. 왜냐하면 하와이는 태평양의 가장 중심에 위치하고 있고, 환태평양 문화 연계성을 확인하는 데 있어서 폴리네시아와 미크로네시아, 캐롤라인 제도, 적도 태평양상에 위치해 있던 여러 섬들의 역사문화적 배경을 조사하는 것이 상당히 중요하기 때문이다. 알려진 바와 같이 하와이는 1778년 제임스 쿡에 의해 서구 문명에 소개되었고, 이후 사탕수수 플랜테이션 등의 경영으로 인해 하와이 원주민 수가 급감하게 되었다. 정호윤은 서구 사회의 무자비한 개발로 하와이의 원주민 사회가 붕괴하자, 19세기 중반부터 중국과 일본, 한국, 필리핀, 푸에르토리코, 포르투갈 등지로부터 이민을 받아들여 새로운 혼종문화를 형성하게 되었다고 말한다. 사실 환태평양의 고리를 만드는 갤리온 무역에서 하와이는 별다른 역할을 할 수 없었다. 왜냐하면 아카풀코와 마닐라를 오가던 갤리온 무역 루트의 조류 특성으로 인해 하와이가 관문 혹은 연계지 역할을 할 수 없었기 때문이었다. 하지만 하와이는 서구 문명의 침략으로 말미암아 18세기 이후부터 아시아와 유럽, 아메리카 대륙으로부터 많은 인구가 유입되어 독특한 다문화를 형성하게 되었고, 이 문화는 20세기 이후 환태평양의 문화 연계에서도 가장 특징적인 혼종 문화를 보여주면서 환태평양 문화의 연계가 어떠한 방식으로 이루어졌는가에 대한 한 단면을 알 수 있게 한다. 이처럼 환태평양 연구에서 하와이의 중요성이 높지만, 향후 연구에 있어서는 폴리네시아 하와이 제도로부터 마샬 제도, 미크로네시아 제도, 캐롤라인 제도에 이르는 적도 태평양 군도의 역사와 문화가 어떤 연계성을 가지는가에 대한 종합적 분석이 더욱 필요할 것으로 보인다. 이러한 연계성들은 보다 실체적인 태평양의 고리를 설명하는 데 도움을 줄 것이다.

## 아시아-태평양 고리의 한 축: 호주

문기홍은 환태평양의 고리에 포함되지만 적극적 관심에서 다소 배제된 호주의 연계성을 분석하였으며, 특히 시드니의 사례를 소개하고 있다. 시드니는 영국의 호주 식민지 개발 계획에 의거해 만들어진 도시로서 19세기부터 발전하기 시작했다. 호주의 인구는 20세기 들어오면서 남부 유럽인과 중국인의 급증으로 혼종문화를 형성하게 되었고, 특히 1973년 백호주의 정책의 폐기를 기점으로 베트남과 미얀마의 난민을 비롯한 아시아의 많은 이주민들이 시드니 등으로 들어오게 되었다. 이것은 '하나의 호주' 혹은 '호주 우선주의'에 입각해 국가 정책을 입안하던 1980년대의 분위기에 역행하는 것으로서, 아시아 국가와의 관계 형성을 통해 호주가 아시아-태평양 고리의 한 축으로 등장함을 의미한다고 분석하고 있다. 향후 시드니 등의 호주 도시가 대영제국의 식민 유산을 극복하면서 어떻게 아시아-태평양의 관문도시로 발전해 나가는가의 연구도 기대해 볼 만하다.

# 세계도시 싱가포르

백두주는 제국의 식민도시에서 세계도시 국가로 이행한 싱가포르가 어떻게 환태평양 도시국가의 형태를 갖춰가고 있는가에 대해 소개하고 있다. 싱가포르는 과거 영국과 포르투갈, 네덜란드 등의 유럽국가의 식민 지배 정책에 의해 성장했으며, 이후 인도양과 태평양을 잇는 말라카 해협의 중계무역지로 성장했다. 이 당시부터 싱가포르는 다인종, 다종교의 혼종문화를 이루게 되었다. 또한 1965년 말레이연방에서 축출된 이후 도시국가로의 전환을 이루고, 단순한 식민지 무역을 위한 '지역도시'가 아니라 세계도시로서의 위상을 가질 수 있게 되었다. 이러한 싱가포르의 역사에서 특이한 점은 20세기 초반부터 고무 및 주석 산업의 발전으로 인해 미국과의 무역이 점차 중요하게 되면서, 기존의 유럽-아시아를 연결하던 무역노선에서 태평양으로의 확대가 이루어졌다는 점이다. 전통적으로 말라카 해협은 포르투갈의 인도 항로와 수에즈 운하 등의 영향을 많이 받았으나, 20세기 이후부터 활발한 태평양 노선이 싱가포르에서 이루어졌던 것이다. 하지만 싱가포르에서 태평양으로의 관심이 발생했던 것은 20세기 이전부터 진행되었는데, 갤리온 무역과 연관이 높았던 수많은 중국 정크선들의 싱가포르 방문 때문이었다.

## 중국 남부 해상교역의 중심지: 광저우

과거 중국의 한족들은 광저우가 위치한 지역을 '남만(南蠻)'이라 부르며 오랑캐의 지역으로 분류하였다. 하지만 광저우는 역사적으로 유럽과 인도, 일본, 필리핀, 동남아시아, 아메리카 대륙과 연결이 되는 거대 고리의 핵심 관문이었다. 서광덕은 과거부터 해상실크로드의 관문으로서 중요한 역할을 하였던 광저우의 역사와 문화에 대해 분석하면서, 태평양 항로와의 연관성에 대해 말하고 있다. 특히 서광덕은 광저우의 역사를 언급하면서, 이곳이 중국 영토의 가장 남쪽에 위치하면서 북쪽 내륙과 분리된 긴 해안선을 가진 지정학적 조건으로 인해, 오랜 기간 동안 중국의 주요 '게이트웨이'로 기능하였음을 강조하고 있다. 광저우는 푸저우(福州)와 장저우(漳州) 등과 더불어 필리핀 마닐라를 경유하는 갤리온 무역의 주요 거점 중 하나였고, 해상교역의 중심지로 오랫동안 역할을 하여 여러 대륙의 연계 커넥티비티를 완성하는 지점이었기에 상당히 중요한 분석 대상이 되고 있다.

## 항만 중심의 관문도시: 요코하마와 부산

요코하마는 관문 항구로서의 역사가 그리 길지는 않다. 이 도시는 1858년 미일수호통상조약에 의거해 개항장이 되었고, 이후 일본의 대표적인 항만 중심의 관문도시가 되었다. 전지영은 요코하마가 일본의 고도 경제성장기에 항만 중심의 관문도시 역할을 하게 되었고, 이곳의 임항지구는 생산·물류 공간과 복합공간(미나토미라이21), 다문화공간(차이나타운 등) 기능을 담당하면서 다양한 물품과 문화의 교류 및 접촉을 주도하고 있다고 분석한다. 반면 백두주는 한국과 동북아의 대표적 항만도시인 부산의 역사와 글로벌 연계성에 대해 분석하고 있다. 연구자는 1970년대 이후 본격화된 컨테이너화와 이에 따른 세계화에 의거해 부산항이 기능적 전환과 도시공간의 재구조화를 촉진하는 계기가 되었고, 향후 글로벌 신해양도시산업 중심지로서의 발전을 꾀하고 있다고 말한다. 사실 요코하마와 부산의 사례는 역사적으로 환태평양의 거점을 말하는 데 있어서 짧은 배경을 가지고 있지만, 환태평양의 미래적 관점에서 본다면 어떠한 방식의 연계들이 우리 인근 지역에서 발생할 수 있는가를 상상하게 한다.

오늘날 우리는 태평양을 미중관계의 대척점, 태평양 동맹, 환태평양경제동반자협정(TPP) 등의 개념과 더불어 생각하고 있지만, 태평양이라는 추상 개념 내부에는 다양한 역사와 문화가 존재하고 있음을 알아야 한다. 태평양은 자연지리적 위치일 수도 있지만, 달리 생각한다면 여러 지역의 총체적 연계일 수도 있는 것이다.

본서의 목적은 환태평양의 '고리' 속에 들어가 있는 여러 지역의 역사문화적 정체성을 전반적으로 파악하는 것이다. 향후의 연구 목표는 각각의 역사 문화적 정체성들이 고리 속에서 어떠한 방식으로 연계를 하고 있고, 이러한 연계의 진전은 어떠한 추상적 개념으로 발전할 수 있는지를 파악해보는 것이다. 하지만 이 책의 다양한 지역연구들이 책의 목적을 완벽히 달성했다고 볼 수는 없다. 왜냐하면 현재 눈앞에 보이는 환태평양의 주요 고리들을 모두 떼어놓은 채 개별적인 역사문화만을 기술했기 때문이다. 하지만 첫걸음이 항상 어려움이 뒤따르듯, 이 연구 모음의 성과가 향후 좋은 후속 연구를 낳을 수 있다고 생각한다.

2023년 5월 18일

노용석

## 목차

# 1장

샌프란시스코:
19세기 말-20세기 초
태평양 관문도시의
형성과 연계성

현민

이 장은 〈인문사회과학연구〉 제24권 2호(2023년)에 게재된 '19세기 말-20세기 초 관문 도시 샌프란시스코의 형성과 환태평양 메가지역의 연계성' 논문을 수정 · 보완한 것임.

# Ⅰ. 서론

만일 캘리포니아州를 하나의 나라로 가정한다면, 캘리포니아는 1980년대 이후 캐나다보다 인구가 많은 국가이며 경제규모는 2005년 당시의 중국에 필적한다. 그리고 2022년 현재 여전히 세계 5위권의 경제 규모를 자랑하는 국가라고 할 수 있다. 하나의 민족국가에 필적할 만한 캘리포니아의 구성원을 살펴보면 2020년 기준으로 미국 전체 히스패닉의 25.1%, 아시아계의 30.6%, 아메리카 인디언과 알래스카 출신의 16.9%, 하와이와 여타 태평양섬 출신의 22.8%가 살고 있다[1]. 이렇듯 캘리포니아는 미국 내 다른 주로부터, 여타 다른 지역 및 환태평양지역으로부터 유입되는 사람들에 의해 형성되었으며, 이러한 '유동적' 인구가 창출하는 삶의 실험실이 되어왔다. 케빈 스타(Kevin Starr, 2005:5)는 캘리포니아가 오랫동안 "미국인에게 있어 (캘리포니아는) 보다 낫든 보다 절망적이든 자신들의 미래를 가늠할 수 있는 하나의 프리즘"이라고 지적한다.

19세기 중엽 미국에 합병된 이래 캘리포니아는 그저 서부 변방에 불과하였으나 골드러시와 제1-2차 세계대전을 거치면서 '미국의 태평양 세기'의 전초기지이자 물질적 풍요를 상징하는 장소가 되었다(브루스 커밍스, 2011). 종전 이후 샌프란시스코를 포함한 미국의 태평양 연안인 지역은 1960-70년대 미국 급진주의 운동, 1990년대 닷컴버블, 2020년대 빅테크 혁신 등 문화적·기술적 첨단의 장소인 동시에 미국의 대표적인 문화적 풍경이 되었다. 또한, 이는 단순히 미국인의 꿈뿐 아니라 전 세계인의 꿈을 대변하게 되었고 미·중 관계 또는 교류를 분석하는 이들이 캘리차이나(Cali-

---

1  United States Census Bureau(https://www.census.gov/, 검색일: 2023.04.04).

china)(Babones, 2017:48-53)나 트랜스퍼시픽 실험(Sheehan, 2020) 등의 표현을 사용하는 것에서 보듯이 세계의 중심은 대서양에서 태평양으로 이동하고 있으며 환태평양 권역이 하나의 메가 지역으로 등장하고 있음을 알 수 있다. 캘리포니아는 이제 사람, 사물, 문화 또는 돈, 교역품, 이주와 문화의 환태평양·횡단 태평양적 흐름의 중심적 장소를 상징한다. 과장해서 표현하자면 캘리포니아는 그 자체로 트랜스퍼시픽 월드이다.

그런데 캘리포니아의 환태평양성 또는 횡단태평양성 또는 태평양과의 연계성(Trans-Pacific Connectivity)이 최근에 등장한 것은 아니다. 캘리포니아의 환태평양성은 미국 서부 태평양 연안에 정착촌들이 생겨날 당시부터 중요한 요인이었다. 미국의 '명백한 운명' 속에 일어난 우연적 사건인 '골드러시'조차 서부로의 확장의 결과물이 아닌 태평양과의 연계성 혹은 횡단태평양·환태평양성의 결과라고 할 수 있다. 이 장에서는 이러한 환태평양 메가 지역의 연계성(환태평양성)의 단면을 19세기 샌프란시스코의 형성과정을 통해 살펴보고자 한다. 미국 태평양 연안의 조그마한 예르바 부에나가 어떻게 환태평양과 연결되었으며 태평양 연계망을 발판으로 하여 동방으로의 골든게이트로 상징되는 관문도시 샌프란시스코로 형성되었는지를 고찰하고자 한다. 이를 통해 메가 지역 환태평양의 역사적 연계성의 중요성을 환기하고자 한다.

## II. 태평양의 세계해상 무역망으로의 통합

### 1. 세계적 무역연계망 내로의 태평양의
### 통합과 캘리포니아의 형성

2001년 9월 샌프란시스코 시내에 있는 11층짜리 호텔의 공사 도중 골드러시의 '유물' 중 하나가 발견되어 공사가 중단되고 발굴이 시작되었다 (Ferguson, 2018). 이 현대의 '유물'은 골드러시 시기 너무나 많이 밀려던 배들이 빠져나가지 못해 부둣가에 정박한 채 개조되었던 수많은 배들 중 하나였던 제너럴 해리슨호였다. 이전에 발견된 나이안틱호(the Niantic), 호프상점(Hoff's store) 등의 유물과 더불어 제너럴셔먼호의 다양한 서류와 유품들의 발굴성과에 기반하여 해양고고학자 델가도(Delgado, 2006)는 샌프란시스코가 급조된 인스턴트 도시(Barth, 1975)가 아니라 전 세계적인 해양무역연계망의 일부로서 개척된 도시임을 주장하였다(Delgado, 2009)[2]. 북동 태평양 연안 도시의 형성은 미국 서부팽창의 결과가 아니라 선박을 통한 세계 무역망이 태평양으로 확장되면서 형성되었다는 것을 해양고고학의 입장에서 밝힌 것이다[3]. 미국은 이들 연안 도시의 교역망의 잠재성을 인정하고

---

2  Delgado의 연계 외에 골드러시와 홍콩과의 관계, 홍콩과 샌프란시스코의 연계성을 연구한 Elizabeth Sinn(2012) *Pacific Crossing : California Gold, Chinese Migration, and the Making of Hong Kong*, HongKong University Press는 광둥 체계 쪽에서 바라본 환태평양 연계성의 대표적 예이다. 또한, 대서양에서 태평양까지의 연계를 추적한 Igler, The Great Ocean: Pacific Worlds from Captain Cook to the Gold Rush, Oxford University Press, 2013도 대표적 저작이다.

3  국내에서 환태평양성 연계에 관한 연구는 박상현(2022), 이민용(2019, 2021) 등이 있다. 박상현 (2022)은 연구대상이 환태평양 연계성에 있어 도시가 아닌 미국 국가에 초점을 두고 있으며, 이민용의 경우는 환태평양 증기선을 중심으로 한 이주와 그 노선들이 기항하는 지역들에서의 변화적 변동과 역사에 주목하고 있다.

이들을 민족적 경계 내로 흡수하는 동시에 이를 확대하면서 환태평양 국가로 성장하였다. 미국의 태평양 연안으로의 진출 혹은 태평양 변경도시의 성장은 태평양 너머 '중국시장'에 대한 욕망 또는 중국 계몽정에 대한 동경을 배경으로 미국이 태평양의 국제적 교역망으로의 통합과정에 적극적으로 참여한 결과이다(박상현, 2022; 이민용, 2021).

　통상 '명백한 운명'에 따른 서부개척과 골드러시의 결과 캘리포니아가 형성되었다고 알려져 있다. 그러나 서부로의 '명백한 운명' 혹은 미국 초기 서부팽창이 필연적으로 태평양 연안으로의 진출을 의미하지는 않는다. 미국 태평양 연안 도시의 성장은 미국 내부식민지화와는 다른 과정을 거쳐 형성되었다. 우선, 캘리포니아 연안 도시로의 정착패턴 자체가 전통적인 미국의 서부개척패턴과는 다르다. 미국의 전통적 서부개척 모델은 지리적으로 전략적으로 유리한 거점을 탐사하고 교역, 농업 그리고 정착에 이르는 농업 중심적 정착모델이며 이러한 마을들이 하나하나 연결되면서 도시로 성장한다(Billington, 1956). 그리고 이 도시에 상인·자본가가 도착한다. 그러나 캘리포니아 연안의 도시, 에브라 부에나(샌프란시스코의 옛 이름)는 그러한 육로로의 연결이 아니라 전 세계 교역망이 태평양을 통합하는 지점인 발파라이소(Valparaiso, 칠레), 카야오(Callao, 페루), 산블라스(San Blas)와 아카풀코(Acapulco, 멕시코), 시트카(Sitka, 알래스카), 호놀룰루 그리고 멀리 중국 광둥으로 이어지는 교역망 사이에서 출현한다. 이러한 교역망은 그 거점의 발굴에서부터 해양상인세력의 영향력하에서 추진되었다(Delgado, 2006:5; Igler, 2004).

　이러한 태평양 교역망의 연계는 유럽 제국들이 태평양을 자신의 지배권 하에 통합시켜가는 과정이기도 하였으나 19세기 초 이후 알타 캘리포니아 일대의 동태평양과의 연계에서는 이전과는 다른 경향이 등장하였다. 급증하는 상업항구, 보다 개방된 교역 시장, 특정상품의 거래를 위해 만들어진 일종의 해운 벤처, 그리고 지정학적 경계에 관심을 기울이지 않는 민간 무역업자가 등장한 것이다. 이러한 경향 속에 하와이가 태평양교역의 중심지가 되고 캘리포니아 지역은 하와이와 대서양 사이의 중요한 북동태평양 연결지점으로 등장하며, 모피, 고래, 백단목 등이 중요한 교역품, 최종적으로는 중국과의 교역에 있어 중요한 상품으로 등장하였다(Delgado, 2006:46-67; Igler, 2004:709).

북동태평양의 새로운 경향 중 중요한 것은 동인도회사와 같은 특권기업을 반대하고 애덤 스미스의 '자유 무역'을 추구하는 상인들, 특히 미국 상인들의 등장이다. 이들은 자유 무역의 이상을 믿고 영국 동인도회사의 독점을 점점 대체하였으며 미국 태평양 연안과 중국 광저우 지역을 연계하였다. 이러한 미국 상인들의 경향은 미국의 정치지도자들과 공명하였는데 자신들의 기원을 반제국주의적인 것으로 규정하며 태평양을 '자유의 제국'으로서 미국 확립의 주요 요소로 간주하는 경향이 있었고 따라서 태평양 연안의 개척은 서부개척과는 별개로 이루어졌다. 1822년 캘리포니아가 스페인의 지배에서 멕시코의 통제하에 놓이면서 태평양 무역은 더욱 확대되었고 미국의 무역업자들은 광둥무역 체계로의 캘리포니아 통합의 중요성을 인식하게 된다. 그리고 이들은 러시아와 경쟁을 하고 영국과 분쟁을 벌이던 북서부 오리건보다는 알타 캘리포니아의 샌프란시스코나 샌디에이고가 환태평양 무역에 보다 적합하다고 여기게 되었고 미국 선박들은 북서 연안에서 캘리포니아로 이동하게 된다. 이 과정에서 미국은 태평양국가로서의 기초를 놓게 된다(박상현, 2022:11-18; Sinn, 2012).

이러한 과정에 캘리포니아는 서서히 미래의 '태평양국가' 미국의 영향력 하에 통합되어갔다. 그러나 캘리포니아 특히 샌프란시스코는 이러한 통합

속에서도 '민족적'이기보다는 '국제적'인 장소로서 세계적 교역망의 일부로 기능하였고 그러한 기능을 위해 도시의 형성이 해양상인층에 의해 계획적으로 이루어졌다.

## 2. 골드러시 전후 샌프란시스코의
### 태평양 무역과 환태평양 연계성

이글레르(Igler, 2004:705-709)는 1786년과 1848년 사이 캘리포니아 지역에 입항하는 선박에 대해 조사하였는데, 그에 따르면 골드러시 이전에 이미 953척의 선박이 알타 캘리포니아 지역에 접근하였으며 동태평양에서 가장 많이 방문하는 지역 중 하나가 되었다. 캘리포니아 지역을 왕래하던 배들은 미국이 태평양 영토를 병합하기 이전부터 상업항구의 네트워크를 따라 북서 해안, 알래스카, 하와이로 그리고 극서의 중국으로 나아갔다. 태평양 무역은 멕시코 독립과 함께 태평양 전역과 캘리포니아의 발전, 다수 항구들의 무역 제한 조치의 해제, 태평양 무역로의 가능성이 널리 알려지면서 1820년대까지 점진적으로 증가하였다. 그리고 태평양의 섬들과 중국 사이의 백단목, 해삼 무역이 증가함과 아울러 미국 포경선들이 1820년대 태평양으로 진입하면서 급격히 증대되었다.

태평양교역이 증가함에 따라 캘리포니아로 진입하는 선박도 증가하였는데 19세기 초반 캘리포니아로 진입하는 선박의 국가별 비율은 미국이 44%, 영국 13%, 스페인 12%, 멕시코 12%, 러시아 7%였다. 여기에 포함되지 않은 여타 국가의 무역선 비율도 11%에 달해 적어도 17개국 이상의 배들이 캘리포니아 일대를 왕래하고 있었던 것이다. 이글레르의 이러한 통계는 태평양에 대한 미국의 상업적 이해가 골드러시 이전부터 존재하였음을 알려주는 동시에 19세기 초반 적어도 20개국 이상의 최소 527척의 배가 태평양과 연계된 무역로를 이용하기 위해 샌프란시스코를 중심으로 한 캘리포니아 지역을 오가고 있었음을 알려준다. 골드러시 이전부터 샌프란시스코를 포함한 캘리포니아는 국제적인 지역이었던 것이다.

〈그림 1〉 알타 캘리포니아 지역에 정박한 선박의 추이

출처: Igler, 204:706에서 재인용

이러한 태평양의 상업적 연계가 캘리포니아 변경에 정착지가 형성되는 동기가 되었으며 세계적 무역망을 연계하는 해상운송을 통해 이 변경의 정착지들은 동아시아 특히 중국의 변경인 광둥 체계와 긴밀히 연계되었다. 이 과정에서 19세기의 (제1차) '환태평양 메가 지역 연계성'이 형성된 것이다. 그리고 이 연계의 잠재성을 간파한 미국 상인들은 캘리포니아의 중요성을 연방정부에 설득하였으며 1848년 2년에 걸친 멕시코와의 전쟁을 통해 미국이 이 지역을 점령하도록 하였다(박상현, 2022; Delgado, 2006; Sinn, 2012:37).

초기 샌프란시스코의 형성과 관련하여 중요한 것은 이때까지도 골드러시의 소식이 미국을 포함한 다른 전 세계 지역에 알려지지 않았다는 것이다.

1848년 1월 24일 제임스 마샬이 금을 발견하였지만, 샌프란시스코 금광업에 종사하는 광부는 4~5천 명에 불과하였으며 그해 7월 캘리포니아스誌 특별판 2000부가 미주리주에 도착하고 8월 뉴욕 헤럴드에 캘리포니아 금광 발견 소식에 대한 기사 게재 때까지도 그렇게 화제가 되지는 못했다. 물론 이는 SNS에 친숙한 현대적 감각일지도 모른다. 그러나 12월 미국 대통령이 의회 연설에서 이 소문을 공식 확인할 때쯤에는 미 전역과 여타 국가들이 캘리포니아의 금광 소식을 접하였다(Clay and Jones, 2008:997-1027).

예를 들어 캘리포니아 골드러시의 소식은, 1848년 미국 동부와 캘리포니아를 연결하는 태평양우편증기선 회사의 첫 번째 정기노선인 캘리포니아호가 남아메리카 최남단인 케이프 혼을 돌아 파나마로 가는 도중에 타전된다. 그리하여 캘리포니아호가 남아메리카 남단을 돌아 1849년 1월 파나마항에 입항하였을 때 파나마항은 샌프란시스코행 증기선에 탑승하기 위한 승객들로 북적였다. 미국 동부해안을 따라 파나마를 경유해 다시 서부해안으로 연계되는 우편통신망에 열의를 가졌던 미국 체신국과 태평양 무역에 열의를 가졌던 미국 동부 자본가들의 열망이 결합한 이 노선은, 골드러시를 계기로 해상 여객운송망으로 부상하게 된다(이민용, 2019:106-119; Clay and Jones, 2008:999-1001). 이후 캘리포니아로 금을 캐기 위해 사람들이 몰려듦에 따라 1849년 12월 말까지 금광업자의 수는 4만 명에 육박하였으며 1852년 10만 명에 이르러 정점을 기록하게 된다.

요컨대 골드러시 이전에 이미 환태평양연계망이 샌프란시스코에 존재하였으며 골드러시는 기존의 전 세계적 해양 무역망이 태평양을 포괄하고자 한 시점에서 이러한 흐름에 대한 촉매제 역할을 하였던 것이다. 깁슨과 화이트헤드(Gibson&Whitehead, 1993:171-190)는 이미 중국과의 연계성을 가진 태평양 무역망에 정통한 해양자본가들이 '골드러시'라는 조금 빨리 다가온 기회를 보고 이를 탈취해 샌프란시스코를 국제항으로 형성했다고 주장하기도 한다. 골드러시와 샌프란시스코와의 연계성에 대한 수많은 논란에도 불구하고 1849년 이전에 이미 전 세계적 연계망이 먼저 존재해야 했던 것은 분명한 사실이다(Delgado, 2006:9). 골드러시를 계기로 미국의 동부뿐 아니라 중국, 하와이, 유럽에서도 수많은 이들이 캘리포니아의 금을 찾아 몰려왔으며 이는 19세기 가장 극적인 이주운동 중 하나를 촉발하게 되었고 샌프란시스코와 캘리포니아는 폭발적으로 성장하였다(박상현, 2022:18-19). 이 과정에서 샌프란시스코는 최초의 환태평양 도시가 되었다. 그러나 이러한 골드러시를 통한 19세기의 제1차 환태평양 이주가 가능했던 것은 이미 샌프란시스코가 태평양 교역망 또는 이주네트워크에 연계되어 있었기 때문이다.


## III. 골든게이트 그리고 관문도시 샌프란시스코의 형성

### 1. 동방으로 가는 길, 골든게이트

천연 양항의 구조를 가진 샌프란시스코만 일대를 발견한 이들은 아이러니하게도 바다가 아닌 육로를 통해 샌프란시스코에 도착하였다. 짙은 안개가 자욱한 이 지역에 좁은 해협이 자리 잡고 있음을 발견한 것은 1769년 11월 호세 오르테가(Juan Francisco Ortega)가 이끄는 일군의 탐험대였다. 이들은 바다가 아니라 산타크루즈산맥의 고지에서 처음으로 샌프란시스코만을 바라보았고, 이들은 해협으로 인해 더 갈 수 없다고 기록하였다. 이로부터 몇 년이 지난 1755년 8월에 이르러서야 후안 데 아얄라(Juan de Ayala)

가 이끄는 산 카를로스호가 해안선 전체를 탐사하는 과정에 이 해협을 지난 샌프란시스코만에 접어들었고 1840년대까지 이 해협은 '보카 델 푸에르토 드 샌프란시스코(샌프란시스코항의 입)'로 불렸다(윗필드, 2010:180).

1840년대까지만 해도 샌프란시스코는 태평양까지 확장된 무역망의 주요 기점이긴 하였지만 그 규모 면에 있어서는 태평양 연안의 외딴 포구라는 이미지를 가지고 있었다. 그러나 골드러시는 초라한 '국제' 포구 샌프란시스코를 거대한 국제항으로 변모시켰다. 1849-1852년 골드러시 기간에 샌프란시스코는 수백 명이 거주하던 작은 마을에서 수천 명이 거주하는 도시로 탈바꿈하였고 이후 미국의 태평양 연안에 있어 주요 항구도시이자 환태평양의 관문도시가 되었다. 이러한 이유로 샌프란시스코의 기원에는 '골드러시'라는 신화가 늘 자리 잡고 있다. 그러나 지속적으로 논의하였듯이 골드러시는 샌프란시스코의 기원이 아니라 태평양 무역의 변경의 일부에서 중심으로 자리 잡게 한 촉진제라고 표현하는 것이 더 정확할 것이다.

골드러시가 일어나기 2년 전, 미국 육군 대령 존 프리몬트(John C. Fremont)는 태평양과 샌프란시스코만을 가르는 좁은 해협을 바라보며 "동방과 무역하는 골든게이트"라고 말하였다. 골든게이트라는 이 이름은 1848년 7월 5일 미 상원에 제출한 그의 지리적 회고록에서 처음으로 공식적으로 등장하게 되는데, 그는 "이 입구에 나는 크리소필래(Chrysopylae) 또는 골든게이트라고 이름을 붙인다. 그 이유는 비잔티움이 크리소세라스(Chrysoceras) 또는 골든 혼이라고 불렸기 때문"이라고 언급한다. 같은 해 의회는 프레몬트의 저널과 함께 로키산맥과 태평양 사이의 미국 서부를 가장 정확히 묘사한 것으로 알려진 찰스 프레우스의 지도 발간을 승인하였고 골든게이트라는 명칭이 처음으로 지도에 공식적으로 사용되었다(골든게이트 홈페이지; Ferguson, 2018:603-624). 골드러시 이전에 명명된 이 명칭의 공식적 사용은 골드러시와 공명하면서 샌프란시스코를 상징하는 금문교(골든게이트, Golden Gate Bridge)가 된다. 여기에서 중요한 것은 앞에서 보았듯이 사실 골드러시 이전에 이미 동방과의 무역의 지점으로서, 태평양 무역의 연결지점으로서 샌프란시스코가 등장하였다는 것이다. 이러한 프레몬트의 명명은 태평양 무역망에 샌프란시스코가 등장하게 되었다는 것이 아니라 이 태평양 무역망에 대한 미국의 지배의 시작을 선언했다고 보는 것이 타당하다.

프레몬트의 골든게이트가 초기 일부 미국 지도자들의 태평양에 대한 민족적·군사적 관심과 연계되어 있었지만(Ferguson, 2018:605-607) 골드러시 이후 샌프란시스코의 발전은 초기정착과 마찬가지로 상인들이 주도하였다. 금을 찾기 위해 다양한 경제적·사회적 상황에 처해 있던 사람들이 미국 각 주 또는 전 세계 각국에서 샌프란시스코로 몰려들었다. 1850년에 실시한 인구센서스를 중심으로 캘리포니아 특히 샌프란시스코로 실질적으로 누가 어떻게 이주해왔는가를 조사한 클레이와 존스에 따르면 1848-1850년까지 샌프란시스코를 포함한 캘리포니아로 이동한 사람은 육로로 최소 101,000

〈그림 2〉 캘리포니아 금 채굴량의 변화(1848-1900)

출처: Clay and Jones, 2018:1000에서 재인용

명 이상, 해상으로 도착한 사람은 최소 75,462명이다. 이주자들은 실제로는 (생각보다는) 노동자 계층보다는 문해력이 높은 상대적 고학력자들이 많았으며, 실제로 샌프란시스코의 금광이 주는 소득이 크지 않았기 때문에 이들은 재빨리 각종 서비스업으로 직업을 전환하였다(Clay and Jones, 2008). 여기서 주목할 점은 샌프란시스코가 단지 금 채굴을 위한 광산 도시였다면, 금이 사라지고 나면 그 도시의 존재 이유가 없어지고 이주자들의 재빠른 직업의 전환 또한 이루어지지 못했을 것이다(Paul, 1982:1-21). 그림 2에서 보듯이 금 채굴량은 1853년에 정점을 이룬다.

그러나 샌프란시스코가 비록 金山으로 불렸을지언정 오직 금으로 만들어진 도시는 아니었다. 골드러시는 사람들이 몰려드는 기폭제였을 뿐 샌프란시스코의 초기정착과 발전을 추동한 이들은 무역망을 지배하고자 하였던 상인들이었다. 이들은 골드러시를 통해 몰려든 인적자본과 투기자본을 밑거름으로 하여 조그마한 항구였던 예르바 부에나를 국제항 샌프란시스코로 만들고 이를 통해 태평양을 세계적 교역망에 연결하였다. 샌프란시스코의 국제주의는 우연이 아니며 이전부터 여기에 집결한 각국의 국제적 해양자본가들이 샌프란시스코를 세계무역의 핵심지역으로 통합하기 위한 시도의 결과였던 것이다(Barth, 1975). 초기 샌프란시스코가 '서부의 파리'로 불리며 각종 문화시설과 빅토리아풍의 집들이 생겨났던 것은 이러한 국제적인 도시의 성격을 배경으로 한 것이다.[4] 이렇듯 19세기 중반 골드러시로 축적된 부를 기반으로 국제적 도시, 샌프란시스코의 거리와 집들은 가스등으로 환하게 빛나고 있었다.

---

4  이러한 초기 유럽적 도심의 형성은 오늘날 탈중심적 도시의 기원이 되는 로스앤젤레스의 발전과는 사뭇 다른 것이다.

## 2. 샌프란시스코항의 건설과 관문도시 샌프란시스코의 등장

골드러시 이후 샌프란시스코는 정치적·상업적 엘리트들의 주도하에 태평양제국의 중심도시 또는 관문도시로 성장해 갈 것이라는 프레몬트의 예언을 실현하는 방향으로 지속적으로 성장해 갔다. 19세기 중반 샌프란시스코는 이미 캘리포니아 전역, 러시아령 알래스카에서 멕시코에 이르는 태평양 연안 대부분을 포함하는 지역과 하와이제도를 위한 창고, 도매, 금융, 통신, 레크리에이션, 여행의 중심지가 되었다(Paul, 1982). 샌프란시스코를 태평양 무역연계망의 독점적 거점으로 형성한 것은 골드러시 이후 등장한 샌프란시스코의 신흥 정치적·상업적 엘리트뿐만 아니라 애초 이 지역을 태평양 무역에 연계시키고자 한 미 동부 자본가들의 이해이기도 하였다. 예를 들어 파나마와 샌프란시스코 사이의 정부재정 지원하에 운영되었던 태평양우편증기선 회사는 샌프란시스코를 중심으로 운영되었지만 뉴욕시에 본사를 둔 그룹에 의해 관리되었고, 샌프란시스코에 본사를 둔 웰스파고 또한 1852년 뉴욕에서 조직되고 뉴욕으로부터 자금을 가지고 왔다(Turrentine, 1966:291-324).

이들을 중심으로 한 샌프란시스코의 경제활동이 골드러시 이후 순탄하게 흘러가지는 않았으나 골드러시 이후 금광업의 쇠퇴 이후 샌프란시스코의 상업적·정치적 엘리트들은 샌프란시스코만의 배들에서 빈번하게 반복되는 화재 위에 상점, 호텔, 사무실, 은행, 살롱, 극장, 교회, 학교 등의 서비스 시설을 건설하는 것을 통해 금을 찾아온 배들이 빠져나가지 못한 진흙투성이의 배들의 무덤이었던 지역을 워터프런트로 변화시켜나갔다. 이 과정은 샌프란시스코의 정치적·상업적 엘리트들에 의해 계획적으로 수행되었고 태평양제국의 중심도시 또는 관문도시를 목적으로 하였다(Ferguson, 2018,

Pastron and Delgado, 1991:61-77).

　프레몬트의 조사 이후 클라크포인트를 중심으로 한 샌프란시스코항의 개발을 통해 샌프란시스코항은 전 세계 무역망의 연결지점으로 구체화되는데 이러한 항구개발은 물을 부동산으로 바꾸는 사업의 일환이기도 하였다. 따라서 샌프란시스코항의 개발은 태평양 연안의 갯벌에 대한 소유권의 재정립인 동시에 지배계층인 상인계급의 부의 축적 과정이기도 하였다. 미국이 캘리포니아를 병합한 이후에도 멕시코 란쵸 소유지의 권리가 인정되는 상황이었으며 연방정부 소유의 땅이 어디인가에 대해서는 불명확하였다. 그러한 이유로 부두건설은 속도가 더뎠고 밀어닥치는 배들은 만을 가득 채우는 가운데 진흙투성이 갯벌이 바로 거리로 전환되었다. 샌프란시스코는 국제항으로서, 태평양의 관문으로 자리 잡기 시작했지만 여전히 항구가 없는 관문이었던 것이다. 소유권의 난립[5]과 부두건설 자금이 부족해지자 샌프란시스코 의회는 부두건설을 민간에 위임하였다. 이 과정에서 태평양우편증기선 회사는 샌프란시스코와의 증기 노선을 설립하였고 물이 땅으로 뒤바뀌면서 오늘날 수변의 모습을 갖추어 갔다. 그리고 샌프란시스코만에 정박했던 수많은 배들은 호텔, 술집, 창고로 바뀌어 갔다(Ferguson, 2018; Pastron and Delgado, 1991). 2001년 발굴된 제너럴 해리슨호는 이러한 배들 중의 하나였다. 만을 메운 배들을 육지로 탈바꿈시키는 이러한 모든 작업은 해안가 전체를 부동산으로 만드는 거대한 프로젝트의 일환이었고 여

---

5　샌프란시스코만을 둘러싼 소유권 분쟁은 Shelton(2010), 'A More Loyal, Union Loving People Can Nowhere Be Found': Squatters' Rights, Secession Anxiety, and the 1861 'Settlers' War' in San Jose와 Shelton(2013), 'A Squatter's Republic: Land and the Politics of Monopoly in California, 1850-1900' 등을 참고할 수 있다. 갯벌을 둘러싼 소유권 분쟁과 부동산 싸움은 로스앤젤레스항에서도 그대로 반복되며, 이는 캘리포니아 연안 도시의 항구형성의 모델이기도 하다.

기에 골드러시로 몰려든 과잉공급된 노동자들이 투여되었다.

샌프란시스코 항만의 개발자들은 샌프란시스코의 모든 지역에서 매립물을 가져와서 샌프란시스코만을 땅으로 또한 동시에 깊이를 가진 항구로 만들고자 하였으며 그 과정은 다소 무질서하고 불안정하였다. 배로 바다를 메우고, 정기적으로 반복되는 화재 속에 항만을 확장하고 다시 매립하고, 다시 파고, 다시 소유권을 정립하고, 부동산을 사들여 호텔, 술집, 창고를 건설하고, 이 과정에서 부를 축적하고, 항만을 건설할 수 있는 자재 배후지를 건설하고, 샌프란시스코항을 이용할 경제적 배후지와 연결하고, 샌프란시스코를 드나드는 정기노선을 설립하고 등등 이러한 모든 과정을 통해 샌프란시스코항은 전 세계적 무역망과 국제교통망을 연결하는 관문도시로서의 물리적 윤곽이 만들어지기 시작하였다(Ferguson, 2018).

프리몬트가 예르바 부에나에 골든게이트라는 이름을 부여했을 때 환영에 지나지 않았던 진흙투성이의 만은 이런 과정을 통해 관문도시 항구로 거듭나게 되었다. 이 과정에 골드러시를 계기로 샌프란시스코로 이주해 온 각국의 풍부한 노동력이 동원되었고 이들과 달리 국제적 성격을 지니고 미국 동부와 여타 국가에서 이주한 상인층들은 이 기회를 포착하였다. 국제적 상인들에게 있어 골드러시는 우연이 부여한 필연적 역사의 기회였다.

샌프란시스코의 관문도시적 성격은 1869년 첫 번째 대륙횡단철도인 서던퍼시픽철도가 완공됨으로써 더욱 공고화되었다. '태평양철도'의 건설은 미국에 있어서는 서부 연안의 영토적 공고화인 동시에 샌프란시스코에 있어서는 관문도시로서의 성격을 강화한 것이다. 이 대륙횡단철도의 완공에는 중국무역으로 부를 축적한 뉴잉글랜드 상인[6], 몇몇 중국의 홍방 자본 그

---

6 대륙횡단철도 이전 미국 동부에서 미국 서부로 최단경로를 제공한 계기가 되었던 파나마철도 또한

리고 파나마철도에서 그 효용이 입증된 중국인 노동력이 대규모로 동원되었다. 태평양철도가 완공됨에 따라 샌프란시스코, 중국, 일본, 호주와 뉴질랜드, 그리고 파나마를 거쳐 남아메리카와 미국 동부를 연결하였던 태평양 우편의 정기노선(1867년 처음으로 운항을 시작)은, 미국의 장거리 해상운송망의 전위로서 본격적으로 기능했다(월마, 2019:203-238; 이민용, 2021). 그리고 그 과정에서 중국의 홍콩항은 동아시아 쪽의 관문도시로 거듭났으며, 홍콩은 샌프란시스코와 상호연계되어 골드러시 이후 대륙횡단철도를 건설하기 위한 노동력과 상품의 수출항이 되었다. 19세기 미국 서부와 동아시아의 남동부는 이렇게 환태평양 메가 지역의 주요한 연계망을 형성하였던 것이다(Sinn, 2012). 이 모든 과정은 태평양 너머로의 연계에 대한 욕망과 동경 없이는, 아시아의 노동력과 시장, 그리고 중국무역을 통해 형성된 자본 없이는 불가능했다(박상현, 2022).

19세기 말엽에 이르면 샌프란시스코의 지배계층인 상인들은 샌프란시스코를 당당하게 관문도시로 선언하기에 이른다. 1899년 샌프란시스코 상공회의소 회장은 샌프란시스코를 '태평양의 항구이자 동양으로 가는 관문'이라고 불렀으며 1901년 샌프란시스코무역위원회는 샌프란시스코를 미국에 있어 '서쪽 관문'이자 '동양으로 가는 자연적 관문'이라고 칭하였다. 무역위원회는 '뉴욕은 대서양 쪽의 관문이고 샌프란시스코는 태평양 쪽의 관문이며 태평양의 방대한 상업의 대부분은 골든 게이트를 통과할 운명'이라고 단언하였다. 1902년 샌프란시스코 상인거래소는 샌프란시스코를 '세계에서 가장 위대한 상업 도시 중 하나'로 만들기 위해 세계 상품 흐름에서 '지배적

---

태평양증기선 회사의 윌리엄 아스핀월에 의해 주도되었으며, 윌리엄 아스핀월은 미국 동부의 상인 자본 가문 출신이었다.

인 위치'를 달성하는 것이 목표라고 명시적으로 밝혔다(Mayne, 2008:258-265). 이러한 과정을 통하여 세계교역망의 태평양 연안 전초기지였던 샌프란시스코는 태평양지역으로 진출함에 따라 유럽과 미국 동부 시장뿐만 아니라 기존의 중앙, 남미 및 아시아 시장과도 연결되는 그야말로 메가 지역 환태평양의 관문도시로 형성되었다.


## Ⅳ. 결론

샌프란시스코의 형성과 성장은 통상 말해지듯이 대서양에서 태평양으로의 대륙팽창의 결과가 아니다. 샌프란시스코의 형성과 성장은 대서양과 태평양으로의 해양 연계의 결과이며 특히 전 세계적 무역망 내로의 태평양 통합의 결과이다. 이 과정은 미국 동부에서 출현한 미국의 새로운 상인세력에 의해 이루어졌으며 이들에 의해 골드러시 이전에 이미 샌프란시스코는 환태평양연계망의 주요 지점으로 등장하게 되었다. 이 장에서는 이러한 대륙팽창 이전의 샌프란시스코의 형성, 골드러시 이전의 골든게이트의 출현을 태평양 무역연계망의 형성에 대한 기존 연구에 기초하여 주장하고자 하였다.

미국 태평양 연안에서의 관문도시로서의 샌프란시스코의 성장은 1906년 대화재에도 불구하고 지속되었으며 제1-2차 세계대전을 전후로 더욱 성장하였다. 특히 제2차 세계대전은 캘리포니아 다른 모든 지역과 마찬가지로 샌프란시스코의 급속한 성장을 가능하게 하였다. 그러나 1960년대 컨테이너제이션 이후 샌프란시스코항은 항만기능이 오클랜드로 이전됨에 따라 쇠퇴하게 된다. 오히려 자동화로 인해 일자리가 사라지리라 우려했던 로스앤젤레스 항만 지역은 호황을 이어갔지만, 샌프란시스코는 그렇지 못하였다. 천연의 항구 샌프란시스코 지역은 상대적으로 자동화 항만을 개발할 지역이 부재했고, 지속적인 항만확장을 꾀해왔던 일종의 인공항구 로스앤젤레스 항만 지대는 늘어나는 교역량을 감당할 능력이 되었던 것이다(브루스 커밍스, 2011; 레빈슨, 2016).

그러나 이러한 변화가 샌프란시스코의 환태평양 연계성의 약화를 의미하는 것은 아니다. 샌프란시스코는 물리적 항구로서의 연계성이 아니라 수많은 사람, 사물, 문화의 정박지이자 게이트웨이의 상징으로 자리 잡았다. 1951년 9월 일본은 샌프란시스코에서 48개국과 평화조약을 체결하였으며 1952년 새로운 아시아-태평양지역의 전후 질서가 형성되었다. 제2차 세계대전 중 샌프란시스코는 군인들의 주요 승선항구였으며 종전 이후에는 해외 복무로부터 귀환한 군인들로 북적였으며, 샌프란시스코의 문화적 관용성은 샌프란시스코에 왔던 노동자들 대부분을 샌프란시스코에 머물게 했다. 전후 샌프란시스코의 산업적 기능의 쇠락과 도시의 쇠퇴는 오히려 히피 문화와 함께 자유를 원하는 진보주의자, 자유주의자, 퇴역군인, 대규모 이민자들이 뒤섞여 성 혁명, 평화운동, 소수자 운동의 근거지 역할을 할 수 있는 공간을 마련해주었다. 또한, 한국전쟁, 베트남 전쟁, 중국의 개혁개방의 흐름은 냉전이 양산하는 새로운 이주의 흐름을 샌프란시스코로 향하게 하였다. 이러한 문화적 다양성의 부침과 인간의 흐름, 그리고 도시 내 젠트리피케이션의 지속적 반복 속에서 샌프란시스코는 여전히 환태평양 연계의 중심에 있다.

# 참고문헌

박상현 (2022), ‘미국은 어떻게 태평양국가가 되었나? : ‘장기 19세기’ 미국과 태평양’, Journal of Global and Area Studies, 6(2), 5-32.

이민용 (2019), ‘캘리포니아 골드러시 시기(1848-1860) 파나마 지협 경유 해상교통망과 19세기 중엽 미국의 제국주의’, 『서양사론』 140권, 105-137.

_____, 「횡태평양 증기선 항로와 미국-동아시아 관계망 형성」, 『서양사론』 149권, 2021, pp. 154-187.

마크 레빈슨 Marc Levinson (2016), 이경식 옮김, 『더 박스』, 청림출판.

맷 셔먼 Matt Sheehan (2020), 박영준 옮김, 『트랜스퍼시픽 실험』, 소소의 책.

브루스 커밍스 Bruce Cumings (2011), 김동노 · 박진빈 · 임종명 옮김, 『바다에서 바다로: 미국 패권의 역사』, 서해문집.

크리스틴 월마 Christian Wolmar (2019), 배현 옮김, 『철도의 세계사』, 다시봄.

피터 윗필드 Peter Whitfield (2010), 김지현 옮김, 『세상의 도시』, 황소자리.

Babones, Salvatore (2017), American Tianxia: Chinese money, American power and the end of History, Policy Press.

Barth, Gunther (1975), Instant Cities: Urbanization and the Rise of San Francisco and Denver, Oxford University Press, 1975.

Billington, Ray Allan (1956), The Far Western Frontier, 1830-1860. Harper and Bros.

Clay, Karen and Randall Jones (2008), ‘Migrating to Riches? Evidence from the California Gold Rush’, The Journal of Economic History, vol. 68(4), 997-1027.

Delgado, James P. (2006), Gold Rush Entrepot: The Maritime Archaeology of the Rise of the Port of San Francisco (Dissertation), Simon Fraser University.

_____ (2009), Gold Rush Port: The Maritime Archaeology of San Francisco’s Waterfront, University of California Press, 2009.

Ferguson, Laura E. (2018), ‘A Gateway without a Port: Making and Contesting San Francisco’s Early Waterfront’, Journal of Urban History, vol. 44(4), 603-624.

Fitzgerald, Donald (1986), A History of Containerization in the California Maritime Industry: The Case of San Francisco(Research Theses and Dissertations), UC San Diego.

Gibson, Arrell Morgan and John S. Whitehead (1993), Yankees in Paradise: The Pacific Basin Frontier. University of New Mexico Press, Albuquerque, 171-190.

Godfrey, Brian J. (1997), ‘Urban Development in San Francisco’, Geographical Review, Vol.

87(3), 309-333.

Igler, David (2004), 'Diseased Goods: Global Exchanges in the Easter Pacific Basin, 1770-1850', The American Historical Review, vol. 109(3), 693-719.

_____ (2013), The Great Ocean: Pacific Worlds from Captain Cook to the Gold Rush, Oxford University Press, 2013.

Lotchin, Roger W. (1979), 'The politics of Urbanization in San Francisco between The World Wars', Pacific Historical Review, vol. 48(3), 357-381.

_____ (1994), 'California Cites and the Hurricane of Change: World War II in the San Francisco, Los Angeles and San Diego, Metropolitan Areas', Pacific Historical Review, vol. 63(3), 393-420.

Mayne, Alan (2008), 'Guardians at the gate: quarantine and racialism in two Pacific Rim port cities, 1870-1914', Urban History, vol. 35(2), 255-274.

Mullins, William H. (1991), The Depression and the Urban West Coast, 1929-1933: Los Angeles, San Francisco, Seattle, and Portland, Indiana University Press.

Oda, Meredith (2019), The Gateway to the Pacific: Japanese Americans and the Remaking of San Francisco, University of Chicago Press.

Pastron, Allen G. and James P. Delgado (1991), 'Archaeological Investigations of a Mid-19th-Century Shipbreaking Yard, San Francisco, California', Historical Archaeology, vol. 25(3), 61-77.

Paul, Rodman W. (1982), 'After the Gold Rush: San Francisco and Portland', Pacific Historical Review, 51(1), 1-21.

Shelton, Tamara Venit (2010), ''A More Loyal, Union Loving People Can Nowhere Be Found': Squatters' Rights, Secession Anxiety, and the 1861 'Settlers' War' in San Jose,' Western Historical Quarterly, vol. 41(4), 473-94.

_____ (2013), A Squatter's Republic: Land and the Politics of Monopoly in California, 1850-1900, University of California Press.

Sinn, Elizabeth (2012), Pacific Crossing: California Gold, Chinese Migration, and the Making of Hong Kong, Hong Kong University Press.

Starr, Kevin (2005), California: A History, Modern Library.

Turrentine, Jackson, W. (1966), 'A New look at Wells Fargo, Stage-Coaches and the pony Express', California Historical Society Quarterly, 45(4), 291-324.

Wood, Raymond F. (1976), 'The Discovery of the Golden gate legend and reality', Southern California Quarterly, vol. 58(2), 205-225.

기타자료

골든게이트 브릿지 홈페이지(검색일, 2023.04.04.)：https://www.goldengate.org/bridge/history-research/statistics-data/whats-in-a-name/

United States Census Bureau(검색일, 2023.04.04.)：https://www.census.gov/

# 2장

---

# 로스앤젤레스: 태평양 연계의 확대와 횡단의 꿈

현민 · 정호윤

이 장은 〈인문사회21〉 제14권 3호(2023년)에 게재된 '19세기 말-20세기 초 로스앤젤레스의 형성과 환태평양 메가지역 연계성' 논문을 수정·보완한 것임.

# Ⅰ. 서론

미국의 시인 도로시 파커(Dorothy Parker)가 "도시를 찾아 나서는 72개의 교외들"이라는 표현을 썼듯이 로스앤젤레스는 단일한 도시라기보다는 수많은 교외와 범람하는 욕망들로 이루어진 광역도시권역이다. 수많은 고속도로로 연결된 로스앤젤레스는 교외 지역과 산재한 공장, 그리고 다중심이 어우러진 포스트모던 도시의 전형으로 알려져 있다. 분지에 가득한 스모그는 이 도시의 사람들이 얼마나 이동하고 있는가를 보여준다. 이렇듯 로스앤젤레스는 그야말로 '이동성'의 도시이다(윌슨, 2020: 536-592). 이 이동성의 도시가 오늘날의 거인 도시(Giant city)로 형성(Trujillo & Parilla, 2016)됨에 있어 20세기 초 윌리엄 멀홀랜드(William Mulholand)의 도수관 공사, 즉 이 사막의 도시에 물을 공급한 것, 자동차의 보급, 제2차 세계대전의 호황이 미친 영향에 대해서는 익히 알려져 있다. 그러나 이 도시의 이동성과 다중심적 도시구조의 기원이 세계해양 무역망의 태평양 통합과정에 기인하고 있다는 사실, 달리 말해 로스앤젤레스가 환태평양 교역망을 위한 인공의 항구도시로 개척되었고 그 성장의 배경에는 19세기 말-20세기 초 철도혁명이 있다는 점은 잘 부각되지 않은 측면이 있다.

기실 로스앤젤레스뿐만 아니라 캘리포니아 지역의 성장 자체가 태평양의 세계 무역망으로의 통합을 배경으로 한다. 미국의 '명백한 운명'에 따라 개척되었다고 알려진 캘리포니아 지역, 즉 미국의 서부 태평양 연안으로의 확장은 중국과의 교역에 대한 열망, 계몽국가로서의 중국에 대한 동경, 애덤 스미스의 자유 무역 이상을 태평양에서 실현하고자 한 미국의 태평양전략에 기인한다. 골드러시 이후 태평양 연안 지역은 미국의 서부 영토로 공고화되는데 이 과정은 환태평양 연계성의 강화와 동시적으로 이루어졌다.

그리고 이러한 연계성의 형성은 중국무역을 통해 획득된 자본, 아시아(특히 중국)의 노동력과 시장, 그리고 이를 수행하고자 하는 열의를 가진 미국 동부 자본가계층이 없었다면 불가능한 일이었다(박상현, 2022). 이 과정에서 샌프란시스코가 최초의 환태평양 도시로 성장했으며 샌디에이고는 군항으로 성장하였다. 다만 이들 두 도시는 본래부터 천혜의 양항 조건을 갖추고 있었지만 해안선이 없었다. 긴 해안선을 가진 로스앤젤레스는 사실 이 두 도시 사이에서 미국 동부에서 파나마 지협의 철도, 운하를 통과한 배들의 중간 기착항으로 개발된 인공적 도시이다. 이러한 로스앤젤레스의 초기 형성과정은 항구의 형성, 그리고 철도와 항구의 연계가 도시형성에 지대한 영향을 미친다는 것을 잘 보여주는 대표적 사례이다. 한편 해양에서의 태평양 연계와 미대륙 내 연계 이외에 로스앤젤레스는 제2차 세계대전 이전부터 항공산업이 생겨남으로써 태평양 횡단의 또 다른 가능성을 모색하였다. 이는 항공산업이라는 단순한 테크놀로지를 넘어 인공도시 로스앤젤레스의 또 다른 꿈을 보여준다.

이번 장에서는 1장의 샌프란시스코와 마찬가지로 캘리포니아 지역의 환태평양 연계성을 염두에 두면서 태평양철도와 로스앤젤레스의 연계, 산페드로항의 건설과 철도의 연결 등을 통해 태평양 연안과 미대륙이 보다 긴밀히 연계되는 과정을 로스앤젤레스의 초기 형성과정을 통해 살펴본다. 이에 더하여 이 장에서는 초기 로스앤젤레스의 항공산업의 출발점을 살펴봄으로써 태평양 교역망 연계를 넘어선 태평양 횡단의 꿈과 인공적으로 창조된 로스앤젤레스의 도시적 꿈의 단면 또한 짚어본다.

## II. 태평양 연계의 확장: 철도의 태평양으로의 연계

### 1. 대륙횡단철도 '태평양철도'의 건설과 캘리포니아

1848년 골드러시와 거의 동시에 캘리포니아는 미국 땅이 되었으며 태평양 연안 지역의 성장과 함께 미국인들은 대서양과 태평양의 연계를 추진했다. 통상 미국의 동부 연안에서 미국 서부 연안으로 이동하는 방법은 캘리포니아 트레일 등의 육로를 이용하는 방법, 배로 남아메리카 최남단 케이프 혼을 돌아가는 방법, 세 번째는 배로 중앙아메리카의 파나마 지협에서 약 80km 거리를, 정글을 육로로 이동한 이후 다시 해안을 따라 배로 이동하는 방법이 있었다. 이 중 파나마 지협을 경유하는 해상 교통이 가장 빠른 운송수단이었다. 동부 연안에서 서부로 최초의 증기 우편선을 운항하였고 이후 태평양을 횡단하는 최초의 정기 증기선을 운항하였던 태평양우편증기선회사의 윌리엄 아스핀월(William Aspinwall)이 76km 길이의 철도를 허가받았다. 그는 이미 파나마와 오리건주 사이의 항로에서 우편선을 운영하는 계약을 따놓은 상태였다(월마, 2019: 204; 이민용, 2019).

미국의 동부 연안과 서부 연안을, 파나마를 횡단하여 연결한 이 철도는 미국이 수행한 대규모 해외직접투자의 산물이었으며 미국의 대륙횡단철도가 완성되기 이전까지 대서양에서 태평양으로 가는 가장 빠르고 안전한 경로를 제공했다. 이 철도는 파나마운하의 기초가 되었을 뿐 아니라 미국대륙횡단철도의 원형이 되었다. 1869년 동부 새크라멘토에서 출발한 센트럴퍼시픽철도와 미국 중부 오마하에서 출발한 유니언퍼시픽철도가 공식적으로는 유타주 프리먼토리 지점에서 만남으로써 최초의 대륙횡단 철도가 건설되었다. 1869년 완공된 철도 위로 보스턴에서 샌프란시스코까지 오는 첫 대륙횡단 열차(1870년)는 샌프란시스코만 건너편 오클랜드에서 출발하여 페리로 다시 샌프란시스코까지 도착하는 것을 포함하여 8일이 걸렸지만 수개월 걸리던 이전의 경로와 비할 바가 아니었다. 이후 네 개의 노선이 더 건설되어 미국 중서부 또는 미시시피강 유역과 태평양 연안을 잇는 대륙횡단 철도 노선이 다섯 개로 늘어난다. 1869년의 철도는 그 유명한 '빅포(The Big Four)'(릴런드 스탠퍼드 Leland stanford, 찰스 크로커 Charles Crocker, 마크 홉킨스 Mark Hopkins, 콜리스 헌팅턴 Collis Potter Huntington)가 주도하였지만 이를 포함한 대륙횡단 태평양철도건설에는 중국무역을 통해 형성된 일군의 뉴잉글랜드 상인들의 자본(파나마의 윌리엄 아스핀월 또한 이들 중 하나였다)과 몇몇 중국 홍상의 자본이 투하되었고 파나마철도건설에서 그 유용성이 증명된 중국인 노동력이 대규모로 동원되었다. 1883년 9월에 완공된 미네소타에서 태평양 북서부에 이르는 노던퍼시픽철도에는 공사 인원의 절반인 25,000명의 중국인 노동자가 고용되었다. 또한, 정부의 지원을 받지 않은 유일한 철도인 시애틀에 이르는 그레이트노던철도의 경우에도 개척자인 제임스 힐은 몬태나의 대초원에 정착민을 불러들이고 여기서 수확한 곡물을 동아시아지역에 수출하기 위해 이 노선을 계획하였다고 알려져 있는데 이러한 예에서 보듯이 미국 대륙횡단 철도가 태평양으로의 연계와 밀접히 관련되었음을 우리는 알 수 있다(월마, 2019: 203-229; 박상현, 2022; Deverell, 1994).

오랫동안 '태평양철도(Pacific Railroad)'라고 불린 대륙횡단 철도가 건설됨에 따라 1867년 샌프란시스코와 홍콩을 잇는 본격적인 태평양 횡단 항로가 개설되었다. 이는 물론 대륙횡단철도의 개통으로 인해 태평양우편의 수익이 감소한 데 기인한 탓이 컸으나, 홍콩, 상하이, 요코하마 등 동아시아 항구를 연결하는 태평양 횡단 항로가 개통됨에 따라 태평양의 무역연계망은 본격적으로 동아시아와 연계되었다. 짧은 기간 환태평양 항로를 독점한 태평양우편은 샌프란시스코를 기점으로 중국, 일본, 호주와 뉴질랜드, 그리고 파나마를 거쳐 남아메리카와 미국 동부를 연결하였으며 미국의 장거리 해상운송망의 전위로서 기능했다(이민용, 2021: 155-156). 이러한 흐름에 따라 샌프란시스코는 1870년대 이후 미국 동부와 동아시아를 가로질러 태평양을 연계하는 그야말로 환태평양 메가 지역의 새로운 중심지가 되었다. 또한, 여기에서 주목할 점은 파나마철도, 태평양철도 등의 건설을 통해 캘리포니아가 대서양과 태평양 연계의 한 축이자 대륙적 규모의 민족국가의 서부 변경으로 형성되는 과정이 동시적으로 이루어졌다는 점이다. 샌프란시스코를 포함한 캘리포니아의 태평양교역 중심지가 형성되는 과정에서 자본과 노동이 유입되면서 태평양 연안 지역이 미국의 극서부가 되고 태평양 연안의 주들이 미국에 편입되면서 현대적 국경이 형성되었던 것이다. 이러한 과정 자체가 태평양 너머로의 연계에 대한 욕망과 동경 없이는 시도되지 않았을 것이며, 아시아의 노동력과 시장, 그리고 중국무역을 통해 형성된 자본 없이는 불가능했다(박상현, 2022). 미국에서의 '캘리포니아'라는 공간, 그 속에 자리 잡은 샌프란시스코, 로스앤젤레스 등의 주요 도시의 형성은 트랜스퍼시픽 월드 그 자체인 것이다.


## 2. 철도와 로스앤젤레스

빅포(Big Four)에 의한 대륙횡단철도 중 하나인 서던퍼시픽철도가 1883년 로스앤젤레스까지 놓이게 되는데 이 노선은 멕시코 국경을 따라 동쪽으로 뻗어 뉴올리언스에 이르는 노선을 완성하였다. 이른바 선셋루트가 완성된 것이다. 여기에 더해 흔히 산타페이철도라고 불리는 애치슨·토피카 앤드 산타페이철도가 건설되었고 1884년 뉴멕시코주 산타페이에 이르렀으며 1887년 로스앤젤레스까지 연결되었다(월마, 2019: 203-229).

1883년 서던퍼시픽철도의 완공을 통한 뉴올리언스-로스앤젤레스, 샌프란시스코에 이르는 선셋루트의 완성, 1887년 산타페이철도의 로스앤젤레스로의 연결 등에서 보듯이 로스앤젤레스의 성장은 단순히 태평양 무역망의 연결로만 형성된 것은 아니다. 기본적으로 로스앤젤레스는 산페드로만에 설치된 화객의 환적 거점으로서 발전해갔으며 로스앤젤레스 육상 쪽에서는 파나마운하가 완공되기 반세기 전 항만과 시내를 잇는 로스앤젤레스 산페드로 철도가 1868년 건설되었다. 그리고 그 이듬해 대륙횡단 철도가 완공되었다. 그리고 1880년대 앞에서 언급하였듯이 로스앤젤레스를 서쪽 기점으로 하는 장거리 철도들이 잇따라 개통되는데 1881년 새크라멘토 베리철도를 기원을 하는 서던퍼시픽철도가 우선 캔자스주 애치슨과 연결되고, 다시 텍사스 동부와 연결되는데 이는 텍사스주 시에라블랑카에서 텍사스퍼시픽철도와 연결된 결과였다. 이 철도가 다시 1883년 텍사스주 자회사인 철도와 연결됨으로써 로스앤젤레스와 뉴올리언스가 연결되게 된다. 미대륙 내 철도의 동부 연계 중 선셋루트라 불린 로스앤젤레스-뉴올리언스 노선을 통해 남부 흑인들이 대거 캘리포니아로 몰려들게 되는데, 이를 통해 로스앤젤레스 남부에 흑인이 많은 커뮤니티가 생겨나고 로스앤젤레스의 민족적 다양성을 더욱 확대시키게 된다. 이러한 철도의 로스앤젤레스로의 연결 또는 집중 속에 로스앤젤레스는 태평양 무역의 거점인 샌프란시스코, 이후 로스앤젤레스의 주요한 항만기능을 담당하는 산페드로 항만과의 연계 그리고 이러한 항구와 내륙으로의 연계의 거점이 되고, 이러한 철도 연계를 통한 화물 수송은 다시 로스앤젤레스 지역 항만의 지속적 정비와 건설을 가져왔다(노보루, 2022: 176-179; Deverell, 1994; Marquez, 1975; Orsi, 2005).

1880년대 중반 이후 잇따른 대륙횡단철도의 연결과 함께 로스앤젤레스 지역은 더 넓은 서부 지역과 자본시장과 직접 연결되게 되었고 이 중 하나인 서던퍼시픽철도는 로스앤젤레스에서 란초 소유지를 지나 산페드로강 하구의 작은 항구까지 연결하는 지선을 운영했다. 이러한 철도의 연결은 로스앤젤레스에 대한 투자, 영미 이민자, 상업적 붐, 이와 더불어 부동산 붐을 가져왔다(Orsi, 2005; White, 2011). 1850년대 하구의 소유권이 복잡하게 뒤얽혀 있던 이 지역에 철도의 도래와 함께 로스앤젤레스 항만의 개발이 본격화된 것이다. 1888년에 로스앤젤레스의 모든 이해관계는 심해항구를 건설하는 데 집중되었다. 그리고 적정부지(산타모니카와 산페드로 등)에 대한 경쟁이 뒤따랐는데 이것은 철도회사의 이권과 부동산 토지 소유를 둘러싼 것이기도 하였다. 산타모니카는 윌밍턴철도와 남태평양철도, 로스앤젤레스 헤럴드 등에 의해 지지되었고, 산페드로는 산타페철도와 로스앤젤레스 타임즈에 의해 지지되었다(Tejani, 2014; Krenkel, 1947; Krenkel, 1965).

## III. 자유항으로서의 로스앤젤레스 항구의 건설과 성장

### 1. 산페드로항의 형성

캘리포니아 지역에 멕시코에서 미국으로 양도된 이래 로스앤젤레스 항만의 역사는 태평양교역 참여에 대한 열망과 함께 멕시코로부터 양도된 지역의 소유권에 대한 재정립과 병합 속에 형성되었다. 이러한 미래의 항만 지역에 대한 소유권의 재정립과 병합은 샌프란시스코에서도 유사하게 발생한 것으로 캘리포니아 연안의 항구형성의 역사와 함께한다고 할 수 있다.

1870년 샌프란시스코가 인구 약 15만 명의 도시로 성장하고 있을 때 로스앤젤레스는 약 15,000명의 사람들이 사는 도시였다. 로스앤젤레스는 기본적으로 천혜의 항을 가진 지역이 아니었고 내륙에서 32km가량 떨어진 산페드로만의 해안 마을과 윌밍턴에 항구 시설을 가지고 있었다(Krenkel, 1947). 이 항구들은 당시에는 샌프란시스코에 비해 매우 부실한 항구였다. 따라서 1869년 데일리 알타 캘리포니아(Daily Alta California)의 통신원 리처드 오그든(Richard Ogden)이 샌프란시스코에서 로스앤젤레스 지역으로 왔을 때까지만 해도 이 지역은 그야말로 온갖 소유권이 뒤엉킨 무질서한 땅임과 동시에 새로운 기회와 가치를 가진 땅이었다.

로스앤젤레스의 대표적 항구가 될 산페드로만의 하구는 1880년대까지 기존의 멕시코 란초의 소유권, 연방정부와 캘리포니아의 공공토지, 연방 보호구역, 그리고 조수간만에 따라 변화하는 하구 및 항해 가능지역의 소유권의 불확실성이 뒤엉켜 있었다. 그리고 1850년대에서 1900년대 초까지 이러한 각종 소유권에 대한 분쟁과 해소과정 속에서 로스앤젤레스 항구는 건설되었다. 로스앤젤레스 지역의 항만은 외부만을 보호할 수 있는 시설이 필수적이었고 이러한 사업은 로스앤젤레스 시가 감당하기에는 규모가 너무 컸으며 1871년부터 기존 하구의 소유권 재정립과 함께 연방정부의 지원하에 항만 개선 작업이 시작되었다. 또한, 뒤이어 심수항 건설계획이 뒤따랐다. 1876년 서던퍼시픽철도가 완공되고, 1885년에는 산타페철도가 로스앤젤레스를 종착지로 하였다. 이 철도의 종착지는 샌디에이고로부터는 160.9km가량 북쪽에, 샌프란시스코로부터는 804.6km가량 남쪽에 있었다. 샌프란시스코와 샌디에이고 이 두 천혜의 항구 사이에는 그 어디에도 선박의 피난처나 화물 선적을 할 수 있는 심해항구가 없었다. 따라서 로스앤젤레스 근처 어딘가에 항구를 건설하는 것의 정당성이 있었으며 해군을 위한 항구의 필요성도 지속적으로 제기되었다. 이후 미·서 전쟁의 발발 등은 로스앤젤레스 항구를 지속적으로 개발하는 동기가 되었다(Tenjani, 2014).

## 2. 산페드로항을 둘러싼 자유항 논쟁

이러한 로스앤젤레스 항구의 발전에 있어 산페드로항을 둘러싼 자유항 논쟁 또는 반독점 운동은 주목할 만하다. 산페드로항은 로스앤젤레스 초기부터 로스앤젤레스의 항구 역할을 해왔으나 지리적으로는 매우 불리하였다. 썰물 때 수심이 너무 얕아 선박을 수용할 수 없었고, 외부의 영향으로부터도 보호받을 수 없었으며 바닥은 뻘밭이었다. 이렇듯 열악한 상황에서 교역이 아니더라도 도시 성장에 따른 LA 건설을 위한 자원의 수입을 위해서는 항구의 확장이 필요하였다. 이러한 필요성을 배경으로 피니어스 배닝(Phineas Banning)은 항구 북쪽 끝에 윌밍턴항을 설치하였으며 도심과의 거리를 극복하기 위해 산페드로항과 LA 도심을 연결하는 철도를 건설하였다. 한편 최초의 대륙횡단 철도를 건설한 빅포의 일원이었던 콜린스 헌팅턴(Collins P. Huntington)의 서던퍼시픽철도의 새로운 노선(샌프란시스코-애리조나주 유마)이 건설되기 시작하였는데 이 노선은 불행히도 로스앤젤레스로부터 약 241km 떨어진 것이었다. 헌팅턴은 이 노선이 로스앤젤레스를 통과하는 대가로 로스앤젤레스와 산페드로 사이의 철도 통제권을 요구하였으며 이는 도시의 해상무역에 대한 독점권을 행사하겠다는 의미였다(Morris, 2015: 265-267). 헌팅턴의 이러한 독점은 대체항구를 탐색하게 하였으며 이것이 1875년 이전에는 존재하지 않았던 산타 모니카의 개발로 이어지게 된다. 그러나 이후 이 개발사업은 헌팅턴과의 경쟁에서 패배하고 산타모니카는 헌팅턴에게 넘어가게 되고 산타모니카항은 거의 폐쇄

된다(Scott, 2004: 37-38). 이후 15년 동안 헌팅턴은 철도 장악을 통해 LA 무역을 지배하게 되었으나 1891년 경쟁사인 터미널 아일랜드 철도가 산페드로만과 경쟁하는 철도를 건설하는 등 헌팅턴의 독점에 도전하게 된다(Morris, 2015: 267).

1886년부터 1888년까지 단 2년 동안 로스앤젤레스는 인구가 7만 명에서 20만 명으로 급증하여 대량의 목재를 운반할 필요가 있었으나 산페드로항은 이를 수용할 수 없었다. 더 나아가 급속하게 증대하는 환태평양 무역의 최적지에 위치한 로스앤젤레스는 보다 큰 심해항과 방파제가 필요하게 되었다. 이러한 일은 연방정부 정도의 재정을 가진 곳만이 추진할 수 있는 일이었으며 연방정부는 새로운 항구에 대한 조사를 실시하고 1890년 산페드로가 새로운 항구로서 가장 적절하다고 결론을 지었다(Willard, 2011: 54-57).

그러나 여전히 산타모니카행 철도를 소유하고 있던 헌팅턴은 산타모니카에 새로운 항구를 건설하고 여기에 연방정부의 지원을 끌어들이는 야심 찬 계획을 세웠다(Morris, 2015: 267-269; Marquez, 1975). 결국 이는 연방정부의 지원이 산페드로에 돌아갈 것인지, 산타모니카로 돌아갈 것인지의 문제가 되었으며 산타모니카의 지지자들은 새로운 항구의 부지가 로스앤젤레스에 더 가까우며 해안 교통에 유리한 점 등 지리적 이점을 호소하였으나 결국 여론은 부지의 지리적 이점보다는 서던퍼시픽의 독점에 초점이 맞추어졌다. 산페드로항의 지지자들은 도심과 항구를 연결하는 철도 간의 경쟁을 허용하고자 하였으며 이들은 '자유항구연맹(Free Harbor League)'을 결성하였으며 이 논쟁은 미 의회에서 결국 산페드로항의 승리로 돌아가게 되었다(Krenkel, 1965; Morris, 2015). 1896년 하천·항만법이 통과되고 해군 장교 등 3명의 토목기술자로 위원회가 구성되고 이들은 산페드로만이 심해항과 해군을 위해 도움이 된다고 판단하였다. 산페드로항에 방파제가 1899년 착공하여 1911년에 건설되고 이후 외부항구가 준설되었다. 심해항의 건설은 또한 주변의 새로운 항만시설을 위한 토사를 생산하였다. 이 모든 것은 1930년까지 지속되었다(Tejani, 2014; Krenkel, 1965). 서던퍼시픽 철도는 산타모니카항을 버리고 다시 산페드로항으로 돌아와서 독점을 시도하였으나 1913년 캘리포니아대법원은 대부분의 해안가를 공공신탁하도록 결정하였다. 산페드로항 일대의 건설 기간 동안 1904년 로스앤젤레스에서 13,741 배럴 상당의 유전이 발견되었고 그 생산량이 1906년에는 235,159 배럴에 이르게 되었으며 이러한 새로운 재정원의 출현은 산페드로와 윌밍턴의 합병을 이끌게 된다(Morris, 2015: 272-273).

## IV. 태평양 물류 중심지로의 부상 그리고 태평양 횡단의 꿈

### 1. 태평양 물류 중심지 그리고 蒼空의 꿈

로스앤젤레스항의 확대와 함께 로스앤젤레스는 20세기 초반부터 급속하게 성장하기 시작하였다. 로스앤젤레스 항구의 방파제가 완성된 1912년에는 연간 3,000척 미만의 배들이 입항하였고 화물수송량은 200만 톤을 조금 웃돌았으나 제1차 세계대전이 끝날 무렵, 매년 6,000척 이상의 선박이 드나들었으며 수송량은 2,600만 톤을 초과하였다. 1914년 파나마운하의 완공은 로스앤젤레스를 환태평양 무역의 중심지로 거듭나게 하였으며 1920년에는 샌프란시스코를 제치고 서해안에서 가장 붐비는 항구가 된다. 이러한 교역량의 증가는 정박 공간과 외부항구의 정박지에 대한 긴급한 수요를 만들었으며, 1922년 롱비치항에 대한 조사를 시작으로 대공황 시기 롱비치항을 확대하게 된다(Krenkel, 1965). 이후 제2차 세계대전 등을 통해 로스앤젤레스는 태평양 연안 항구로서 부동의 자리를 차지하게 된다.

한편 제2차 세계대전은 단순히 항구의 역할 증대뿐 아니라 막대한 연방 방위비에 힘입어 로스앤젤레스가 방위산업을 중심으로 한 산업적 거대도시로 거듭나게 하였다. 특히 로스앤젤레스시는 항공산업의 디트로이트로 등장하였다. 20세기 초반 로스앤젤레스는 급속하게 성장하였음에도 불구하고 광대한 황무지를 가진 도시였다. 싼 황무지 그리고 이를 만든 기후와 푸른 창공은 비행과 항공산업에 적합하였을 것이다. 이에 더하여 야외조립과 항공기 마감이 가능한 온화한 겨울 등의 자연적 요소의 이점도 더해졌을 것이다. 그러나 여전히 로스앤젤레스가 항공산업의 중심지가 된 이유는 뚜렷하지 않다. 다만 로스앤젤레스가 남부 캘리포니아의 항공산업의 중심지가 된 것은 황무지와 기후 때문만은 아니었을 것이다(브루스 커밍스, 2011:522-540; Verge, 1994; Scott&Mattingly, 1989).

1910년 로스앤젤레스에서는 미국 최초의 항공쇼가 개최되었다. 당시 로스앤젤레스타임스는 이 항공쇼를 "(미국)서부 역사 중에 가장 큰 공식 행사 중 하나"라고 소개하였다. 로스앤젤레스항이 확대되고 있던 무렵에 개최된 로스앤젤레스 국제항공쇼는 철도왕이자 로스앤젤레스의 전차인 트롤리 시스템을 구축한 헨리 헌팅턴, 로스앤젤레스타임스를 소유한 챈들러 가문, 신문재벌인 윌리엄 랜돌프 허스트 등이 후원했기 때문에 가능했는데, 여기에서 보듯이 애초에 로스앤젤레스 항공산업의 출발은 엔터테인먼트, 저널리즘과 긴밀히 결합한 것이었다[1]. 이 항공쇼에서 허스트는 스스로 비행기를

---

1 1920년대 MIT에서 최초로 항공공학 학위를 받은 도널드 더글러스(Donald Douglas)가 1920년 로

타고 하늘을 날았다. 20세기 초반 당시 기술의 첨단이었던 '비행'은 항구가 없는 곳에 항구를, 물이 없는 물을 창조한 인공도시 로스앤젤레스에 부합한 것이었는데 이들 후원자들은 하늘의 꿈을 창조하고자 하였던 것이다. 그리고 항공쇼 그것은 항공기술 이전에 '꿈'의 생산, '볼거리의 향연'으로 기획되었던 것이다. 이 항공쇼 이후 2주 뒤에 할리우드에서 무성영화가 촬영에 들어갔다는 것은 상징적이다(Knusten, 2019; Meares, 2019; Morrison, 2023).

## 2. 항공산업과 로스앤젤레스

로스앤젤레스 국제항공쇼 이후 1910-20년대 로스앤젤레스는 비행에 대한 열병을 앓았으며 수많은 항공 회사들이 로스앤젤레스로 몰려들었다. 이것이 노스롭코퍼레이션(현재의 노스럽 그루먼), 더글러스 항공기회사(이후 맥도널드 더글러스), TRW Inc.(현재의 노스럽 그루먼), 록히드코퍼레이션(현재의 록히드 마틴), 노스 아메리칸 항공(이후 록웰), 휴즈 항공기회사(오늘날 레이시온과 보잉)와 같은 회사들의 기원이다. 이들이 여기로 몰려든 것은 공장을 위한 값싼 부지가 많았기 때문이다. 이들은 해변 가까이에 공장을 지었는데, 이러한 산업 이전에 로스앤젤레스 해변은 대부분 인구가 없었고 콩, 딸기, 옥수수밭으로 뒤덮여 있었다. 이들 공장이 제2차 세계대전 중에 자리 잡으면서 이들 해안가는 종전 이후 '깔끔하고 산뜻한' 새로

---

스앤젤레스에서 비행기 회사를 세웠을 때도 로스앤젤레스타임스의 챈들러 가문이 후원하였다. 더글러스는 산타모니카의 버려진 영화제작소에서 비행기를 생산하였고, 항공실험장을 건설하였고, 1926년 캘리포니아 공대의 구겐하임 항공실험실을 위한 모금을 하였다. 1935년 개발되어 상업용으로 발전할 수 있었던 최초의 여객기인 DC-3는 영화 카사블랑카에 출현하기도 하였다. 챈들러는 로스앤젤레스에서 가장 선도적이고 강력한 항공산업의 후원자로서 더글러스를 후원하였을 뿐 아니라 1921년 시카고 대학의 물리학자 밀리칸을 캘리포니아 공대로 데려왔다(브루스 커밍스, 2011:523-525).

운 마을이 되어 있었다(Easy reader News, 2013; 브루스 커밍스, 2011:529).

1920년대 중반 더글러스社의 더글러스가 독일로부터 폰 카르만을 데려왔으며 이미 챈들러가 '모셔온' 물리학자 밀리칸은 캘리포니아가 항공산업의 중심이 될 것이라며 그를 캘리포니아 공대로 데려왔다. 이후 로스앤젤레스 상공회는 공항이 '성장의 버팀목'이라고 결의했고 '항공산업 지향적'이라는 말은 로스앤젤레스 지지자들의 또 다른 수사가 되었다(브루스 커밍스, 2011:525). 하늘을 날고자 하는 꿈과 황무지 로스앤젤레스를 재창조하고자 하는 꿈이 결합한 것이다.

1920년대 53개의 비행장이 로스앤젤레스 시청 30마일 내에 건설되었다. 대공황을 겪으면서 대다수 비행장과 군소업체들이 문을 닫고 그 부지는 골프장으로 탈바꿈하였지만, 제2차 세계대전은 다시 항공산업을 부활시켰다. 더글러스는 항공산업의 주요 인사들을 조직하여 남부 캘리포니아 일대의 항공산업을 주도하였으며 4년 동안 2백만의 노동자가 30만 대의 비행기를 제조하였다. 더글러스 항공기회사는 노동력의 70%를 여성으로 고용하였으며, 아프리카계 미국인[2]을 비롯해 수많은 이들이 항공산업의 일자리를 찾아 몰려들었다(Meares 2019; Morrison, 2023).

한편 비행기공장들은 각종 복지 체계와 사회적 제도를 선보이며 항공업계를 산업계의 유토피아로 보이게 하였다. 로스앤젤레스 카운티의 모든 비행기공장은 의료혜택, 예방적 건강관리, 시력검사와 치과 치료, 24시간 진료와 심리상담, 급식서비스 등을 제공하였다(브루스 커밍스, 2011:529). 항공산업의 성장은 로스앤젤레스의 풍경을 바꾸어놓았다. 일본계 미국인들이

---

2 록히드는 흑인을 고용하고 무료버스를 흑인가까지 운행하였으며, 헤비급 챔피언인 권투선수 루이스의 이름을 딴 주거 단지를 세우기도 하였다. 더글러스는 1800명, 록히드는 7186명의 흑인을 고용했다(브루스 커밍스, 2011:529).

수용소로 보내져 버려진 리틀도쿄는 8만 명 이상의 흑인이 몰려들어 브론즈빌로 재탄생라였으며 혹시 있을 공습에 대비하여 디즈니사는 공장들을 교외 주택으로 위장하였다. 반대로 디즈니랜드는 이러한 항공 및 향후 항공우주 산업의 부산물이자 광고이기도 하였다. 대부분 더글러스 항공기회사의 직원이 거주하게 되는 레이크우드를 비롯하여 공장 주변 또는 공장에 고용된 노동자를 위한 대규모 교외 주택단지가 등장하였다. 그리고 이 단지의 건설에는 항공산업의 조립라인의 효율성이 가미되었다(Meares, 2019).

로스앤젤레스에서 시작된 비행의 꿈은, 1939년 샌프란시스코의 금문교 박람회에서 본격적으로 펼쳐졌는데 이 박람회에서는 태평양을 가로질러 승객을 운송할 비행기 여행(Trans-Pacific의 그야말로 본래적 의미)의 가능성을 선보이게 되었다. 태평양 횡단의 꿈이 본격적으로 등장한 것이다. 1937년 힌덴부르크 비행선 사고 이후 이제 비행선의 시대가 끝나고 캘리포니아 특히 로스앤젤레스를 근거지로 한 비행기의 시대가 도래한 것이다(Lutkehaus, 2021:194).

## V. 결론

로스앤젤레스의 사례를 통해 보듯이 철도의 항만 연결은 도시발전에 지대한 영향을 끼쳤음을 알 수 있다. 역으로 항구의 존재(여기서는 태평양 무역으로 향하는 항구의 존재)가 새로운 이동성(당시로써는 철도)의 연계를 촉진하였다. 그리고 만일 자유항 논쟁에서 산타모니카가 우위를 차지했다면 오늘날과 완전히 다른 모습의 로스앤젤레스가 탄생했을 것이다.

샌프란시스코항의 개발과 달리 로스앤젤레스는 대규모 토목공사의 성격을 가진 것으로 연방정부의 관심과 재정 지원이 절대적이었다. 미국 정부는 남서부 지역의 무역을 촉진하고 샌디에이고에서 샌프란시스코에 이르는 긴 해안지대를 따라가는 선박의 피난처와 함께 해군기지를 개발할 목적으로 로스앤젤레스 항구의 이점과 가용성에 주목하였고 태평양함대의 주둔은 로스앤젤레스시로서는 추진할 수 없는 항만 개선을 지속적으로 추진할 수 있게 하였다. 이러한 로스앤젤레스항의 성장과 군사적 목적의 상관성은 제2차 세계대전, 한국전쟁, 베트남 전쟁까지 이어졌으며 이러한 역사적 과정에 이루어진 컨테이너리제이션은 로스앤젤레스를 캘리포니아의 부동의 무역항으로 자리 잡게 하였다. 1960년대 컨테이너라이제이션 이후 미국 서부 태평양지역의 경우 기계근대화협정을 받아들인 샌프란시스코는 항만기능이 오클랜드로 이전됨에 따라 쇠퇴하게 된다. 그러나 자동화로 인해 일자리가 사라지리라 우려했던 로스앤젤레스 항만 지역은 호황을 이어갔다(레빈슨, 2016: 226). 천연의 항구 샌프란시스코 지역은 상대적으로 항만으로 개발할 지역이 부재했던 반면 지속적인 항만확장을 꾀해왔던 일종의 인공항구 로스앤젤레스 항만 지대는 늘어나는 교역량을 감당할 능력이 되었던 것이다. 또한, 이러한 능력이 더욱더 컨테이너 화물을 로스앤젤레스로 집중하게 한 원인이 되었다(Hayut, 1981).

골드러시 이후에도 그저 조그마한 마을에 불과하였던 로스앤젤레스는 미국 동부와 서부를 보다 빠르게 연결하여 환태평양 무역거점에 도달하고자 한 대륙횡단철도의 건설, 파나마운하 개통 등 환태평양 무역의 강화로 인해 대규모 항구의 필요성 등을 통해 20세기 초반 환태평양 무역의 중심지로 그 모습을 갖추게 되었다. 여기에 더하여 로스앤젤레스에서는 비행기를 통한 태평양 횡단의 꿈이 등장한다. 한편 철도의 건설, 로스앤젤레스항의 건설, 항공산업의 성장과 할리우드의 등장, 이 모든 것에서 보듯이 로스앤젤레스는 황무지 위에 건설된 인공도시임을 상징적으로 보여준다. 포스트모던 공간으로서 로스앤젤레스가 회자되는 것은 결코 우연이 아니며 인공적 도시공학과 태평양으로의 연계가 다중심적이고도 복합적으로 어우러진 결과이다.

# 참고문헌

낸시 루트케하우스(Lutkehaus, Nancy C.)(2021) 지음, "미겔 코바루비아스와 태평양 전시: 금
 문교 국제 박람회와 환태평양 사상, 1939-1940", 『환태평양 연구』(박상현 외 옮김), 이
 담북스.

마크 레빈슨(Marc Levinson) 지음, 이경식 옮김(2016), 『더 박스』 서울: 청림출판.

박상현(2022), "미국은 어떻게 태평양국가가 되었나? '장기 19세기' 미국과 태평양", 『Journal of
 Global and Area Studies』 6(2): 5-32.

벤 윌슨(Ben Wilson) 지음, 박수철 옮김(2020), 『메트로폴리스』 서울: 매일경제신문사.

브루스 커밍스(Bruce Cumings) 지음, 박진빈·김동노·임종명 옮김(2011), 『바다에서 바다로:
 미국 패권의 역사』, 서해문집.

이민용(2019), "캘리포니아 골드러시 시기(1848-1860) 파나마 지협 경유 해상교통망과 19세기
 중엽 미국의 제국주의", 『서양사론』, 140: 105-137.

이민용(2021), "횡태평양 증기선 항로와 미국-동아시아 관계망 형성", 『서양사론』, 149: 154-187.

크리스티안 월마(Christian Wolmar) 지음, 배현 옮김(2019), 『철도의 세계사』 서울: 다시봄.

하야시 노보루(Hayashi Noboru) 지음, 노용석 외 옮김(2022), 『환태평양 게이트웨이 지리학』, 파
 주: 이담북스.

Delgado, J.(2009), Gold rush port: The maritime Archaeology of San Francisco's waterfront,
 Oakland, California: University of California Press.

Deverell, W.(1994), Railroad crossing: Californians and the railroad, 1850-1910, Oakland, Cali-
 fornia: University of California Press.

Deverell, W.(1991), 'The Los Angeles 'Free Harbor Fight'', California History, 70(1): 12 – 29.

Hayut, Y.(1981), 'Containerization and the load center concept', Economic Geography, 57(2):
 160-176.

Igler, D.(2013), The great ocean: Pacific worlds from Captain Cook to the gold rush, Oxford:
 Oxford University Press.

Krenkel, J.(1965), 'The development of the port of Los Angeles', The Journal of Transport His-
 tory, 7(1): 24-33.

Krenkel, J.(1947), 'The port of Los Angeles as a municipal enterprise', Pacific Historical Review,
 16(3): 285-297.

Marquez, E.(1975), Port of Los Angeles: A phenomenon of the railroad era, San Marino: Golden
 West Books.

Morris, E.(2015), 'Where to put the port?: The free harbor fight and the historical development of Los Angeles', Journal of Planning History, 14(4): 263-386.

Orsi, R.(2005), Sunset limited: The Southern Pacific Railroad and the development of the American West, 1850-1930, Oakland, California: University of California Press.

Park, E.(2022), 'Global cities and COVID-19: Stories of resilience and fragility in Los Angeles', Journal of Global and Area Studies , 6(3): 119-133.

Scott, Allen J. and Doreen J. Mattingly(1989), 'The Aircraft and Parts Industry in Southern California: Continuity and Change from the Inter-War Years to the 1990s', Economic Geography 65(1), 48-71.

Scott, P.(2004), Santa Monica: A history on the edge, Dover: Arcadia Publishing.

Sinn, E.(2012), Pacific crossing: California gold, Chinese migration, and the making of Hong Kong, Hong Kong: Hong Kong University Press.

Tejani, J.(2014), 'Harbor lines: Connecting the histories of borderlands and Pacific imperialism in the making of the port of Los Angeles, 1858 – 1908', Western Historical Quarterly, 45(2): 125-146.

Trujillo, J., & Parilla, J.(2016), Redefining global cities: The seven types of global metro economies, Metropolitan Policy Program, The Brookings Institution.

Verge, Arthur C.(1994), 'The impact of the Second World War on Los Angeles', Pacific Historical Review 63(3), 289-314.

White, R.(2011), Railroaded: The transcontinentals and the making of modern America, New York: W.W.Norton & Company.

Willard, C.(2011), Free harbor contest at Los Angeles, Charleston: Nabu Press.


인터넷 자료

Easy Reader News(2013), AEROSPACE: The industry that built the South Bay(https://easy-readernews.com/aerospace-chronicles-industry-built-south-bay/, 검색일 2023.04.21)

Knusten, Ashleen(2019), The History and Revival of Southern California's Aerospace Industry, KCET. (https://www.kcet.org/shows/blue-sky-metropolis/the-history-and-revival-of-southern-californias-aerospace-industry, 검색일 2023.04.21.)

Meares, Hadley(2019), How the aviation industry shaped Los Angels, Curbed Los Angeles(https://la.curbed.com/2019/7/8/20684245/aerospace-southern-California-history-documentary-blue-sky, 검색일 2023.04.21.)

Morrison, Patt(2023), How a 1910 air show launched L.A.'s rise to aerospace capital, Los Angeles Times.(https://www.latimes.com/california/story/2023-01-10/how-a-1910-air-show-launched-l-a-s-rise-to-aerospace-capital, 검색일 2023.04.21.)

# 3장

베라크루스:
대서양-태평양 연계의
관문도시 형성

**박명숙**

# Ⅰ. 서론

한국 사람에게 베라크루스라는 도시명은 생소하나 현대자동차의 준대형 SUV '현대 베라크루즈'는 친근하게 다가올지 모른다. 현대자동차는 이 도시의 이름을 따서 지었다. 베라(Vera)가 '참다운' 또는 '진실한', 크루스(cruz)가 '십자가'라는 의미의 베라크루스는 멕시코의 중부에 있는 베라크루스주의 항구도시이다. 사실 이 도시는 1519년 에스파냐의 정복자 에르난 코르테스(Hernán Cortés)가 상륙하면서 만들어진 도시이자 멕시코의 첫 식민도시이다. 베라크루스는 지리적 특성으로 외적의 공격에 취약했다. 1653년과 1712년 두 차례 해적에게 점거당하는 등 외적의 습격에 시달렸고, 이러한 습격을 막고자 항구 인근 섬에 요새(San Juan de Ulua 요새)가 건설되었다. 독립 후에도 베라크루스는 여러 차례 다른 나라에 의한 공격을 경험했다. 미군의 공격을 받아 1847년에 점령되었고, 1838년과 1861년에는 프랑스, 1914년에는 또다시 미국에 의해 7개월간 점령되었다.

베라크루스는 대서양 횡단의 무역항으로 번창하였다. 멕시코에서 산출된 은과 마닐라 갤리온 무역에 의해 태평양 연안의 아카풀코로 운반된 아시아산 교역품을 대서양 연안에서 스페인으로 운반하는 중계지 역할을 담당하였다. 식민지 시기 베라크루스 항만의 중요성은 태평양 측 아카풀코와 교역품을 거래하는 부분에서 찾을 수 있다(林, 2020: 89). 하지만 출발지인 아카풀코와 도착지인 베라크루스는 모두 스페인의 교역물자 중계 지점일 뿐 이곳에서 생산이 이뤄지거나 베라크루스산 물품이 거래되지는 않았다. 이와는 반대로 멕시코로 들어온 갤리온 무역의 물품들은 중국산 비단과 옥, 가구, 도자기를 비롯해 향신료류(계피, 후추, 육두구 등), 면제품, 상아, 귀금속(다이아몬드, 루비, 사파이어) 등 다양한 물품들이 반입되었다. 아카풀코에서 베라크루스까지의 거리는 660km이고, 철도가 개통되지 않았던 시절에는 당나귀 또는 직접 사람이 짐을 나르는 등에 의존하는 원시적인 교통 체계를 가지고 있었다. 노새 수송은 많은 위험을 무릅써야 했다. 숲속에는 야생 파충류와 짐승들이 많았고, 수송대에서 일하던 노예들은 도중에 도망쳐 흔히 해적에게 고용되어 수송대를 습격하는 경우도 있었다. 1873년에 베니토 후아레스의 관리하에 건설이 진행되어 베라크루스와 멕시코시티를 잇는 425km 길이의 철도가 건설되었다(林, 2020: 88-91).

예로부터 해양세계를 연결하는 것은 항구였다. 항구는 연안 지역에 위치하여 선박이 안전하게 입출항하고 정박할 수 있는 장소이자 사람과 물자가 이동하고 혼종하는 공간이다. 역사적으로 항구는 다양한 사람과 상품, 선박과 선원 및 관련업 종사자들이 정주하고 이동하는 '문화교섭(cultural interaction)'의 공간이었다. 특히 거대 항구를 끼고 발달한 도시들은 산업화와 기술 발달을 통해 항구와 도시 공간의 관계가 끊임없이 변화하는 경험을 하고 있다(최진철·정진성, 2018: 2-3). 베라크루스는 대항해시대에 태평양 측의 아카풀코와 함께 멕시코만 측의 외항 역할을 해온 멕시코의 주요 항만도시이며, 역사적 가치가 매우 높은 도시이다. 이러한 지리적 특성으로 대서양 횡단의 대표 무역항으로 번창하였다. 멕시코에서 산출된 은과 마닐라 갤리온 무역에 의해 태평양 연안의 아카풀코로 운반된 아시아산 교역품을 대서양 연안에서 스페인으로 운반하는 중계지 역할을 담당하였다. 태평양의 드넓은 지역에서 멕시코의 은과 아시아의 비단이 거래되며 스페인은 막대한 이익을 창출했다. 이러한 대항해시대 당시의 영광을 이어서 20세기 이후로는 멕시코 제1의 수출입 항구로서 성장했다. 석유 화학 공업이 발전하였으며, 특히 자동차 산업부문에서 주요한 항구이다. 이는 오늘날까지 이어지고 있다.

이에 본 장은 에스파냐 식민도시에서 오늘날 멕시코 제1의 항만도시가 되기까지 그 발전사를 중심으로 검토하는 것이다. 특히 가장 도시 간 네트워크가 왕성하였던 대항해시대에 초점을 맞추고자 한다. 국내에 많이 알려지지 않아 다소 생소한 베라크루스이지만 본 글을 통해 베라크루스를 알리는 기초 자료로 활용할 수 있을 것이다.

## II. '신세계'로의 이주와 물류 이동

주지하다시피 에르난 코르테스는 1519년 600명가량의 무리를 이끌고 멕시코에 상륙하였다. 코르테스는 베라크루스를 기점으로 서인도 제도 방향, 온두라스 방향, 그리고 미국의 서부지역 등을 돌아다니다가 당시 아메리카 대륙에서 가장 강력한 제국이었던 아스테카 제국까지 정복했다. 식민도시 건설은 베라크루스를 기점으로 시작되었다. 대항해시대가 도래하면서 베라크루스는 단순한 항구도시가 아닌 아시아와 유럽 사이에 이주와 물류가 이동하기 위한 관문도시로 발전했다.

항구도시는 사람과 물건, 그리고 정보가 모이는 곳으로 만남의 기능을 수행하였다. 이처럼 항구도시는 육지 영역 국가의 직접적인 영향을 받는 경우도 있지만, 육지의 도시와는 다른 역사, 문화의 공간, 즉 해양세계에 속한다고 할 수 있다. 홍석준(2007)에 따르면 해양세계란 대양보다는 작으며 내륙보다는 만이나 내해에 더욱 밀접하게 연결되어 있고 이러한 해양세계는 무역항을 중심으로 연결되어왔다고 설명한다. 항구도시는 육지와 바다 사이에서 사람, 물자, 정보의 흐름을 관장하였으며, 해역과 해역 사이의 네트워크를 활성화하였다. 이를 통해 육지와 바다 사이에 경제적, 문화적 상호보완

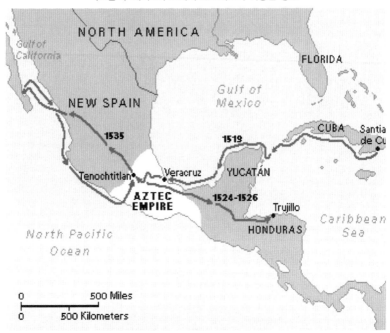

출처: https://flowvella.com/s/1ptg/75BD6A4B–4363–48D9–A154–7ADF7144FD96

관계가 맺어질 수 있었다. 베라크루스는 사람과 상품의 이동이 빈번한 교역 지역이자 대서양과 태평양을 이어주는 관문이었다.

## 1. 풍향의 체계와 대서양-태평양 간의 교역품 이동

섬과 섬 사이를 이동한 사람들은 역풍인 탁월풍[1]에도 안전하게 항해하는 기술을 터득한 덕분에 항로를 개척할 수 있었다. 또 다양한 기후를 적절히 활용해 항해를 장기간 지속할 수 있었다. 인류는 육상뿐 아니라 해상에

---

1 출현 횟수가 가장 잦은 바람의 방향.

서도 자유롭게 이동하는 방법을 개발하며 전 세계로 퍼져 나갔다(다마키 2019: 32-33).

대서양 횡단 경로에서 물류 이동을 위해 멕시코만에는 배들이 쿠바와 육지 사이의 유카탄 해협을 지나서 들어왔다. 이곳에서는 7월과 9월 사이에

〈그림 2〉 세계의 풍향 체계

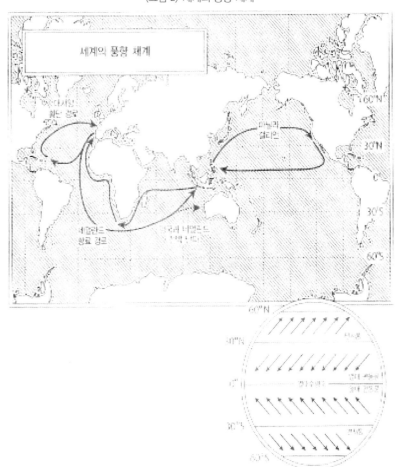

출처: 윌리엄 번스타인(2019), p. 313 재인용

북쪽에서 불어오는 폭풍이 항해에서 위험 요소였다. 이 바람이 불면, 배는 멕시코 연안까지 밀려 나갔다. 베라크루스 앞바다에서의 난파 수는 선박운행 수가 파나마 지협보다 적었는데도 난파 수는 파나마 지협보다 더 많았다. 세비야에서 베라크루스까지 수송 선단의 소요 시간은 상황이 좋아도 14개월에서 15개월 정도 걸렸다. 베라크루스 항에서 선적과 하역을 하고 바람의 방향을 기다리면서 그냥 보내는 기간이 8개월 반에서 10개월 정도 지체되었고, 나머지 5개월 반 정도만이 실제 항해 기간이었다. 만약 날씨가 나쁘거나 전쟁이 오래 지속되는 상황에는 그냥 보내는 기간도 더 길어지고 비용도 추가되었다. 더운 바다에서 움직이지 않은 채 떠 있는 배의 선체는 차츰 부식되어 수리를 해야 하는 경우도 발생했다. 그런데도 서인도 항로에는 계속해서 수송 선단의 항해가 끊이지 않았다. 영국과 네덜란드, 프랑스의 해적들이 습격하곤 해도 항로는 끊임없이 유지되었다(뷔텔, 2017: 139-140; Eschbach, 2019: 15-16).

태평양 횡단 경로에서 물류 이동은 1565년에 스페인의 탐험선이 마닐라에서 아카풀코까지 북태평양 2만 킬로미터를 가로지르면서 사상 처음으로 서쪽에서 동쪽으로 부는 바람을 이용해 4개월 만에 이동했다. 보물을 실은 선단이 멕시코에서 마닐라까지 이동했다. 선단은 보통 두 척의 상선으로 구성되었고, 배에는 은이 가득 실려 있었다. 중무장한 갤리온선의 호위를 받으면서 적도 경로를 따라 서쪽으로 이동했는데, 배로 실어 나른 은은 중국산 고급 비단을 비롯한 아시아의 사치품과 교환하였다. 비단은 명나라의 남쪽 해안에서 필리핀까지 정크선이 실어 나른 다음, 마닐라 갤리온에 옮겨 아카풀코까지 이동했다(번스타인, 2019: 314). 아카풀코에서 베라크루스까지의 거리는 660km이고, 철도가 개통되지 않았던 시절에는 노새 또는 직접 사람이 짐을 나르는 등에 의존하는 원시적인 교통 체계를 가지고 있었다.

## 2. 운송 네트워크

항구도시와 항구도시 사이에 생성되는 교역 네트워크를 통해 오래전부터 서로 필요한 물자를 구하기 위해 항구도시 간에 교역 네트워크가 이루어지고 있었다. 그리고 일 년 동안 주기적이고 일정한 방향으로 부는 계절풍의 흐름과 별에 대한 지식을 숙지하여 신속하고 정확하게 대륙과 도서 간을 횡단하는 항해술을 익혔다. 지역 간의 이동이 확산되면서 각지에서 많은 상인들과 이주자들이 항구도시로 몰려들었으며 이렇게 형성된 네트워크를 통해 항구도시는 이동과 정착의 거점이 되었다. 이후에는 배후지가 개발되어 항구와 내륙 사이의 인구 분포상의 변화가 일어나기도 했다. 항구도시가 부와 권력, 문화, 정보가 모인 곳이라면, 그 뒤로 펼쳐진 도서, 해안지역과 내륙지역은 바다와 산의 자원을 제공하는 원료공급지라고 할 수 있다. 항구도시는 내륙지역의 원료를 공급받아 이를 가공, 생산, 중개한 완성품을 제공하였으며, 서로의 차이점을 교역을 통해 교환하는 상호관계를 쌓음으로써 중개 거점으로서의 역할을 했다(홍석준, 2007: 414-415; Tagliacozzo, 2004: 23-25).

대서양무역을 통해 세비야는 귀금속이 부족한 적은 없었고, 이 귀금속은 세계 경제에서 점점 중요해졌다. 아메리카에서 유럽으로 이어지는 거대한 은의 흐름은 중단된 적이 없었고 멕시코 은으로 주조된 스페인 화폐는 유럽에서든 아시아에서든 핵심적인 국제적 결제 수단이 되었다. 이로 인해 베라크루스에 은이 적극적으로 모였다. 스페인이 많은 은을 멕시코시티로 모으고 그것을 베라크루스로 운반하는 데 적극적이었다. 이처럼 대서양권 경제에서 은이 가진 영향력은 꾸준히 성장했다. 1541년에서 1550년까지 177톤이 넘는 은이 세비야로 들어왔다. 세비야에 무역청을 설치했을 때 핵심적인 목적은 서인도 항로의 교역을 통제하는 것이었다. 1717년 독점권은 세비야에서 카디스로 넘어갔고 1765년 스페인 부르봉 왕조가 무역을 자유화하기 직전까지도 멕시코와 거래할 수 있는 곳은 세비야와 카디스뿐이었다. 게다가 멕시코에서는 화물을 취급할 수 있는 항구는 베라크루스와 포르토벨로[2]뿐이었다.

베라크루스는 식민화가 시작될 때 세비야로부터 와인과 올리브오일 그리고 밀을 들여왔다. 도자기처럼 깨지기 쉬운 물건은 해상 교통으로 운반되었는데 중계업무를 하는 것을 통해 이익을 얻을 수 있었다. 은광석의 처리 공정에 필요했던 스페인의 수은도 이곳으로 들어왔고, 철제 상품과 의복, 서적, 보석 같은 귀중품도 이곳으로 들어왔다. 그 대신에 은과 금이 선적되어 나갔고 베라크루스가 잠시 독점하였던 코치닐(cochineal)[3]도 선적되었다. 세비야로 가는 이런 상품들과 함께 귀환 항로상의 항구였던 쿠바 아바나로 가는 화물도 선적되었고, 수송 선단에 제공되는 식재료들도 실려있었다(Velasquez 외, 2018: 1171-1172).

이처럼 베라크루스에는 해상 교통을 통해 많은 화물이 운반되었으나 태평양을 통해 유입되는 화물은 아카풀코로부터 베라크루스까지 육로 운송 네트워크가 조성되었다. 식민지 시기 육로 운송 네트워크는 주로 말, 당나귀, 노새를 기반으로 항구까지 이동되었다. 특히 육로 운송에서는 말이 큰 역할을 했다. 말이 처음 신세계에 유입한 것은 스페인 정복자들이었다(Lugo, 2020: 2). 그러나 스페인 정복자들이 아스테카 제국을 정복하면서 초기 식민지 시대에 말을 활용한 운송 시스템을 어떻게 대체했는지에 대

---

2 파나마 중북부 콜론주에 있는 소도시이다. 17세기와 18세기에 걸쳐 파나마에서 가장 중요한 무역항 중 하나로 발전했다.
3 중남미에 특유한 코치닐 선인장에 기생하는 연지벌레로부터 얻는 선홍색 색소.

〈그림 3〉 식민지 시기 베라크루스 항구 전경

출처: 베라크루스 해양박물관에서 저자 촬영

한 역사적 자료는 찾아보기가 어렵다. 말뿐만 아니라 당나귀와 노새도 활용되었으나 말의 활용은 시간 단축과 최단경로 기반으로 연결되었다. 이러한 변화는 베라크루스 항구를 중심으로 스페인이 운송의 흐름을 통제하고 분배하였으며, 멕시코는 스페인의 경제적, 정치적, 군사적으로 통제하는 요충지였다.


## 3. 흑인 노예와 교역의 디아스포라

흑인 노예가 서아프리카에서 신세계로 끌려왔고 본래 동남아시아가 원산지이던 사탕수수도 머나먼 이국땅에 이식되어 신세계에서 재배하기 시작했다. 1550년대에는 신세계에서 플랜테이션 방식으로 생산한 설탕이 유럽 시장을 석권하기 시작했다. 17세기에는 신세계가 설탕 생산의 중심지로 자리매김했다. 신세계의 최대 수출품은 설탕이 되었고 이 현상을 '설탕 혁명'이라 불렀다. 설탕 혁명에서 중요한 역할을 맡은 이들은 강제 이주를 당한 흑인 노예였다. 흑인을 대량 수송한 이유는 설탕 식민지의 인구 증가를 위해, 특히 남성 흑인 노예를 노동력으로 공급해야 했기 때문이다(다마키, 2019: 134-135).

1519년부터 노예무역이 금지되는 1860년대 말까지 아프리카 노예가 신세계로 이동하였다. 대부분의 노예는 사탕수수를 베고 분쇄하고 가열하는 작업을 위한 노동력으로 투입되었다. 많은 노예들이 브라질과 카리브 제도로 이동했다. 또한, 스페인령 북아메리카와 남아메리카에도 유입되었다. 1580년에 비자발적 이주를 당한 인구가 얼마나 많았는지 신세계로 향하는 항해자의 절반 이상이 노예였다. 1820년 이전에는 대서양을 건넌 인구의 77%가 흑인 노예였다. 19세기 중반 이후에 노예제도가 불법화되고 나서야 백인이 이주자의 대부분을 차지하게 되었다(번스타인, 2019: 425). 19세기에 증기선의 등장으로 유럽인들은 멕시코와 브라질, 아르헨티나 등 아메리카 대륙의 국가들로 이주했다. 제국주의 시대에 유럽인은 주로 신세계에 대규모로 이주했다.

〈표 1〉 1500년~1880년 신세계의 노예 수입 비중

| | 신세계로 수입된 노예의 비중 (1500년~1880년) |
|---|---|
| 미국 및 캐나다 | 4.5% |
| 멕시코 및 중앙아메리카 | 2.4% |
| 카리브 제도 | 43.0% |
| 브라질 | 38.2% |
| 기타 남아메리카 | 11.8% |

출처: 윌리엄 번스타인(2019), p. 425 수정 · 재인용

아프리카 노예뿐만 아니라 로드리게스(Juan Esteban Rodríguez, 2022)에 의하면 유럽인과 접촉하기 이전부터 베링해협을 통해 아시아에서 아메리카로 이동이 있었으나 16세기에 유럽인과의 접촉 이후 광범위한 대륙 간 혼합

〈그림 4〉 아시아인 유입 경로 및 인구 분포

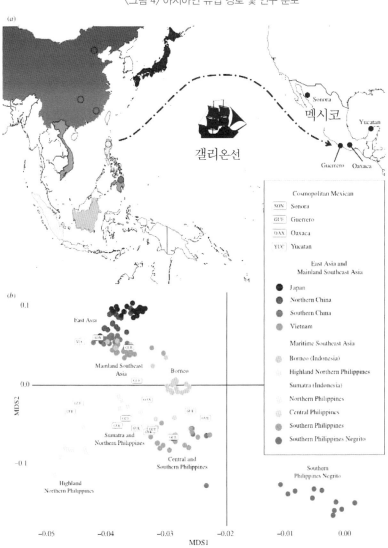

출처: Juan Esteban Rodríguez-Rodríguez 외(2022), p. 3

을 경험하게 되었다고 설명하고 있다. 반면 비단의 횡단 경로와 함께 멕시코에 중국인이 유입되었다. 필리핀-멕시코의 비단과 은 교역을 중심으로 교역 디아스포라가 형성되었기 때문이다. 필리핀과 멕시코의 비단 상인들은 무역 식민지를 세우기 위해 태평양을 건너갔다. 필리핀에 정착한 이들은 마닐라 사람으로 불렸는데 멕시코로 항해하여 아카풀코와 멕시코시티에서 막대한 중개 이익을 획득했다. 그러자 식민지 필리핀에 거주하는 스페인인에게만 주어졌던 독점권이 깨지자 필리핀 총독에게 불만을 제기하기도 했다. 반대로 많은 중국인이 갤리온선을 타고 아카풀코로 향하기도 했다.

## Ⅲ. 대항해시대 대서양과 태평양을 이어주는 관문도시 베라크루스

### 1. 대서양과 태평양 연계

대항해시대에 베라크루스는 누에바 에스파냐의 출구이자 대서양과 태평양을 이어주는 해상무역의 관문이었다. 코르테스 정복 이후 주변 대륙 및 다른 누에바 에스파냐로부터 온 무역선들은 이 항구에 집중되었다. 하야시(林, 2020)에 따르면 육상 중계지나 해상 기항지를 넓은 의미의 관문으로 간주하며, 한 경로의 이동이 복수의 관문 간 연결을 통해 완성된다고 하였다. 관문은 서로 다른 성격의 국가나 지역을 연결하는 위치에 있으며, 전체적으로 하나의 교역로를 구성하고 있다고 할 수 있다(林, 2020: 38). 서로 연결되도록 하여 바닷길이 만들어져 갔다. 당시 스페인에 있어서 베라크루스로 향하는 항로는 무엇보다도 중요했다. 콜럼버스가 처음 발견한 서인도 항로는 군주들에게 정치적 지배권을 행사할 수 있는 수단을 가져다주었다.

그리하여 16세기 동안 대서양 교역이 성장해 나갔다. 1504년에는 무역청[4]이 창설되고 누에바 에스파냐에서 행해지던 모든 무역 활동은 세비야의 독점 하에 운영되었다. 세비야에는 상인들의 법정(Consulado)이 있었고 이것은 독점을 유지하는 역할을 하였다.

## 2. 관문도시로서의 베라크루스

대항해시대 베라크루스에서의 해상교역을 서술함에 있어서 갤리온 무역이 빠질 수 없을 것이다. 그만큼 갤리온 무역과 밀접하게 연관되어 있다. 1572년 필리핀 제도의 거의 전 지역이 스페인령에 편입되었고 스페인 제국 동아시아의 중요한 무역거점이 되었다. 이윽고 마닐라-아카풀코 사이에 정기 항로가 개설되어 이른바 마닐라 갤리온선으로 불리는 대형 범선이 1년에 한 번 왕복 운항하였다. 이는 1815년까지 250년 동안 마닐라와 아카풀코 간에 '태평양 갤리온 무역'이 운영되었다. 스페인 식민지 누에바 에스파냐 부왕령이 관리·운영하는 필리핀을 축으로 하는 아시아와 누에바 에스파냐를 축으로 하는 아메리카, 그리고 스페인 본국인 유럽의 세 대륙이 마닐라와 아카풀코, 멕시코만의 베라크루스를 경유하여 연결되면서 스페인 왕실의 태평양 패권이 확립되었다(柳沼, 2012: 216). 마닐라에서 화물을 싣고 아메리카로 돌아갈 때 갤리온선들은 왜구의 위협을 피해서 여러 번 여정을 바꾸어야만 했고 반드시 쿠로시로(黑潮)[5] 조류를 거쳐야만 했다. 이 모든 항

---

4 16세기에서 18세기까지 스페인의 대외식민통치기구. 1519년 칼 5세가 설립한 인도평의회(Council of the Indies)와 함께 스페인의 식민지 지배 및 통상을 관리하였다. 세비야에 있던 무역청은 1717년 카디스로 이전했고 18세기 말에 폐지되었다(폴 뷔텔 2017, 147).

5 쿠로시로는 일본 동쪽 해안에서 태평양 북쪽으로 흐르는 해류로서, 태평양 왕복 횡단 루트의 개척

해는 위험하고 불확실한 상태에서 수행되었다. 마지막 여정으로 갤리온선이 샌디에이고(San Diego) 요새나 산블라스(San Blas) 같은 아메리카 대륙의 항구에 일시 기착한 다음 아카풀코에 도착하면 일단 태평양 횡단은 끝나지만, 전체 여정에서 보면 이것은 반 정도의 항해에 불과하다고 할 수 있었다. 마닐라에서 온 상품들의 일부분은 아메리카, 즉 현재의 멕시코에서 하역되었고, 나머지는 페루 부왕령으로 재수출되었다. 마지막으로 남은 물건들은 동물 수송단으로 멕시코만에 위치한 베라크루스 항구로 옮겨져 거기서 다시 배에 실려 스페인의 세비야로 보내졌다. 따라서 베라크루스는 갤리온 무역에 의해 태평양 연안의 아카풀코로 운반된 아시아산 교역품이 대서양 연안에서 스페인 본국으로 운반되는 중계지 역할의 베라크루스를 통해 식민지 통제뿐만 아니라 제국의 건재를 위한 무엇보다도 중요한 도시였다.

## IV. 베라크루스의 도시형성

### 1. 제국의 도시계획

르페브르(Lefebvre; 1974)에 따르면 스페인은 식민지 내부에서 도시들의 건설은 라틴아메리카라고 하는 거대한 공간의 생산을 낳았다고 서술하고 있다. 식민지 도시의 공간은 도구적이었으며 이러한 공간의 생산은 제국주의와 독립, 산업화를 통해 지속되었다. 도시계획은 마치 바둑판무늬와 같이 반듯반듯하게 만들어졌다. 각 칸마다 기능을 부여하면서 교회, 행정 청

---

자이자 갤리온 무역의 시작을 가져온 Andres de Urdaneta에 의해 발견되었다(서성철 2013, 138).

사, 광장, 항만시설 등 각 기능마다 중심에서 그다지 멀지 않은 곳에 위치한 특정 장소를 부여함으로써 확산되어 나갔다. 동질적인 공간 내부에는 첨예한 분리현상이 자리 잡게 되었다(르페브르, 2019; 239-240). 제국의 도시는 경제적, 사회적 구조를 도입하기 위한 정치적인 수단이었다. 정치권력에 의해서 경제적인 목적을 위한 도구 역할을 함으로서 공간에 폭력을 가하는 형태로부터 만들어졌다.

베라크루스와 같이 해안에 근접한 식민지 도시계획을 다음과 같이 킨스부르너(Kinsbruner; 2005)는 서술하고 있다. 식민지 개척자들은 스페인인 정착촌을 너무 높지 않은 곳으로 지시했으며 해안은 항구가 되어야 하고 바다는 남쪽이나 서쪽에 있지 않도록 주의시켰다. 또한, 광장에도 세심한 주의를 기울였는데 광장은 직사각형이어야 했는데 이는 행사에 가장 적합하기 때문이었다. 도시가 해안에 위치한 경우 광장은 항구 근처에 위치해야 하고, 반대로 내륙인 경우에는 도시 중심에 위치해야 했다(Kinsbruner, 2005; 24-25).

멕시코의 모든 주와 크게 다르지 않지만, 베라크루스는 아름다운 해변과 카니발로 잘 알려진 이 주는 오늘날에도 여전히 풍부한 역사가 있다. 카리브해의 진정한 본질은 해안선뿐만 아니라 아프리카계 멕시코인에 대해서도 베라크루스에서 느낄 수 있다. 진정한 십자가의 의미를 가지는 지명으로 알려진 이 도시에 코르테스가 쿠바에서 베라크루스에 도착했을 때, 아프리카인들을 데려왔다. 주목할 점은 노예가 된 아프리카인을 들여오고 거래하기 위한 항구였던 베라크루스의 역사는 인구 통계와 많은 관련이 있다. 많은 아프리카인들이 사탕수수 농장에서 일하게 되면서 빠르게 멕시코의 가장 중요한 입국 항구가 되었으며 1500년대 후반 동안 베라크루스는 멕시코 전체에서 가장 많은 노예 인구를 보유했다. 이러한 역사적 유산은 피부색에 따른 거주 구역으로 구분되어 나뉘게 되었다. 스페인 제국은 식민지 경제의 충분한 노동력을 보장하면서 기독교화도 진행했다.

## 2. 문화교섭의 식민지성

앞에서 언급한 바와 같이 역사적으로 항구는 다양한 사람과 상품, 선박과 선원 및 관련업 종사자들이 정주하고 이동하는 문화교섭의 공간이다. 또한, 연안 지역에 위치하여 선박이 안전하게 입출항하고 정박할 수 있는 장소이자 사람과 물자가 이동하고 혼종하는 공간이기도 하다. 유럽의 고대 국가들은 주로 항구를 중심으로 그 세력을 형성하였는데, 유럽의 주요 항구도시는 대부분 중세에 형성되었으며, 대항해시대의 시작과 함께 신대륙의 발견, 이주, 개발의 거점이 되었다. 항구는 해상운송과 육상운송의 매개체이며 국내 교통망뿐 아니라 국외 교통망의 중요한 부분이었다. 항구는 세계 경제의 흐름에 따라 화물이 유동성 있게 변동하였고, 선박 및 해운 기술의 발달로 양적·질적으로 영향을 받는 공간이었다. 특히 항구는 도시에 있어 중요한 의미를 지닌 공간이다. 항구는 도시 경제성장의 열쇠가 되었으며, 선박기술이 급변하였던 제2차 세계대전 이후 항구와 도시는 새로운 관계를 형성하게 되었다. 급속한 경제발달과 기술혁신은 대규모 항구를 요구하였고, 항구는 물동량과 운송 물자에 따라 전문화된 형태와 부두 시설을 갖추기 시작하였다. 1960년대 후반 컨테이너화(containerization)를 통해 부두터미널의 전문화 및 전용화가 실현되어 이에 발맞춰 경쟁력을 갖춘 항구들은 그 규모를 확장해 나갔다(최진철 외, 2018: 2-3).

다수의 라틴아메리카 도시들은 유럽 도시들과는 달리 도시형성에 식민통치와 깊은 관련에 기인한다. 스페인과 포르투갈은 300여 년의 지배 기간 동안 도시를 식민지배의 거점으로 삼았으며 이를 위하여 수많은 도시를 만들었다. 특히 스페인인들은 도시를 만드는 데 탁월하였다고 평가받는다. 1492년 스페인어 문법책이 완성됨으로써 라틴아메리카의 다양한 부족을 하나의 언어로 통합할 수 있었으며, 16세기 제정된 인디아스 법의 도시 편으로 인하여 식민지배라는 동일한 기능을 수행하기 위하여 고안된 비슷한 형태 및 구조의 도시들이 식민지 전역에 걸쳐 건설되었다. 이에 더하여 중미와 남미 대륙의 지형적 특성과 유럽과의 교역상의 우위로 인하여 도시 입지의 최적지로 고원이나 항구가 선호되었다(김희순, 2010: 20-21). 식민통치의 영향은 도시의 형성과정과 내부 구조에도 영향을 미쳤다. 라틴아메리카 도시화의 특성은 식민시기 이전부터 주요 중심지였으며 식민시기에도 식민지배의 중심지로서 역할을 한 도시들이라는 것이다. 유럽과 식민지를 연결하기 위해 건설된 교통 중심도시들이다. 베라크루스는 스페인으로 출발하던

〈그림 5〉 베라크루스 도시형성의 변천

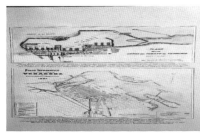

출처: 저자가 촬영

곳이다. 베라크루스가 라틴아메리카와 유럽을 잇는 항구였다면 아카풀코
는 라틴아메리카와 아시아를 잇는 항구였다. 아카풀코에서는 필리핀의 마
닐라로 향하는 배들이 출발하였으며 이들은 중국 상인을 비롯한 아시아 상
인들과 교역하였다(Eschbach, 2019:112-113; 김희순, 2010: 22). 이러한 이
유로 베라크루스는 표적의 대상이었으며 외적으로부터의 방어를 위한 요
새 도시이기도 했다. 해적들은 은을 실은 선박들을 노리며 해협 근처에 출
몰하였으며 이는 세계적으로 알려진 '보물섬', '카리브해의 해적'과 같은 이
야기의 기원이 되었다. 이 시기에 건설된 울루아 요새(Castillo de San Juan
de Ulua)는 오늘날까지 보존되어 관광 명소로 유명하다. 식민지 시대의 멕
시코와 스페인 사이의 주요 연결고리였던 베라크루스는 문화교섭의 항구로
번영했으며 카리브해 크리올의 영향이 혼합된 멕시코 도시 중 가장 스페인
적인 도시로 발전했다.


## V. 결론


　오늘날 기후, 음식, 고고학적 유적지로 유명한 베라크루스는 멕시코인과
외국인 관광객들이 좋아하는 휴양지 중 하나이다. 그리고 베라크루스 항은
멕시코에서 가장 오래된 항구이자 멕시코만에서 가장 큰 무역항이다. 베라
크루스는 멕시코만을 따라 매우 유리한 지리적 위치에 있다. 멕시코의 전체
항만 활동의 75%가 베라크루스에서 이루어지고 있다. 대항해시대부터 오
늘날까지 베라크루스는 대서양과 태평양을 이어주는 관문의 역할을 이어
가고 있다. 해상 교통뿐만 아니라 육로교통을 통해 다른 도시 중심지와 연
결되어 항구 내에서 멕시코, 아시아 및 유럽 등 다양한 화물과 사람들이 유

입되었다.

베라크루스는 전통적으로 중요한 항구들과 도시들이 존재했다. 유럽 및 아메리카 대서양과의 관계는 식민지 시대로 거슬러 올라간다. 베라크루스는 역사적 지배에도 불구하고, 1980년대 후반에는 여전히 컨테이너 흐름이 다양하여 멕시코만의 주요 항구로 역할을 하고 있다는 점도 식민도시 베라크루스의 특성이라고 할 수 있다. 스페인의 정복 이전부터 베라크루스에는 다양한 원주민이 거주하고 있었으며 토착 문화가 발달해 있었다. 이러한 이유로 많은 학자들의 관심 지역이었다. 항구를 통해 멕시코로 들어오는 사람들의 꾸준한 흐름으로 유럽인, 원주민 및 아프리카인 후손, 비단 횡단 경로와 함께 중국인 및 아시아인이 혼종된 인구로 구성되어 다원적 공동체를 만들었다. 노예무역과 그에 따른 아프리카 후손 인구는 16세기와 17세기 전반기 사이에 베라크루스에서 토착 공동체가 쇠퇴함에 따라 증가했다. 도시의 인구는 인구 통계학적 추세에 반영되었다. 유럽과 멕시코에서 태어난 스페인인들이 도시의 중부와 북부 지역을 점유하고 사회적으로 지배적인 집단이었지만 혼혈인이 도시 식민지 인구의 대다수를 차지했다. 베라크루스는 처음에는 인구 밀도가 낮은 정착지였지만, 17세기와 18세기에 걸쳐 식민지 경험, 독립, 그리고 근대화를 거쳐 성장하면서 오늘날 멕시코에서 가장 경제적으로 중요한 항만도시 중 하나가 되었다.

베라크루스의 역사적 발전은 스페인과의 관계성이 작용하였음을 본 장을 통해 확인할 수 있었다. 이처럼 식민도시가 도시로서 형성되고 기능하는 역사적 발전과정에서 그 특성을 모색할 수 있다. 이에 우리가 베라크루스를 알아야 하는 이유이다.

# 참고문헌

김춘선 · 김성귀 · 이재완 · 이성우 · 박승기 · 이한석 · 임영태 · 류재영. 2013. 『항만과 도시』. 블루&노트

김희순. 2010. "라틴아메리카 도시화의 특성". 『트랜스라틴』 14호. 19-31

다마키 도시아키(玉木俊明; 서수지 역). 2021. 『이주, 이동, 식민, 이민의 세계사』. 사람in

도널드 프리먼(Donald B. Freeman; 노영순 역). 『태평양: 물리 환경과 인간 사회의 교섭사』. 해항도시문화교섭학 번역총서 10. 도서출판 선인

미야자키 마사카쓰(宮崎正勝; 이수열 · 이명권 · 현재열 역). 2005. 『바다의 세계사』. 도서출판 선인

앙리 르페브르(Henri Lefebvre; 양영란 역). 2019. 『공간의 생산』. 에코리브르

윌리엄 번스타인(William J. Bernstein; 박홍경 역). 2019. 『무역의 세계사』. 라이팅하우스

서성철. 2013. "삼각무역: 아카풀코 갤리온 무역의 탄생과 몰락". 『라틴아메리카연구』 26(2). 131-157

주경철. 2008. 『대항해시대: 해상 팽창과 근대 세계의 형성』. 서울대학교출판부

_____. 2022. 『바다 인류: 인류의 위대한 여정, 글로벌 해양사』. ㈜휴머니스트출판그룹

최진철 · 정진성. 2018. "독일 함부르크를 통해 본 항구와 도시 공간의 역동적 관계 연구". 『경상논총』 제36권 4호. 1-21

케네스 포메란츠 · 스티븐 토픽(K. Pomeranz · S. Topik; 박광식 · 김정아 역). 2021. 『설탕, 커피 그리고 폭력: 교역으로 읽는 세계사 산책』. 심산출판사

필립 D. 커틴(Philip D. Curtin; 김병순 역). 2007. 『경제인류학으로 본 세계무역의 역사』. 도서출판 모티브북

폴 뷔텔(Paul Butel; 현재열 역). 2017. 『대서양: 바다와 인간의 역사』. 해항도시문화교섭학 번역총서 12. 도서출판 선인

하야시 노보루(林 上; 노용석 · 전지영 · 박명숙 · 현민 · 김진기 역). 2022. 『환태평양 게이트웨이 지리학』. 이담북스.

홍석준. 2007. "동아시아의 해양세계와 항구도시의 역사와 문화". 『도서문화』 29. 403-439.

柳沼 孝一郎. 2012. "スペイン帝国の太平洋覇権確立: 海外領土拡張政策と東アジア進出の歴史背景". 神田外語大学紀要 24(03). 203-223.

Arthur Schmidt. 1987. "The Social and Economic Effect of the Railroad in Puebla and Veracruz, in Mexico, 1867-1911". New York & London: Garland Publishing.

Carlos Martver Peyrelongue. 2002. "Hub ports in Mexico: limitations and opportunities". CEPAL Review No. 76, 117-134.

Daphne Alvarez-Villa, Jenny Guardado. 2020. "The long-run influence of institutions govern-ing trade: Evidence from smuggling ports in colonial Mexico". Journal of Development Economics 144, 1-14.

Dora Cecila Sanchez Hidalgo Hernandez. 2014. "Building a modern port: Urban space, local gov-ernment and social change in Veracruz, Mexico, 1872-1914". The University of Chicago. 역사학 박사 논문.

Eric Tagliacozzo. 2004. "A Necklace of Fins: Marine Goods Trading in Maritime Southeast Asia". International Journal of Asian Studies 1(1), 2004, 23-48.

Eric Van Young. 1992. Mexico's Regions: Comparative History and Development. San Diego Calif.: Center of US-Mexican Studies, University of California.

Gordon Wilmsmeier, Jason Monios, Jean-Paul Rodrigue. 2015. "Drivers for Outside-In port hinterland integration in Latin America: The case of Veracruz, Mexico". Research in Trans-portation Business & Management 14, 34-43.

Igor Lugo & Martha G. Alatriste-contreras. "Horseback riding pathways and harbors at the begin-ning of the colonial era in Mexico". Scientific Reports. 6/26/2020, Vol. 10 Issue 1, 1-12.

INEGI. Red Nacional de Caminos RNC 2018 (2019). https://www.inegi.org.mx/app/biblioteca/ficha.html?upc=889463674641.(검색일: 2023년 1월 15일).

Jay Kinsbruner. 2005. "The Colonial Spanish-American City: Urban Life in the Age of Atlantic Capitalism", University of Texas Press

J. C., Villa, & E. Sacristán-Roy. 2012. "Privatization of Mexican railroads: fifteen years later". Research in Transportation Business & Management, 6, 45 – 50.

Juan Carlos Villa. 2017. "Port reform in Mexico: 1993 – 2015". Research in Transportation Busi-ness & Management 22, 232-238.

Juan Esteban Rodríguez-Rodríguez1, Alexander G. Ioannidis, Santiago G. Medina-Muñoz1, Car-mina Barberena-Jonas1, Javier Blanco-Portillo, Consuelo D. Quinto-Cortés1 and An-drés Moreno-Estrada. 2022. "The genetic legacy of the Manila galleon trade in Mexico". Philosophical Transactions of the Royal Society B: Biological Sciences. 6/6/2022, Vol. 377 Issue 1852, 1-10.

John Lear. 2001. "Workers, Neighbors, and Citizens: the Revolution in Mexico City". Lincoln & London: University of Nebraska.

Krista L. Eschbach. 2019. "Mechanism as of Colonial Transformation at the Port of Veracruz and the Northwest Florida Presidios". Arizona State University. 철학 박사 논문.

Oliver Oldman. 1967. "Financing urban development in Mexico City: a case study of property tax, land use, housing, and urban planning". Cambridge, Mass.: Harvard University Press

Secretaría de Comunicaciones y Transportes (SCT). 2012a. "Principales Estadísticas del Sec-tor Comunicaciones y Transportes. http://www.sct.gob.mx/fileadmin/_migrated/ content_ uploads/PrincipalesEstadisticas-2012_01.pdf.

Secretaría de Comunicaciones y Transportes (SCT). 2012b. "Programa Sectorial de Comunica-ciones y Transportes 2007 – 2012". http://sct.gob.mx/uploads/media/ progpres.pdf.

Verónica Velasquez, Carlos Salgado-Ceballos. 2018. "Spanish olive jars in Campeche: Prelimi-nary chemical characterization and provenance identification of early modern transport vessels in the Yucatán Peninsula (Mexico)". Journal of Archaeological Science: Reports 21(2018). 1171 – 1180

# 4장

# 하와이:
# 환대(Hospitality)와
# 적대(Hostility)가
# 공존하는 공간

정호윤

이 장은 〈한국과 국제사회〉 제7권 1호(2023년)에 게재된 '환대(Hospitality)와 적대 (Hostility) 사이: 하와이의 관광산업 · 다문화주의와 군사주의 · 식민주의 사이의 모순 적 공진화' 논문을 수정 · 보완한 것임.

# I. 서론

버락 오바마(Barack Obama) 대통령의 출생지이자 그가 유년시절을 보낸 곳으로 널리 알려진 태평양 중심부에 위치한 호놀룰루는 주민들의 마음속에 알로하 정신(Aloha Spirit)이 살아 숨 쉬는 하와이주의 주도이며, 현대적 경관과 깨끗한 자연 휴양지가 어우러진 세계적인 관광도시로 각광받고 있다. 하와이관광청의 통계에 따르면, 2019년 하와이를 방문한 여행객의 수는 1,042만 명으로, 미국뿐만 아니라 한국인에게 가장 인기 있는 관광도시로 성장해 왔다(주호놀룰루총영사관 2020; Pacific Business News 2019). 매일경제(2021/10/27)의 기사에 따르면, 트래블 앤 레저(Travel + Leisure)가 전 세계 독자들을 대상으로 설문조사를 통해 최고 여행지를 선정하는 '월드베스트 어워드'에 하와이가 당당히 1위의 영예를 차지하며, 포스트 코로나19 시대 제1순위 여행지로 거론되고 있다. 무공해 기간산업으로 불리는 이러한 관광산업은 태초의 자연자원을 활용해 경제성장을 달성할 수 있는 호놀룰루의 효자 산업으로 추앙받고 있다. 이뿐만 아니라 사탕수수 산업의 호황으로 인해 19세기 후반부터 가속화되어온 세계 여러 지역 및 국가로부터의 하와이로의 노동이민 행렬은 하와이로 하여금 동양과 서양의 문화가 이질감 없이 융화된 다문화주의의 중심도시로서의 발전을 추동케 했다. 이처럼 호놀룰루는 주민들의 나눔과 베풂을 근간으로 한 포용·환대 정신과 더불어 하와이 관광 성장의 핵심적 기반을 이루는 환대산업(hospitality industry)[1]과 하와이 고유의 문화 다양성이 한데 잘 어우러져 세계적 환대 도시(hospital-

---

1   일반적으로 환대산업은 서비스업으로, 관광산업(travel industry)보다 상위에 있는 개념이다. 즉, 환대산업은 앞서 언급한 관광산업뿐만 아니라, 숙박업(lodging industry), 식당업(restaurant industry) 및 식음 산업(food industry)을 포괄한다.

ity city)로서의 위상을 공고히 해 왔다.

그러나 이러한 관광·다문화를 기반으로 한 환대 도시로서의 호놀룰루의 이면에는 교묘한 군사주의와 식민주의로 대변되는 '적대(hostility)'가 존재한다는 사실을 비판적으로 성찰할 필요성이 제기된다. 비판적 인류학자들에 따르면, 여행이라는 개인의 선택적·효용적 행위가 산업이라는 외피를 입을 때 '국가'의 개입이 발생할 수밖에 없다고 주장한다. 일반적으로 국가는 관광산업의 외연 확장을 위해 크게 두 가지 방식을 활용한다. 첫째, 여행지를 집(home)의 반대말로 정의하면서 혼잡한 일상에서 벗어나 휴식을 취할 수 있는 지상낙원으로 포장함으로써 관광객은 소비자로 소환된다는 것이다. 둘째, 해당 사회의 역사 및 역사와 연관된 기억이 관광산업으로 개발되는 방식이 존재하며, 역사박물관 혹은 기념관을 통해 역사를 소개하는 사업들이 이에 포함된다. 후자의 경우, 어떤 특정 역사를 어떠한 방식으로 산업화할 것인가는 필연적으로 '정치적' 판단이 요구된다(김도혜 2014). 하와이는 두 가지 방식 모두가 활용된 관광지이나, 대표적인 예로 1941년 진주만(Pearl Harbor) 습격 사건을 하와이 역사의 중추적 내러티브로 재구성함으로써 진주만이 하와이의 주력 관광상품으로 거듭나게 되었다는 사실을 고려해본다면, 두 번째 방식, 즉 역사의 관광화 과정을 비판적으로 살펴볼 필요가 있다. 이와 더불어 하와이를 대표적으로 상징하는 다문화주의의 배경과 근원을 환태평양지역의 제국주의·식민주의적 맥락에서 고찰할 필요성 또한 존재한다. 왜 유독 19세기 말을 거쳐 20세기 초반부터 다른 미국 본토의 도시와는 달리 하와이 도심에서 보다 명백하면서 뚜렷한 다문화적 경관이 관찰되었고 현재까지 목도되고 있는가? 이는 결국 하와이 왕국을 전복시킨 미국 본토에서 건너온 백인들이 하와이의 사탕수수 농장 사업을 장악함에 따라 해당 산업의 근간을 구성하는 이민자, 특히 아시아계 노동이민자들의 원활한 정착을 위시한 하와이 사회의 안정적 운용을 위해 다문화주의를 의도적으로, 그리고 정치적으로 전파한 일련의 정착형 식민주의(settler colonialism)에 그 근간을 두고 있다는 것이 본고의 주요 주장이다.

이러한 차원에서, 본 연구는 하와이를 둘러싼 열대 유토피아라는 담론과 이미지, 그리고 선택적으로 재구성된 역사의 관광산업화 과정은 그 이면에 숨겨진 미국 군사주의의 폭력성과 원주민의 주권 상실의 역사를 교묘한 방식으로 감추어왔음을 주장한다. 진주만 및 역사박물관의 관광산업화야말로 하와이의 비극을 미국에 대한 공격으로 간주함으로써 미군 주둔의 정당성을 역설하고, 이와 동시에 1893년 미국 점령에 의해 붕괴된 하와이 왕조와 치욕적인 역사를 감추는 핵심적 역할을 추동해 온 것이다(Gonzalez 2013). 또한, 하와이의 환대 담론을 구성하는 또 하나의 축인 다문화주의도 마찬가지로 미국의 정착형 식민주의가 빚어낸 인공적 산물이라 바라본다. 본고는 구체적으로 하와이의 역사 및 관광산업 발전 경로를 추적하면서, 다른 한편으로는 다문화 도시라는 '낭만적 환대 도시 하와이' 내러티브 이면에는 원주민의 삶을 강탈한 미국의 환태평양 식민주의·군사주의가 존재함을 주장하며 환대와 적대가 모순적으로 공존하는 하와이에 대한 비판적 성찰을 시도한다.


## II. 환대(hospitality)의 도시 호놀룰루

### 1. 환대산업의 중심지로서의 하와이

하와이는 태평양 내 다른 섬들에서 건너온 폴리네시아 계통의 원주민들이 정착한 곳으로, 일부 고지대를 제외한 열대 기후 섬답게 야자수가 어우러진 해변이 연상되는 지역이다. 휴양지로 명성을 떨친 하와이는 1950년대 당시 관광산업 수익이 전체 산업 수입의 4%에 불과하였으나 이후 지속적으로 증가하여 현재는 30% 전후를 유지하며 하와이의 경제생태계에 핵심적 역할을 담당하고 있다(주송현 2017, 107). 이처럼 하와이는 세계적인 관광지로 성장해 왔으며, 이에 따라 관광산업에 대한 의존도도 높은 편이다. 아래의 〈그림 1〉이 보여주듯, 하와이는 1960년을 기점으로 1990년까지 약 30년이라는 단기간 내에 관광객의 수가 비약적으로 증가하였으며, 이후에는 세계금융위기에 따른 간헐적 부침을 겪긴 했으나 대체로 점증하는 추세에 있는 것을 확인할 수 있다.

〈그림 1〉 하와이 관광객 유입 추이, 1921–2017

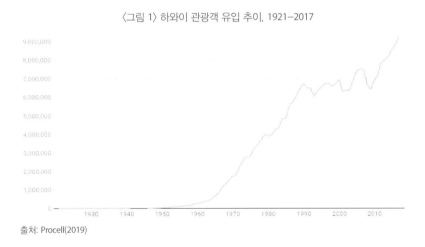

출처: Procell(2019)

서론에서도 밝힌 바와 같이 환대산업은 관광산업보다 상위 개념이며 일반적으로 관광업과 이를 뒷받침하는 숙박업, 식당업 및 식음 산업 등의 서비스업을 포괄한다. 하와이의 관광산업은 현재 하와이 일자리 중 약 1/5인 12만 5천 개의 고용을 창출해내며 지속적인 성장을 견인하고 있다.

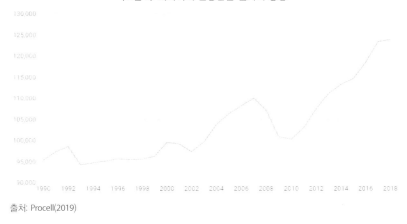

출처: Procell(2019)

〈그림 2〉에서 확인할 수 있듯, 하와이의 관광산업 일자리의 수는 1990년 이래로 꾸준히 증가하고 있다. 비록 2007년에서 2008년 사이 서브프라임 모기지 사태로 인해 관광객의 감소와 이에 따른 일자리의 축소로 귀결되었으나, 2010년 이후 다시 회복세를 보이며 지속적인 증가세를 나타내고 있다. 관광산업에 국한하지 않고 관광을 지원하는 여러 서비스업까지 포함하는 환대산업까지 범위를 넓히면 〈표 1〉에서 볼 수 있듯 2017년 기준 그 일자리 수는 20만 3천 개로 집계되었다. 환대산업 일자리 수 또한 2010년 이래로 꾸준히 성장세를 보여주며, 하와이 관광객이 일일 소비액도 증가추세에 있는 것을 알 수 있다.

비단 하와이의 관광자원과 인프라를 중심으로 한 환대산업만이 하와이를 '환대의 도시'로 규정할 수 있는 요소는 아닐 것이다. 이러한 환대산업 발전의 배경에는 하와이 원주민의 전통적인 환대의식과 베풂의 가치가 존재하며, 이러한 관념적 요소들은 오늘날까지 하와이를 진정한 환대의 도시로 특징짓는 담론의 중심축을 구성한다. 일례로, 하와이에서 가장 자주 쓰이는 단어 중 하나인 'E Komo Mai'는 원주민 사이에서 쓰여온 전통언어인 하와이

<표 1> 하와이 관광객 일일 소비액 평균 및 환대산업 일자리 수, 2007–2017

| 연도 | 관광객 일일 소비액 평균(million USD) | 환대산업 일자리 수 |
| --- | --- | --- |
| 2017 | 46.0 | 203,000 |
| 2016 | 43.5 | 194,000 |
| 2015 | 41.0 | 177,000 |
| 2014 | 41.0 | 174,000 |
| 2013 | 40.0 | 168,000 |
| 2012 | 39.0 | 167,000 |
| 2011 | 34.0 | 156,000 |
| 2010 | 30.0 | 145,000 |
| 2009 | 27.0 | 134,000 |
| 2008 | 31.0 | 151,000 |
| 2007 | 35.0 | 172,000 |

출처: Hawaii Tourism Authority(2019)

어(Hawaiian Language)로, 그 뜻은 'Welcome'이다. Massey(2009)에 따르면 이러한 E Komo Mai는 하와이를 상징하는 알로하 정신과 환대 정신의 일부로써, 하와이를 방문하는 누구나가 느낄 수 있는 특별한 감정이라 칭한다. 환대, 즉 hospitality를 의미하는 하와이어인 Ho'okipa는 하와이 원주민의 전통적인 베풂의 가치를 함축적으로 나타내는 언어이다. 하와이 원주민들은 그들과 친밀한 관계를 맺었든 그렇지 않든 간에 항상 타인에게 자신을 이타적으로 확장하는 것을 삶의 중요한 요소로 간주해 왔다. 전통적인 하와이 원주민 삶의 맥락에서 환대는 단순히 공손함을 넘어 모든 방문객에게 따뜻한 환영을 베풀어주는 관습으로, 낯선 사람 혹은 타지인이 하와이를 방문하면 원주민들은 항상 그들을 집으로 초청하여 정성껏 음식을 대접하고 쉴 자리를 마련해 주는 전통이 있었다. 원주민들에게 환대는 다름 아닌 환영의 부름으로 정의되었고, 방문객에게 심리적 평안을 제공하기 위해 항상 두 팔을 벌리고 맞이하는 것을 일종의 규범으로 삼았다. Le'ale'a는 이를 대표적으로 함축하는 하와이어로 즐거움(delight)을 의미하며, 원주민들이 손님과

즐거운 대화를 나누며 즐기는 환대의 재미를 지칭한다. 마지막으로 Makana 는 선물(gift)을 주는 것으로 알려져 있는데, 이는 애정의 증표로 정의되며, 이러한 makana의 주안점은 아낌없이 베푸는 정신과 존경의 표시로 알려져 있다. 환대 정신을 상징하는 이러한 Ho'okipa는 오늘날에도 여전히 하와이인의 마음속에 살아있다(Hilo Hattie 2021).

## 2. 동서 문명 조우의 공간으로서의 다문화 환대 도시 하와이

하와이는 또한 동과 서의 문화가 이질감 없이 한데 잘 어우러진 일종의 동서 문명 조우(遭遇)의 공간이기도 하다. 영국의 항해가 제임스 쿡(James Cook)에 의해 1778년 처음 발견된 이래, 하와이는 노동이민의 유입으로 명실상부 동양과 서양을 아우르는 다문화융합의 중심지로 거듭나게 된다. 1789년 미국의 무역가 멧카프(Simon Metcalfe)를 위시하여 18세기에 걸쳐 수많은 탐험가 및 투자자들이 방문하면서 하와이의 사탕수수 산업이 비약적 성장을 이루게 된다(Nordyke & Lee 1989). 당시 하와이는 이민대상지로 매우 적절한 조건을 갖고 있었는데, 특히 하와이의 대(對)캘리포니아 사탕수수 수출 증가가 해당 산업의 성장을 견인하였으며 이는 곧 사탕수수 농장에서 노동력의 수요를 증대시켰다(Kuykendall 1967). 반면, 당시 하와이의 원주민 수는 서구권 국가와의 접촉이 잦아짐에 따라 홍역 등의 전염병으로 인해 급감하였고, 이에 노동력의 부족 현상이 심화되었다. Schmitt(1968)에 따르면, 1780년대 약 30만 명으로 추산되던 하와이 인구는 1870년대에 이르러 약 5만 명 수준까지 급감하였다.

결국, 하와이는 본격적으로 노동이민을 활용하기 시작했으며, 특히 19세기 중엽 이후 동아시아 국가에서 본격적으로 시작된 하와이로의 이민행렬

은 하와이의 다문화를 추동한 주요 요인 중 하나였다. 중국인의 경우 1852
년부터 1899년 사이 약 46,000명의 이민자가 하와이로 입국했으며(Glick
1980), 일본인의 하와이 공식이민은 1868년에 시작되어 대규모의 인구가
하와이에 유입되었다(Goto 1968). 한인의 경우 1903년 하와이 사탕수수
농장으로의 공식이민이 시작되었다. 상술한 동아시아 3개국뿐만 아니라 포
르투갈인, 푸에르토리코인, 필리핀인 등도 하와이에 상당수 이주하였다(정
호윤 2021). 사탕수수 농장에서의 노동이민을 목적으로 각기 상이한 시점
에 하와이에 도달한 서로 다른 문화적·민족적 집단들은 상호 간의 융화를
통해 하와이의 문화 혼종화에 기여함과 동시에 하와이 내에서 본연의 민족
문화를 계승하며 문화 다양성의 발전에 커다란 기여를 해 왔다(McDermott
외 2명 1980).

〈표 2〉 이민자 유입에 따른 하와이의 다민족 분포, 1900-1920

| | 1900 | | | 1910 | | | 1920 | | |
|---|---|---|---|---|---|---|---|---|---|
| | 남성 | 여성 | 합계 | 남성 | 여성 | 합계 | 남성 | 여성 | 합계 |
| 원주민 | 15,642 | 14,157 | 29,799 | 13,439 | 12,602 | 26,041 | 11,990 | 11,733 | 23,723 |
| 백인계 | 3,460 | 3,439 | 6,899 | 4,438 | 4,334 | 8,772 | 5,528 | 5,544 | 11,072 |
| 아시아계 | 1,558 | 1,400 | 2,958 | 1,812 | 1,922 | 3,734 | 3,524 | 3,431 | 6,955 |
| 포르투갈인 | 9,785 | 8,487 | 13,272 | 11,571 | 10,730 | 22,301 | 13,737 | 13,265 | 27,002 |
| 푸에르토 리코인 | – | – | – | 2,878 | 2,012 | 4,890 | 3,133 | 2,469 | 5,602 |
| 스페인인 | – | – | – | 1,078 | 912 | 1,990 | 1,326 | 1,104 | 2,430 |
| 기타백인 | 5,699 | 2,848 | 8,547 | 9,255 | 5,612 | 14,867 | 12,309 | 7,399 | 19,708 |
| 중국인 | 22,296 | 3,471 | 25,767 | 17,148 | 4,526 | 21,674 | 16,197 | 7,310 | 23,507 |
| 일본인 | 47,508 | 13,603 | 61,111 | 54,784 | 24,891 | 79,675 | 62,644 | 46,630 | 109,274 |
| 한국인 | – | – | – | 3,931 | 602 | 4,533 | 3,498 | 1,452 | 4,950 |
| 기타 | 421 | 227 | 648 | 2,765 | 667 | 3,432 | 17,260 | 4,429 | 21,689 |
| 합계 | 106,369 | 47,632 | 154,001 | 123,099 | 68,810 | 191,909 | 151,146 | 104,766 | 255,912 |

출처: 송병건 · 조은정(2011, 109), 정호윤(2021, 615)에서 인용

이덕희(2014)에 따르면, 하와이의 다문화는 세계 각국에서 유입된 사탕수수 노동이민자들과 함께 자연스러운 형태로 형성되었다고 전해진다. 한국은 물론 아시아, 유럽 및 남미에서 건너온 여러 민족이 전통문화를 보급하며 민족 모두의 문화가 어우러졌으며, 동시에 이러한 문화들을 다른 하와이의 주민들과 공유하게 된 것이다. 이러한 하와이 다문화의 뿌리는 자유와 평등의 정신이었으며, 이민자들 간 및 원주민들과의 혼혈은 다문화 형성과정을 더욱 부추기는 기폭제 역할을 하였다. 또한, 하와이에 유입된 모든 민족의 문화는 연방정부 및 주정부의 어떠한 제재 혹은 독려 없이 자생적으로 형성되었다. 다문화 형성과정에서 커다란 공헌을 한 기관은 상의회, 호놀룰루 미술박물관, 문화·축제 관련 민간단체 및 여성기독교청년회(Young Women's Christian Association, YWCA) 등이었으며, 각종 사립학교 또한 하와이 내의 다문화적 가치를 깊이 인식하고 여러 문화 계승과 보급에 앞장섰다. 1973년 하와이 주정부는 주 헌법 제9장 3조를 개정하여 주 내 다민족 문화를 보존 및 개발한다는 문구를 삽입하였으며, 이는 주 차원

〈그림 3〉 하와이에서 새롭게 탄생하는 1세 이하 인구의 다인종·다종족 비율(%)

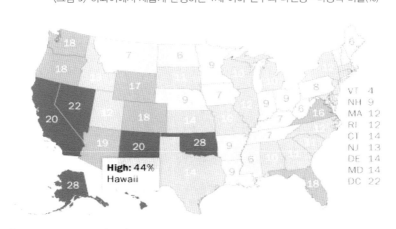

출처: Pew Research Center(2017)

에서 다문화 정책과 비전을 공식적으로 헌법에 포함시킨 것을 의미한다. 이처럼 1800년대 후반부터 오늘날까지 하와이의 다문화 정신은 주민들의 일상생활 곳곳에 자리매김해 오고 있다(이덕희 2014, 86-88).

〈그림 3〉에서 확인할 수 있듯, 2017년 기준 새롭게 탄생하는 하와이 1세 이하 인구의 다인종·다종족 비율은 무려 44%로, 알래스카의 28%를 훨씬 상회하고 있다. 이는 미국 여타 주와 비교해 봤을 때 상당히 높은 수치로, 통계적으로도 하와이의 다문화 수준이 확인되고 있다. 하와이의 이와 같은 다문화 정신과 관용 및 이해를 바탕으로 한 환대 정신은 도널드 트럼프 전(前) 대통령이 2017년 당시 반(反)이민 행정명령을 막아서며 제기한 소송에서 잘 드러난다. 트럼프는 취임 직후 이란을 포함한 이슬람권 7개국 국민의 입국을 90일간 금지하는 일련의 행정명령을 발표했는데, 미국 내 반발이 거세지자 2017년 9월 행정명령 대상 이슬람권 국가를 7개국에서 5개국으로 줄이는 대신 북한과 베네수엘라, 그리고 차드를 추가한 수정안을 내놓았다. 하와이는 이러한 트럼프의 결정이 종교적 차별을 금하는 미국의 헌법을 위반한 것이라며 소송을 제기하였다(임주리 2018). 비록 2018년 보수 성향의 연방판사에 의해 원고 패소 판결을 받긴 했으나, 하와이주가 제기한 소송은 환대 정신의 맥락에서 커다란 함의를 준다. 즉, 다문화에 대한 수용성, 관용에 대한 역사적 경험, 그리고 상대방을 배려하고 친근감을 표하는 하와이 특유의 '알로하 정신'이 난민 및 이민자의 문화를 거부감 없이 수용하는 데 영향을 미쳤다는 것이다(김진우 2017).

이처럼 하와이는 환대산업을 중심으로 한 세계적 관광도시로서의 면모와 더불어 세계 각국에서의 이민자 유입에 따른 동서문화 융합의 중심도시로서의 위상을 굳건히 하며 환태평양의 대표적인 다문화 환대 도시로서의 면모를 갖추게 되었다.

## Ⅲ. 환대의 이면에 숨겨진 적대(hostility):
### 관광도시와 다문화 내러티브 이면의 군사주의와 식민주의

### 1. 환대산업과 관광도시 내러티브 이면의 군사주의

이러한 하와이의 환대적 면모 이면에는 군사주의와 식민주의를 위시한 적대가 교묘한 방식으로 은폐되어있다는 사실을 비판적으로 고찰할 필요가 있다. 이를 위해 첫 번째로 요구되는 것은 낭만적 관광도시로서의 하와이라는 내러티브를 해체하는 작업이다. 물론, 하와이의 관광 도시화는 하와이가 가진 본연의 자연자원이라는 본질적 요소에 기인한 것은 일부 사실이다. 그럼에도 불구하고 관광이나 여행이 '산업화'단계에 접어드는 과정에는 필연적으로 '권력'의 개입이 수반될 수밖에 없다는 점을 상기해 본다면, 하와이의 환대 및 관광산업이 어떠한 방식으로 정치적 판단에 영향을 받았는지 구체적으로 검토할 필요성이 제기된다. 이러한 맥락에서 Gonzalez(2013)는 그의 저서 『Securing Paradise: Tourism and Militarism in Hawaii and the Philippines』에서 하와이의 관광산업이 "역사를 선택적으로 재구성하는 정치적인 과정"에 군사주의가 긴밀히 연동되어 있음을 폭로하고 있다(김도혜 2014).

하와이는 18세기 후반 카메하메하 1세(Kamehameha Ⅰ)가 즉위한 이래 본연의 왕조 체계가 지속되던 독립 국가였다. 1778년 영국의 항해가 제임스 쿡의 하와이 발견과 동시에 유럽의 신기술이 하와이로 유입되었으며, 특히 유럽의 군사기술은 카메하메하 1세가 여러 개로 흩어져 있던 하와이의 섬들을 통일하는 데 있어 첨병 역할을 하였다고 알려진다. 1795년, 마침내 하와이 왕국(Kingdom of Hawaii)이 수립되었다(McGregor and MacKenzie

2014). 하와이 왕국은 태평양 섬 가운데 유일한 독립 국가였음에도 불구하고 미국에서 건너온 백인 사업가들에 의해 경제가 잠식되게 된다. 미국인 투자자들이 사탕수수 재배를 거의 독점하게 되었고, 이로 인해 대미 무역의 존도가 지나치게 높아졌다. 하와이 왕국은 설탕의 무관세 수출을 위해 1887년 미국과의 호혜 통상조약을 맺었으나, 그 대가로 호놀룰루에 위치한 진주만(Pearl Harbor)을 미국의 해군기지로 내주어야만 했다. 1893년 릴리우오칼라니(Liliʻuokalani) 여왕이 외국인 농장주가 소유한 권리를 제재하는 법안 상정을 시도하자 미 해군과 친미세력은 쿠데타를 일으켜 하와이 공화국을 수립하였으며, 결국 1900년 하와이는 공식적으로 미국에 병합되었다(임소정 2010).

하와이 왕국의 미국 병합과정과 그 이후에 벌어지는 일련의 군사주의는 하와이의 환대 이면에 감춰진 적대의 씨앗이었다. 하와이는 19세기와 20세기에 걸쳐 미국과 극동을 잇는 태평양의 전략적 요충지 역할을 하였으며 그 결과 진주만 공습을 위시한 태평양 전쟁의 진앙이 되고 말았다. 제2차 세계대전 이후 주(州) 승격 운동에 힘입어 결국 1959년, 하와이는 미국의 50번째 주로 편입되었다. 하와이는 오늘날에도 인도-태평양사령부(Indo-Pacific Command)를 위시하여 태평양지역 내 미국의 군사 전력을 투사하는 중심지 역할을 하고 있다.

주지하다시피 미국의 국방예산은 세계에서 가장 높다. 최근 바이든 행정부가 제출한 2023년 국방예산안은 약 7,730억 불로, 미국 다음의 2위부터 상위 10개국의 국방예산을 모두 더한 것을 상회하는 수치이다. 2020년 기준 미국의 50개 주 가운데 순 국방비 지출이 가장 높은 곳은 텍사스(Texas)로, 약 830억 불의 국방비가 지출되었으며 이는 텍사스 주 GDP의 4.6%를 차지한다. 하와이는 77억 불로 전체 주 가운데 21위에 불과

하나, GDP 대비 국방비 지출률은 8.5%로 미국 내에서 2위에 올라있다 (Stebbins 2002). 하와이의 군사부문은 산업적 측면에서도 관광 부문에 이어 두 번째로 큰 산업으로 하와이의 경제에 중요한 부분을 차지하고 있다. 하와이의 영토 대비 군사기지 면적 비율은 무려 5.6%를 차지하며, 이는 미국의 50개 주 가운데 가장 높은 수치이기도 하다(Koop 2022). 군사주의에 입각한 하와이의 군사화(militarization)는 관광지로 널리 알려진 하와이에 무려 13개의 군사시설이 존재한다는 사실에서 명시적으로 드러난다(표 3 참조).

〈표 3〉 하와이에 위치한 군사시설

| 군사 기지명 | 위치 | 면적(km²) | 분류 |
|---|---|---|---|
| Wheeler Army Airfield | 호놀룰루 카운티 | 5,510 | 육군 |
| Schofield Barracks | 호놀룰루 카운티 | 71.7 | 육군 |
| Fort Derussy Army Base | 호놀룰루 카운티 | N/A | 육군 |
| Tripler Medical Center | 호놀룰루 카운티 | N/A | 육군 |
| Bellows Air Force Station | 호놀룰루 카운티 | 1,570 | 공군 |
| Barking Sands Navy Base | 카우아이 카운티 | 110,000 | 해군 |
| NCTAMS PAC Navy Base | 호놀룰루 카운티 | 1.7 | 해군 |
| Marine Corps Base Hawaii | 호놀룰루 카운티 | 0.17 | 해병대 |
| Station Maui Coast Guard | 마우이 카운티 | N/A | 해안경비 |
| US Coast Guard Honolulu | 호놀룰루 카운티 | N/A | 해안경비 |
| Kunia Field Station | 호놀룰루 카운티 | 250,000 | 육해공 |
| Pohakuloa Training Area | 빅아일랜드 | 440.55 | 육해공 |
| Joint Base Pearl Harbor Hickam | 호놀룰루 카운티 | N/A | 육해공 |

출처: Bledsoe(2022)

하와이의 환대성 이면에 은폐된 군사주의, 즉 환대와 적대의 모순적 공진화는 이러한 군사주의의 관광화 과정에서 잘 드러난다. 즉, 하와이에서 진화되어 온 관광산업을 주축으로 한 환대성에 군사주의가 침투해 있으며, 이러한 일련의 과정에 역사를 선택적으로 재구성하는 정치적 작업이 개입되

〈그림 4〉 미국 일간지 Record Herald의 진주만 공습 뉴스 헤드라인

출처: https://www.findmypast.com/blog/history/remembering-pearl-harbor (2022.12.08. 검색)

어 있다는 것이다. 이는 군사주의를 은폐하기 위해 관광산업을 보호 및 이용함과 동시에 열대 천국을 외부의 위협으로부터 안전하게 보호하기 위한 군대의 존재를 부각시키게 되는 과정을 의미하며, 이는 외부 세력으로부터 보호해 준다는 명목하에 내부적 약탈을 자행하는 공갈단(protection racket)으로서의 국가론을 제시한 찰스 틸리(Charles Tilly 1985)의 논리와 궤를 같이한다.

주지하다시피 제2차 세계대전 당시 일본제국 해군 연합함대 사령관이었던 야마모토 이소로쿠(山本 五十六)는 하와이 공격을 계획하였다. 결국, 1941년 12월 7일, 총 183개의 공격기로 구성된 일본 해군 항공대는 미 육

군 항공대 집결지이자 태평양함대 기지인 진주만 폭격을 감행하였다. 당시 진주만에 정박하고 있던 미 육·해군은 8척의 전함, 198기의 항공전력 완파 및 내파 159기의 손실을 기록하였으며, 약 3,500명 이상의 인명피해를 입게 되었다(서영득 2005, 175).

위의 사진에서도 확인할 수 있듯 당시 미국의 일간지 Record Herald[2]는 진주만 공습에 대해 "일본의 대미국 전쟁 개시; 하와이가 공격 및 폭격 당했다(Japan Opens War on U.S.; Hawaii is Attacked, Bombed)"라고 묘사하고 있다. 프랭클린 루스벨트 대통령(Franklin Delano Roosevelt)은 폭격 당일인 12월 7일을 치욕의 날(Day of Infamy)로 선포하고, 12월 8일 의회에서 치욕의 연설(The Infamy Speech)을 통해 대일 선전포고를 요구하기에 이른다.

루스벨트 대통령의 연설문 원문을 살펴보면, 미국은 불명예스럽게도 갑자기 일본제국의 해군과 공군에 의해 의도적인 공격을 받았으며, 이는 미국과 일본 간 유지되고 있었던 평화적 기조에 대한 배신으로 간주하고 있다. 일본의 요청에 따라 태평양의 평화 유지를 위해 일본 정부와 여전히 대화 중이었음을 밝히고 있으며, 하와이에 대한 공격으로 인해 미국의 군사력에 심각한 피해를 보았다고 강조하고 있다. 아울러, 일본에 의한 이유 없는 무자비한 공격, 아무리 오랜 시간이 걸리더라도 정의로운 힘을 가진 미국인들은 절대적인 승리를 거둘 것을 천명하고 있다. 루스벨트 대통령은 마지막으로 "우리 국민 전체는 우리에 대한 맹공격을 언제나 기억할 것이다(Always will our whole nation remember the character of the onslaught against us)"라고 선언하며 평화주의적인 미국에 대한 일본제국의 공격성을 강조하고

---

2 Record Herald는 미국 오하이오(Ohio)주 워싱턴 코트 하우스 시(Washington Court House)에서 발행되는 뉴스 일간지이다. 1858년 주간지로 창간한 이래 오늘날에 이르고 있다.

〈그림 5〉. 루스벨트 대통령의 '치욕의 연설'(1941년 12월 8일)

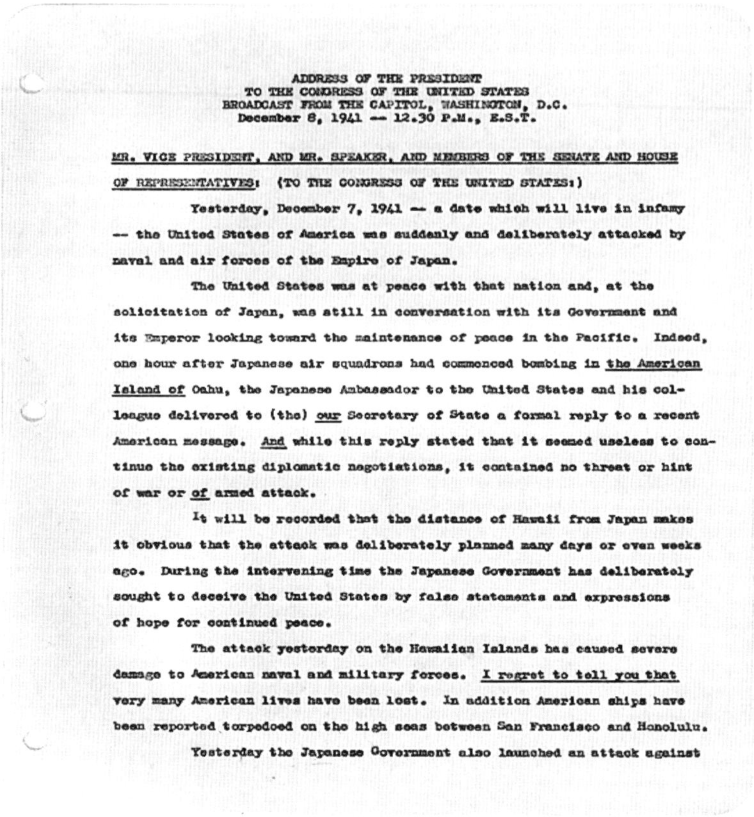

ADDRESS OF THE PRESIDENT
TO THE CONGRESS OF THE UNITED STATES
BROADCAST FROM THE CAPITOL, WASHINGTON, D.C.
December 8, 1941 -- 12.30 P.M., E.S.T.

MR. VICE PRESIDENT, AND MR. SPEAKER, AND MEMBERS OF THE SENATE AND HOUSE
OF REPRESENTATIVES: (TO THE CONGRESS OF THE UNITED STATES:)

Yesterday, December 7, 1941 -- a date which will live in infamy
-- the United States of America was suddenly and deliberately attacked by
naval and air forces of the Empire of Japan.

The United States was at peace with that nation and, at the
solicitation of Japan, was still in conversation with its Government and
its Emperor looking toward the maintenance of peace in the Pacific. Indeed,
one hour after Japanese air squadrons had commenced bombing in the American
Island of Oahu, the Japanese Ambassador to the United States and his col-
league delivered to (the) our Secretary of State a formal reply to a recent
American message. And while this reply stated that it seemed useless to con-
tinue the existing diplomatic negotiations, it contained no threat or hint
of war or of armed attack.

It will be recorded that the distance of Hawaii from Japan makes
it obvious that the attack was deliberately planned many days or even weeks
ago. During the intervening time the Japanese Government has deliberately
sought to deceive the United States by false statements and expressions
of hope for continued peace.

The attack yesterday on the Hawaiian Islands has caused severe
damage to American naval and military forces. I regret to tell you that
very many American lives have been lost. In addition American ships have
been reported torpedoed on the high seas between San Francisco and Honolulu.

Yesterday the Japanese Government also launched an attack against

출처: National Archives, https://prologue.blogs.archives.gov/2016/12/08/the–day–of–infamy–speech–
well–remembered–but–still–missing/ (2022.12.12. 검색)

있다(National Archive, n.d.).

미국은 진주만 피습을 계기로 대외적·대내적으로 각각의 방안을 실현하게 된다. 우선 대외적인 측면에서 보면, 미국은 결국 제2차 세계대전에 참전하게 되었으며 일본과 주축국을 대상으로 전쟁을 개시했다. 진주만 공습을 계획했던 일본제국 해군 연합함대 사령관 야마모토 이소로쿠(山本 五十六)는 "일본이 잠자는 거인을 깨워 비참한 결과를 낳지 않을까 두렵다"라고 밝히기도 했는데, 실제 그러한 예감이 현실이 된 것이다. 실제 미국은

'Remember Pearl Harbor(진주만을 기억하자)'라는 구호를 기치로 국민적 전의를 북돋웠다. 미국은 한편 제2차 세계대전 이후 대내적으로 진주만의 관광화 작업에 박차를 가하게 된다. 하와이 진주만 내의 애리조나호 기념관(USS Arizona Memorial)은 이러한 작업의 표상이다. 애리조나호는 일본의 진주만 공습으로 인해 가장 큰 피해를 보았던 군함으로, 당시 사망 인명피해의 약 절반이 이곳에서 일어났다. 미 해군은 침몰한 선체를 인양하지 않고 그대로 두었으며, 그 장소에 미국의 건축가 알프레드 프레이스(Alfred Preis)의 계획하에 기념관을 건립하였다.

이처럼 미국은 진주만 사건을 평화 지향적 미국의 순수성을 공격하고 훼손한 전무후무한 사건이라 칭하며 미국 점령 이전 원주민의 역사로 대표되는 하와이의 역사를 삭제시켜 버린다. 즉, 진주만 습격을 재구성하고 이를 통해 관광화를 촉진함으로써 하와이를 미국적인 순수한 이상을 표상하는 공간으로 상징화하여 미군에 의해 점령당한 하와이라는 역사적 사실을 지워버린다(김도혜 2014).

## 2. 다문화사회 형성 이면의 정착형 식민주의

제2장에서 밝힌 바와 같이 하와이는 동서 문명 조우의 공간으로써 대표적인 다문화의 중심지로서 상징되어왔다. 이는 비교적 최근인 2017년 미국 하와이주 연방법원이 하와이 주정부의 소송을 받아들여 트럼프 정부의 반(反)이민 수정 행정명령의 효력을 일시 중지하는 결정을 내린 것에서 잘 나타난다. 당시 월스트리트저널(Wall Street Journal)은 하와이가 트럼프의 반이민 정책에 맞선 배경으로 어느 한 민족이 우위를 점하지 않는 '다문화' 지역이라는 점, 그리고 이해와 관용을 바탕으로 상대에게 친근감을 표현하는

하와이 특유의 '알로하 정신'이 난민이나 이민자의 문화를 수월히 받아들이는 데 영향을 미쳤다고 분석하기도 했다(김진우 2017).

그러나 앞선 사례와 마찬가지로 본 연구는 하와이의 다문화성을 정착형 식민주의(Settler Colonialism)와의 연계성을 중심으로 비판적 관점에서 해석해볼 필요가 있다고 주장한다. 정착형 식민주의란 식민지 개척자의 영토 점유권을 확립해 나가면서 토착 거주민 혹은 원주민을 배제하는 형태의 식민화 과정을 일컫는다(Veracini 2010). 이는 억압이나 강압적 침략이 아닌 원주민 사회에 개척국가의 사람과 문화를 지속적으로 투입, 정착시킴으로써 원주민과 그 문화를 제거하는 형태의 제국주의를 의미한다(최희영 2021). 패트릭 울프(Patrick Wolfe)에 따르면, 이처럼 정착형 식민주의는 제거의 논리(logic of elimination)를 철저히 따르고 있으며, 그러한 제거는 일회성이기보다 정착민-식민 사회의 조직적인 원칙으로서 기능한다(Wolfe 2006).

하와이의 유명한 작가이자 활동가인 하우나니 케이 트래스크(Haunani-Kay Trask)는 그녀의 저서 "From a Native Daughter: Colonialism and Sovereignty in Hawaii"에서 하와이 역사에 정착형 식민주의 이론을 적용하여 하와이 사회가 '토착 문화와 사람들이 영토를 군림하는 정착민들의 혜택을 위해서 사멸되고, 억압받고, 소외된 정착민 사회'임을 강조하고 있다(Trask 1999, 25; 최희영 2021, 105). 즉, 하와이 원주민들을 인종화(racialization)하고, 비하와이인들을 토착화하는 이중적 정착민 식민주의 과정이 하와이를 둘러싼 원주민-정착민 관계의 커다란 축을 형성하는 것이다(Rohrer 2016).

이처럼 미국 본토에서 건너온 백인들은 19세기 중반 이후 대농장 사업을 본격화하기 시작했고, 상대적으로 값싼 노동력을 제공하는 아시아 출신 이민자들을 활용하여 정착형 식민주의를 구현해 나갔으며 이로 인해 얻는 경제적 이익은 '하울리(haole)'라 불리는 하와이 백인 기득권층과 그들의 자손들의 몫이었다. 제1차 세계대전 이후 팍스 아메리카나(Pax Americana) 체제의 기틀이 마련되며 미국은 환태평양지역, 특히 하와이의 정치·군사·외교의 요충지로 인식하게 되었다. 이와 동시에 하와이 정부는 지역 경제의 번역에 필수적인 인력으로 부상한 아시아 이민자들에게 '다문화 행사'를 적극 지원하며 그들의 하와이 지역사회 정착을 도모하게 된다. 즉, 하와이에 형성된 다문화적 환경은 하울리 주도의 정착형 식민주의의 결과물로써 아시아 이주민이 이러한 프로젝트의 주요 참여자였다(최희영 2021).

하울리에 의해 주도된 여러 다문화 행사 가운데, 발보아의 날(Balboa Day)이 대표적인 예이다. 유럽의 탐험가 바스코 누네즈 데 발보아(Vasco Nunez de Balboa, 1475~1519)가 태평양 섬에 처음으로 도착한 것을 기념하여 명명된 발보아의 날은 하와이에 위치한 다른 민족 공동체들에 의해 선보인 음악 공연을 주요 특징으로 했다. 이뿐 아니라 내셔널 뮤직 위크(National Music Week) 또한 아시아 이민자들을 위해 1930년대부터 매년 5월에 개최된 연례 콘서트였다. 주로 필리핀, 일본, 중국, 한국에서 건너온 이주자들 자신들의 전통음악을 연주했다고 전해진다(Choi 2019). 이와 더불어 한인 봄축제와 같은 민족별 다문화 행사 또한 활발히 개최되었다.

이처럼 20세기 초 하와이의 다문화 환경은 이러한 정착형 식민주의 담론을 적용하여 해석이 가능하다. 요컨대, 오늘날 다문화의 중심지로서의 하와이에 대한 담론을 비판적 관점에서 바라볼 수 있을 것이다. 본 연구에서는 정착형 식민주의 관점에서, 본토에서 건너온 백인 엘리트층의 값싼 아시아 노동이민자의 원활한 정착이라는 일련의 목적을 달성하기 위한 수단으로서의 하와이 다문화 정책이 추동되어 온 것이라는 입장을 견지하고 있다. 개척자의 영토 점유권을 확장하며 동시에 토착 원주민을 배제하는 과정이 진행된 곳이 바로 하와이다. 결과적으로 원주민 사회에 지속적으로 다문화적 요소를 주입함으로써 원주민과 그 문화를 말살하며 하울리의 권력을 유지시켜 온 것이다(최희영 2021, 105).

이처럼 태평양 한가운데 위치한 하와이는 미국 본토에서 멀리 떨어진 공간을 장악하고 원주민을 소외·배제한 정착민 식민지였다. 하와이 원주민들에게 미치는 식민지화의 영향은 '문화적 대량학살'을 야기했으며, 미국은 본토에서와 마찬가지로 정착민 식민주의를 정당화하고 합리화했다. 오늘날, 많은 사람은 여전히 하와이가 미국의 식민지로 남아있다고 주장한다. 미국이 세계 패권국으로 자리매김하는 과정에 있어 하와이라는 식민 공간을 장악하는 것은 매우 중요한 구심점 역할을 하였다. 이처럼 정착민 식민주의와 긴밀히 연동된 제국주의는 필리핀, 괌, 오세아니아에 걸쳐 상업적, 군사적, 문화적 전초기지를 형성했다(Hixon 2013).


## Ⅳ. 결론

주지하다시피 하와이는 깨끗한 휴양지와 현대적 경관이 어우러진 세계적인 관광지로서 많은 여행객의 발걸음을 이끌어왔다. 이뿐 아니라 19세기 중반 이후 사탕수수 산업의 호황으로 가속되어온 세계 여러 지역으로부터의 하와이로의 노동 이주 물결은 동서 문명 조우의 공간이자 다문화주의의 중심지로서의 발전을 추동케 했다. 이처럼 하와이는 주민들의 상대에 대한 포용과 이해를 바탕으로 한 환대 정신과 하와이 관광산업의 중심축을 구성하는 환대산업과 더불어 하와이 특유의 문화 다양성이 잘 어우러져 세계적인 환대 도시로서의 입지를 공고히 해 왔다.

본고는 이처럼 하와이의 관광·다문화를 중심으로 한 환대성의 이면에 교묘한 군사주의와 식민주의로 대변되는 적대성이 존재한다는 사실을 비판적으로 성찰하였다. 미국은 1893년 하와이를 점령하였으며, 1941년 진주만 피습 이후 이 사건을 하와이 역사의 중추적 내러티브로 재구성하며 진주만, 특히 USS Arizona 기념관이 하와이의 주력 관광상품으로 발돋움하게 되었다. 이를 통해 그 이면에 은폐된 미국의 군사주의와 원주민의 주권 상실의 역사를 교묘하게 감추어왔다. 하와이의 비극이 미국에 대한 공격으로 치환되며 미군 주둔의 정당성이 확보되었으며, 이와 동시에 치욕적인 하와이 왕조 붕괴의 역사와 원주민 문화의 말살을 감추는 핵심적 역할을 해 왔다.

또한, 본 연구는 하와이를 표상하는 다문화주의의 배경을 환태평양지역의 제국주의와 식민주의적 맥락에서 고찰하였다. 하와이 왕국을 전복시킨 미국 본토에서 넘어온 하울리들은 하와이 사탕수수 산업을 장악하였고, 이에 따라 값싼 아시아계 노동이민자들의 원활한 정착을 위해 다문화주의를 의도적으로 전파한 정착형 식민주의를 주목할 필요가 있다. 즉, 하와이의 다문화주의는 정착형 식민주의 과정에서 발생한 인공적 산물이라는 것이다. 결론적으로 본고는 하와이를 둘러싼 낭만적 환대 도시 내러티브 이면에는 군사주의·식민주의가 팽배해 있음을 주장하며, 환대와 적대가 모순적으로 공존하는 하와이에 대한 비판적 논의를 진행하였다.

본 고는 하와이를 둘러싼 낭만적 내러티브에 대한 비판적 연구의 일환으로 작성되었다. 이에 따라 주장을 뒷받침하는 체계적 증거의 필요성과 같은, 보다 더 충실한 내용의 보강이 요구되며, 아울러 환대와 적대의 개념에 대한 체계적 고찰과 이에 따른 분석 틀의 부재가 한계점으로 지적될 수 있다. 이러한 사항들은 후속연구의 몫으로 남겨 둔다.

# 참고문헌

김도혜 (2014), '〈서평〉하와이와 〈서평〉하와이와 필리핀의 군사주의와 관광산업의 역학 관계: 식민지 시대와 포스트 식민지 시대 역사를 통한 비판적 성찰', 동남아시아연구 24(2), 253-262.

김진우 (2017), '반이민 행정명령에 맞선 하와이의 알로하 정신', https://m.khan.co.kr/world/america/article/201703192101005#c2b (최종검색일: 2022/10/20). 매일경제 (2021), '위드 코로나 시대 1순위 여행지로 거론되는 이곳', https://www.mk.co.kr/news/culture/view/2021/10/1018750/ (최종검색일: 2022/10/22).

서영득 (2005), '韓國防空識別區域(KADIZ)의 法的 地位와 問題點', 저스티스 86, 156-188.

이덕희 (2014), '하와이 다문화에 한인 이민자들도 기여했을까?: 하와이 한인 이민사의 경험과 교훈, 1903~1959', 아시아리뷰 4(1), 73-93.

임소정 (2010), '1959년 하와이, 미국 50번째 주로 편입', https://m.khan.co.kr/people/people-general/article/201008202142035#c2b (최종검색일: 2022/11/01).

임주리 (2018), '美 대법원 반이민 정책 트럼프 손 들어줬다', https://www.joongang.co.kr/article/22751516#home (최종검색일: 2022/11/30).

정호윤 (2021), "초기 하와이 포르투갈인 이민(1878-1913)의 배경과 요인 연구", 인문사회 21 12(5), 609-624.

주호놀룰루총영사관 (2019), '2019년 하와이 방문자 1천만 돌파', https://overseas.mofa.go.kr/us-honolulu-ko/brd/m_5571/view.do?seq=1337436&srchFr=&srchTo=&srchWord=&srchTp=&multi_itm_seq=0&itm_seq_1=0&itm_seq_2=0&company_cd=&company_nm= (최종검색일: 2022/10/18).

주송현 (2017), '마노아 대학교 연극 무용학과의 극장 무용 교육프로그램이 하와이 관광산업 발전에 미치는 영향', 영남춤학회 5(2), 105-123.

최희영 (2021), '정착형 식민주의 관점에서 바라본 하와이 한인사회의 첫 영어 연극 분석', 한국예술연구 32, 99-121.

Bledsoe, E. (2022) 'What Military Bases Are in Hawaii?' https://www.thesoldiersproject.org/what-military-bases-are-in-hawaii/ (최종검색일: 2022/12/07).

Choi, H. (2019) 'Multicultural Musicscape for National Pride: Performing Arts of East-Asian Diasporas in Hawai'i before WWII,' Asian Culture and History, 12(1), pp. 9-16. Find my Past (2015) 'Remembering Pearl Harbor: Comparing news headlines from around the world'. https://www.findmypast.com/blog/history/remembering-pearl-harbor (2022.12.08. 검색).

Gonzalez, V. (2013) Securing Paradise: Tourism and Militarism in Hawai'i and the Philippines.

Durham: Duke University Press.

Hawaii Tourism Authority (2019) 'Fact Sheet: Benefits of Hawaiʻi's Tourism Economy,' https://www.hawaiitourismauthority.org/media/4167/hta-tourism-econ-impact-fact-sheet-december-2019.pdf (최종검색일: 2022/11/03).

Hilo Hattie (2021) 'Hoʻokipa & Hospitality in Hawaii,' https://www.hilohattie.com/blogs/news/ho-okipa-hospitality-in-hawaii (최종검색일: 2022/11/07).

Hixson, W. (2013) Spaces of Denial: American Settler Colonialism in Hawaiʻi and Alaska. New York: Palgrave Macmillan.

Koop, A. (2022) 'How Much Land does the U.S. Military Control in Each State?' https://www.visualcapitalist.com/how-much-land-does-the-u-s-military-control-in-each-state/ (최종검색일: 2022/12/07).

Kuykendall, R. S. (1967) The Hawaiian Kingdom 1874-1893: The Kalakaua Dynasty. Honolulu: University of Hawaii Press.

McGregor, D. and MacKenzie, M. (2014) 'Moʻolelo Ea O Naˉ Hawaiʻi History of Native Hawaiian Governance in Hawaiʻi.'

https://www.doi.gov/sites/doi.opengov.ibmcloud.com/files/uploads/McGregor-and-MacKenzie-History_of_Native_Hawaiian_Governance.pdf (최종검색일: 2022/11/05).

National Archives (2016) 'The Day of Infamy Speech: Well-Remembered but Still Missing,' https://prologue.blogs.archives.gov/2016/12/08/the-day-of-infamy-speech-well-remembered-but-still-missing/ (2022.12.12. 검색).

Nordyke, E., & Lee, R. (1989) 'The Chinese in Hawaii: A historical and demographic perspective,' The Hawaiian Journal of History 23, 196-216.

Pacific Business News (2019) 'Hawaii named most desired destination for US travelers,' https://www.bizjournals.com/pacific/news/2019/12/19/hawaii-named-most-desired-destination-for-us.html (최종검색일: 2022/10/20).

Pew Research Center (2017) 'In Hawaii, Roughly Four-in-ten Babies are Multiracial or Multethnic,' https://www.pewresearch.org/ft_17-06-01_multiracialbabies_map_featured/ (최종검색일: 2022/11/10).

Porcell, C. (2019) '9 Charts That Show How Hawaii Tourism Is Changing,' https://www.civilbeat.org/2019/07/9-charts-that-show-how-hawaii-tourism-is-changing/ (최종검색일: 2022/10/20).

Rohrer S. J. (2016) Claim: Settler Colonialism and Racialization in Hawaiʻi. Tucson: University of Arizona Press.

Schmitt, R. (1968) Demographic Statistics of Hawaii: 1778-1965. Honolulu: University of Hawaii Press.

Stebbins, S. 'What the US Military Spends in Hawaii,' https://www.thecentersquare.com/hawaii/what-the-us-military-spends-in-hawaii/article_66bce23e-2c64-516c-8a40-ee83ca7eb75f.html (최종검색일: 2022/12/07).

Tilly, C. (1985) 'War Making and State Making as Organized Crime,' in P. Evans, D. Rueschemeyer and T. Skocpol eds. Bringing the State Back In. Cambridge: Cambridge University Press.

Trask, H. (1999) From a Native Daughter: Colonialism and Sovereignty in Hawai'i. Honolulu: University of Hawai'i Press.

Veracini, L. (2010) Settler Colonialism: A Theoretical Overview, Houndmills: Palgrave Macmillan.

Wolfe, P. (2006) 'Settler colonialism and the elimination of the native,' Journal of Genocide Research 8(4), 387-409.

# 5장

---

## 시드니:
## 호주의 환태평양
## 관문도시

**문기홍**

이 장은 〈아시아연구〉 제26권 2호(2023년)에 실린 '호주의 환태평양 연계성: 이주의 관문 도시 시드니를 중심으로' 논문을 수정·보완한 것임.

# I. 서론

과거 태평양을 중심으로 아시아에서부터 아메리카 대륙을 아우르는 경제, 정치, 문화적 중요성을 다루기 위해 태평양 연안(Pacific Rim) 혹은 아시아·태평양(Asia Pacific)이라는 용어를 주로 사용했다. 최근 들어 이 지역에 대한 새로운 고찰을 위해 환태평양(transpacific)이라는 용어를 사용하기 시작했으며 이는 정치·경제적 협력 관계를 바탕으로 또 다른 지정학적 개념을 형성했다(Hoskins and Nguyen, 2014). 특히, 미국을 필두로 일본, 호주, 인도를 아우르는 "인도-태평양(Indo-Pacific)"이라는 개념을 사용하며 미국 주도의 국제협력 담론을 형성했고, 중국의 경우 "일대일로(Belt and Road Initiative, BRI)" 전략을 적극적으로 추진하며 유럽 대륙으로의 진출뿐 아니라 태평양 인근 국가들과의 결속력을 강화하는 형세이다(The White House, 2022; Belt and Road Portal, n.d). 지리적으로는 환태평양 지역의 오세아니아 대륙에 속한 호주는 태평양 국가들과의 관계 형성에 노력을 기울여왔다.[1] 호주는 이 지역을 통칭하면서 환태평양이라는 개념보다는 "인

---

1 현재의 호주(오스트레일리아, Australia)는 17세기경 유럽의 탐험가들에 의해 Terra Australis라고 불렸다. 땅, 대지를 의미하는 Terra와 남쪽이라는 의미를 가진 라틴어의 Australis가 결합된 것으로 16세기 지도제작자들은 현재 위치의 호주 대륙을 Terra Austalis로 지칭했다기보다는 당시 남반구에 있는 가상의 대륙을 지칭하기 위해 이렇게 칭했다고 알려져 있다. 지금의 오스트레일리아는 1644년 당시 네덜란드의 탐험가 아벨 태즈먼(Abel Tasman)에 의해 붙여진 뉴 홀랜드(New Holland)라는 이름으로 널리 알려져 있었다. 오스트레일리아라는 국명은 이후 매튜 플린더스(Matthew Flinders)라는 탐험가에 의해 명명되었는데 당시 그는 오스트레일리아라는 이름이 "더 듣기 편하며 세계의 다른 대륙의 이름과도 잘 동화된다"고 말한바 있다. 공식 문서에 등장한 것은 1817년 라클란 맥퀘리(Lachlan Macquarie) 총독이 Bathurst 경으로부터 플린더스의 오스트레일리아의 해도를 받으며 였고, 1817년 12월 맥퀘리 총독은 식민 정부에 이 이름을 공식적으로 채택하도록 권고했다. 이후 1830년 영국의 수로국(United Kingdom Hydrographic Office)에서 오스트레일리아 안내책자(Australia Directory)를 출판하며 공식적으로 사용되었다(The Conversation, 2014).

도·태평양(Indo-Pacific)"이라는 용어를 사용하고 있다(DFAT, 2017). 이러한 지정학적 용어에 대한 수정은 이 지역 국가 간의 정치적, 전략적, 경제적 상호 작용과 상호 의존성이 증가하고 있다는 것을 의미한다고 볼 수 있다(Halvorson, 2019: 164).

이 연구는 호주의 환태평양 연계성을 이주의 관점에서 보고자 한다. 우선 국민국가로서 다른 지역 혹은 국가와의 관여를 보기 위해서는 호주가 어떻게 영국 식민지에서 하나의 독립국가로 형성되었는지 보아야 할 것이다. 이러한 호주의 이주 정책, 구성원 형성, 다문화와 같은 맥락은 국가적 관점에서, 즉 국민국가를 구성하고 경계를 구분하는 과정에서 연구되었다고 볼 수 있다(문경희 2008, 2011; 김정규, 2010; 김범수, 2012). 이주 및 재정착에 대한 국가 정책의 변화를 통해 큰 틀에서 전반적인 흐름을 조망할 수 있다는 장점이 있지만, 실제로 사람과 물건이 드나드는 하나의 지점이 되는 도시에서는 어떤 동학이 있는지 면밀하게 살펴보기 어려울 수도 있다. 즉, 이 연구는 사람과 물건이 드나드는 장소인 도시라고 하는 하나의 지점을 주요 분석 대상으로 삼고, 도시의 관점에서 이동과 정착이 어떻게 전개되었을지 탐구하고자 한다. 특히, 이 연구는 시드니(Sydney)와 같은 대도시의 이주 현상에 집중하고자 한다(Ley & Murphy, 2001).

이 원고는 다음과 같이 구성된다. 우선 호주의 환태평양 및 아시아 관여에 관한 기존의 경제·안보적 관점의 논의를 살펴본다. 이를 통해 이주의 측면에서 논의가 어떤 의미를 가지는지 배경을 수립하고자 한다. 도시를 분석하기 위해서는 도시 발전의 역사에 대한 이해가 우선되어야 하기에 다음 절에서는 시드니가 어떻게 가장 먼저 대영제국의 식민 도시로 만들어졌으며, 어떠한 매개를 통해 어떻게 관문도시로서 역할을 했는지 살펴본다. 그리고 다음으로는 호주의 이주 정책 및 그 변화에 대해서 살펴보고자 한다. 이 연구는 시드니라는 도시의 이주로서의 관문도시에 관해 연구하지만, 이주에 대한 국가 정책의 영향력에서 벗어날 수는 없는 만큼 호주 이주 정책에 대한 전반적인 고찰을 하고자 한다.


## II. 호주의 환태평양 관여 논의

최근 호주의 환태평양 특히 아시아 국가들과의 연결성은 높아지는 추세이다. 이는 경제, 안보, 이주의 측면에서 분석될 수 있다. 첫째, 호주와 아시아 국가 간의 교역 규모는 점차 증가하고 있는데, 호주는 최근 활발히 논의되는 역내포괄적경제동반자협정(Regional Comprehensive Economic Partnership, RCEP), 포괄적·점진적 환태평양경제동반자협정(Comprehensive and Progressive Agreement for Trans-Pacific Partnership, CPTPP), 인도-태평양 경제 프레임워크(Indo-Pacific Economic Framework, IPEF)에 모두 가입국으로 참여하고 있다. 기존의 한국, 중국, 일본과 같은 동아시아 국가와의 연계성을 넘어 최근에는 인도와 아세안과 적극적인 협력 관계를 구축하고 있는데, 2021년에는 인도와 자유무역협정(Economic Cooperation and Trade Agreement, ECTA)을 체결했고, 2022년 11월 호주 정부는 동남아시아 특사를 임명하며 2040년까지의 경제 전략을 발표했다(Nikkei Asia, 2022; Milner and Huisken, 2022; DFAT, n.d.). 이러한 경제적 관계는 호주의 교역 규모 자료에서도 찾아볼 수 있다. 지난 교역 규모는 2018년부터 2022년까지 꾸준히 증가하고 있다. 특히, 코로나 팬데믹 와중에도 2022년 전체 교역액은 7,014억 달러로 전년 대비 18% 증가하였으며, 2022년 무역수지가 1,230억 흑자를 기록하면서 전년 대비 31% 증가했다. 호주의 주요 교역 대상국으로는 중국, 일본, 한국, 미국, 대만이 상위 5개국에서 속하며, 이 순위는 2018년부터 2022년까지 변함없이 유지되고 있다.

〈표 1〉 호주 교역 규모 2018-2022

| 순위 | 국가 | 2018 | 2019 | 2020 | 2021 | 2022 |
|---|---|---|---|---|---|---|
| 1 | 중국 | 143,326 | 143,326 | 159,837 | 202,283 | 196,873 |
| 2 | 일본 | 58,171 | 54,383 | 42,217 | 61,657 | 96,948 |
| 3 | 한국 | 27,562 | 25,945 | 22,313 | 36,299 | 54,351 |
| 4 | 미국 | 33,008 | 35,270 | 36,840 | 37,712 | 43,198 |
| 5 | 대만 | 11,320 | 12,580 | 10,196 | 16,942 | 28,498 |
| 전체 교역 규모 | | 484,109 | 484,732 | 453,966 | 592,584 | 701,423 |

주: KOTRA(2023: 14)를 바탕으로 수정

주요 수출국은 중국, 일본, 한국으로 상위 3개국이 전체 수출의 55%로 높은 비중을 차지하고 있다. 2022년 들어서는 태국, 싱가포르, 베트남, 말레이시아 등 동남아시아 국가로 수출이 증가세를 기록했다. 주요 수입국은 중국, 미국, 한국, 일본으로 이들 상위 4개국이 전체 수입의 50%를 차지했다. 호주의 최대 수입국은 중국으로 2022년 기준 전체 수입의 26%를 중국으로부터 들여오고 있으며 이는 2위인 미국의 수입 규모에 비해 2배 이상 높은 수치이다. 지리적으로 가까운 태국, 싱가포르, 말레이시아 등 동남아시아 국가 및 대만과 인도에서의 수입이 증가하는 추세이다.

둘째, 안보 분야에서도 긴밀한 협력 관계를 유지하고 있다. 아시아 지역에서 호주의 국제질서 참여는 주로 소규모 다자주의의 형태를 띠고 있다. 특히, Quad의 부활, AUKUS 가입 등 최근 호주의 국제질서 담론은 소규모의 다자주의, 즉, 소다자주의(minilateralism) 관점에서 분석할 수 있을 것이다(김성한, 2008; 이상현, 2012; Singh and Teo, 2020; Cheng, 2022).

이 연구는 호주의 아시아 및 환태평양 연계성 논의에 관해 기존의 경제·안보적 관점의 분석에 더해 이주의 관점에서 분석하고자 한다. 호주의 아시아 관여에 관한 연구는 크게 두 가지 정도의 요인으로 분석되었다. 첫째, 1960년대 호주는 동아시아 국제관계에 대해 적극적인 모습을 보여 왔는데, 이는 서구국가로서의 정체성을 가진 호주가 2차 세계대전 이후 영국과의 전통적인 유대적 관계가 약화되면서 인접 지역인 동아시아 국가들과 협력을 적극적으로 추진했다는 것이다(Barclay, 1977; 이상현, 2012). 또 다른 관점으로는 대외 정책 환경에 대한 호주의 뿌리 깊은 불안감으로부터 기원한다는 것이다. 호주의 지리적 위치, 작은 국가 규모 등으로 인해 국가 안보와 글로벌 권력관계에 민감할 수밖에 없는 상황에서 아시아 국가들과 관여하기 위해 다자주의, 지역주의 외교를 추진했다는 것이다(문경희, 2010).

## III. 대영제국 식민지의 관문도시

### 1. 시드니 정착 역사 및 형성 과정

시드니라는 이름은 아서 필립(Arthur Phillip) 선장이 1788년에 첫 번째 정착지를 세운 Sydney Cove에서 유래되었다(Macey, 2007).[2] 원래 영국은 미국 식민지에 죄수를 보내고 있었는데 독립 전쟁의 발발로 1783년 미국을 잃게 되자 시드니의 보타니만(Botany Bay)을 새로운 죄수 유배지로 결정하게 된 것이다. 아울러 아시아 태평양 지역에 새로운 기지가 제공하는 전략

---

2 시드니 지역에 초창기 인류가 정착한 것은 약 40,000년전으로 추정된다. 시드니 모닝 헤럴드(Sydney Morning Herald)의 보도에 따르면 한 조사팀이 약 40,000여년전 인류가 살던 흔적을 NSW주 남서부 지역에 있는 Mungo 호수 근처의 원주민 매장지에서 찾았다고 한다. 당시 조사팀은 약 20,000여점의 스피어 포인트, 도끼, 모루 및 숫돌을 찾았다고 한다(Macey, 2007).

적 중요성을 일찍이 판단했고, 목재와 아마(flax) 같은 해군력 유지를 위한 자원 제공 기지가 필요했던 것이다. 그리하여 아서 필립이 이끄는 11척의 함대가 1788년 1월 보타니만에 도착했고 이후 1월 26일 시드니 코브의 포트 잭슨(Port Jackson)으로 이동해 본격적으로 정착지를 건설하게 된다. 당시 넘어온 정착민의 규모는 736명의 죄수를 포함해 1,000여명 이상이었던 것으로 알려졌다. 정착지가 자급 자족의 형벌 식민지로 계획되었기 때문에 생계는 농업에 기반해서 꾸려야 했고 무역, 선박 건조가 엄격히 금지되었었다. 그러나 정착지 주변의 토양은 척박했고 첫 번째 작물은 실패했으며 몇 년 동안 굶주림과 엄격한 식량 배급으로 이어졌지만, 식량 위기는 1790년 중반 제2함대와 1791년 제3함대가 도착하면서 완화되었다. 이후 시드니의 개발에 주도적 역할을 한 사람은 라클란 맥쿼리(Lachlan Macquarie) 주지사다. 그는 시드니와 뉴사우스웨일스 개발에 주도적인 역할을 하여 은행, 화폐, 병원을 설립했고, 시드니의 거리 배치도를 설계하고 도로, 부두, 교회 및 공공건물 건설을 진행했다. 현재도 시드니 도로 중 주요한 역할을 하는 파라마타 로드(Parramatta Road)는 1811 개통되었다(Flannery, 1999; Macey, 2007; Nowa, 2022).

새롭게 건설되는 식민지에서는 정부 기관, 교육 제도, 법률 제도, 건축물 등 여러 분야에서 영국의 흔적을 찾아볼 수 있는데, 시드니가 대영제국에서 기원했다는 것은 왕, 총독, 정치인, 다양한 예술가의 이름을 딴 도시에서 찾을 수 있다.[3] 예를 들어 시드니가 발전함에 따라 만들어진 행정 구역과 마

---

3  1787년 5월 13일 아서 필립 선장(Captain Arthur Phillip)이 이끄는 11척으로 이루어진 첫 번째 이주자 선단이 영국에서 출발함. 첫 번째 선단에는 736명의 수감자, 17명의 수감자 자녀, 211명의 해병, 27명의 해병의 부인, 14명의 해병의 자녀, 그리고 300여 명의 장교 등으로 구성되었음. 1788년 1월 26일 시드니 코브(Sydney Cove)에 위치한 포트 잭슨(Port Jackson)에 처음 정착지를 설립했고, 이날

을은 라이드(Ryde), 퍼트니(Putney), 달링턴(Darlington), 에핑(Epping), 리치먼드(Richmond), 윈저(Windsor), 펜리스(Penrith)와 같은 영국의 정착지에서 이름을 가져와 불렸다. 또한 1801년 식민지에 도착한 지 2년 후에 사면된 죄수 외과의사 윌리엄 레드펀(William Redfern)을 포함하여 일부 지역은 새로 도착한 사람들의 이름을 따서 명명되었다. 아울러 기존에 원주민이 사용하던 언어를 사용해 명명한 지역도 있는데, 예를 들면 쿠링가이(Ku-ring-gai), 와링가(Warringah)와 파라마타(Parramatta)와 같은 지역이며 파라마타의 뜻은 뱀장어가 누워 잠을 자는 곳인 강의 머리를 의미한다고 한다(Macey, 2007; Karskens, 2009: 18-20).

## 2. 초기 도시 형성 과정과 도시의 주요 산업

시드니는 뉴사우스웨일스(New South Wales, NSW)주의 주도로 자리매김했는데, 당시 시드니의 인구가 급격하게 증가하자 시골과 같은 교외 지역에 정착한 사람과 그들을 대표하는 정치인들로부터 공격의 대상이 되기도 했다. 예를 들면, 입법부의 보수적인 농촌 대표들은 시드니에 대한 자금 지출에 지속적으로 반대했었다. 그 하나의 사례로 시드니 북부 해안 지역에 다리를 건설하는 프로젝트는 1922년 의회의 승인은 받았으나 시드니의 양대 정당인 노동당(Labour party)과 자본당(Capital party)은 구체적인 프로젝트 실행에 대해 합의에 이르지 못했으며 결국 다리 건설 프로젝트는 무산되고 말았다(Spearrit, 2000: 1-2).

시드니가 뉴사우스웨일스주에서 정치·경제적 중요성은 식민지 정착 100

은 호주의 날(Australia Day)로 지정되었다.

여 년이 채 지나지 않은 시점에서 이미 큰 비중을 차지하고 있었고, 이후 전체 인구에서 시드니 인구가 차지하는 비중은 꾸준하게 증가했다. 아래의 표는 뉴사우스웨일스주에서 시드니 인구가 차지하는 비중을 나타낸 것인데, 1871년 30%도 되지 않던 인구의 비중이 점차 늘기 시작해 1991년에는 주 인구의 62%가 시드니에 거주하고 있는 것으로 나타났다. 이는 호주 외부에서 유입된 이주민 인구 증가가 그 주요 원인이기도 하지만, 뉴사우스웨일스주 내에서의 인구 이동 역시 주요한 인구 증가의 원인으로 작동했다. 1911년에서 1947년 사이에 343,000명의 사람이 뉴사우스웨일스의 다른 곳에서 시드니로 이주했으며, 이는 같은 기간 동안 시드니에서 출생한 인구 374,000명과 거의 비슷하다. 이 기간에 다른 주에서 온 사람은 76,000명에 불과했고 해외에서 온 사람은 총 60,000명에 불과했다.

이러한 도시 성장 배경에는 산업 구조와 이를 수출하는 방법 때문이기도 했는데, 당시 인구가 집중된 시드니, 멜버른, 애들레이드, 브리즈번, 퍼

〈표 2〉 1871년부터 1991년까지 시드니의 인구

| 연도 | 인구 | 시드니의 인구 비중(NSW주) |
|---|---|---|
| 1871 | 137,586 | 27.4% |
| 1881 | 224,939 | 30.0% |
| 1891 | 383,333 | 34.0% |
| 1901 | 481,830 | 35.6% |
| 1911 | 629,503 | 38.2% |
| 1921 | 899,059 | 42.8% |
| 1931 | 1,200,830 | 46.8% |
| 1941 | 1,337,050 | 47.5% |
| 1951 | 1,795,010 | 54.8% |
| 1961 | 2,193,231 | 55.7% |
| 1971 | 2,725,064 | 59.3% |
| 1981 | 3,204,696 | 62.5% |
| 1991 | 3,672,855 | 62.3% |

주: Spearrit(2000: 3)를 바탕으로 수정

스 등에 도시에 철도 노선이 집중적으로 건설되었고, 내륙에서 생산된 물건은 도시로 운반되어 이러한 관문도시를 통해 보내졌기에 인구 집중 현상이 더욱더 두드러지게 된 것이다(Spearrit, 2000: 3). 시드니는 밀, 목재, 광물 및 다양한 주요 상품을 생산하기 위해 상품화되고 있던 호주 내륙과 더 넓은 세계 사이의 전송 지점인 식민 중계 도시로 건설되었다(Short, Breitach, Buckman and Essex 2000). Broeze(1975: 584)에 따르면 식민지 건설 초기 즈음인 1846년 시드니에서 런던으로 향한 물동량의 수준은 41척으로 196톤부터 961톤까지 그 크기가 다양했으며 평균 약 400톤 규모의 선박이 다녔다고 한다. 이러한 인구 증가세에 힘입어 시드니 모닝 헤럴드는 1911년 인구총조사 결과를 대대적으로 보도하며 시드니가 교외 지역으로 확장할 것이라는 사실과 반대로 빅토리아(Victoria)주가 연방 의회에서 하나의 의석을 잃을 것을 대서특필하기도 했다. 더욱이 1911년 6월, 헤럴드는 항구로서의 시드니의 우위를 높이 평가하며 "시드니는 영연방의 주요 항구이자 태평양의 거대한 유통 중심지가 되는 것을 피할 수 없다"고 선언했다(Spearrit, 2000: 5-6).

당시 시드니의 인구가 증가한 것은 한창 호황을 이루었던 포경 산업(whaling industry)의 발전이 그 이유 중 하나로 손꼽힐 수 있다(Howard, 2011). 포경 무역은 19세기 동안 수백 척의 선박과 수천 명의 인력을 고용하고 1850년까지 420만 파운드 상당의 수출 상품을 식민지에 제공하는 호주의 주요 산업이었는데, 시드니를 기반으로 한 함대에서 생산하는 고래 기름의 가치는 1825년에서 1879년 동안 260만 파운드에 이르렀다(Gill, 1966: 128).

영국이 본격적으로 포경을 위해 남쪽으로 진출한 것은 1776년부터 시작된 미국의 독립 전쟁의 영향이었다. 이 전쟁으로 인해 미국이 영국에 미국산 향유고래(spem whale)기름 수출을 중단함에 따라 당시 경제 발전을 위해 향유고래기름을 많이 필요했던 영국으로서는 대안을 마련했어야 했다. 이후 영국은 선단을 남대서양으로 보내기 시작했고, 1788년 런던의 고래잡이 호인 에밀리아호가 혼곶(Cape Horn)을 돌아 태평양 진입에 성공한 이후 태평양에서의 고래잡이가 본격화되었다. 에밀리아호는 당시 처음 태평양에 진입한 후 2년만에 향유고래기름을 가득 싣고 귀국했다고 알려져 있다. 최초의 태평양 포경지는 페루 연안이었는데 그 연안에는 향유고래가 많았고, 남미 해안의 스페인 식민지 항구에서 보급품을 조달하기도 원활했다. 그러나 1797년 영국이 스페인과 전쟁을 시작하며 스페인 식민지에 영국 포경선이 출입하기 어려워졌고, 스페인 군함은 포경선을 나포하기도 했다. 그에 대한 해결책으로 시드니는 영국 포경선의 기지로서 점차 역할을 하기 시작했다(Gill, 1966: 116-118; Gibbs, 1995).

사실 영국의 포경선과 바다표범 사냥꾼들이 시드니를 방문하기 시작한 것은 스페인과의 전쟁이 발발하기 전부터였다. 영국의 포경선단은 시드니가 식민지로 건설된 첫 10년 동안 포트 잭슨(Port Jackson)을 가장 많이 방문했던 것으로 알려져 있다. 1800년 이전에 정부가 보낸 죄수 수송선과 저장선의 3분의 1 이상이 영국의 포경선 선단이었다. 이 선단은 포트 잭슨에서 화물을 내린 후 시드니를 기반으로 무역을 한 것으로 알려졌다. 시드니는 지리적으로 무역업 및 포경산업이 성행하기 좋은 조건에 있었다. 특히, 태평양에 위치한 향유고래 포경지와 상대적으로 가까운 편이었고, 향유고래 외의 다른 고래 종들도 태평양 해안을 따라 이동하는 등 유리한 환경적 조건을 제공하고 있었다. 다만, 심해 포경을 위해서는 약 1만 파운드 이상의 자본이 필요했기 때문에 시드니 상업 커뮤니티는 쉽사리 포경업에 뛰어들긴 힘들었다(Mills, 2016: 42-45). 시드니 소유의 최초의 고래잡이 선박은 1805년

6월 27일 시드니를 떠나 7월 중순까지 더웬트 하구(Derwent Estuary)에서 남방긴수염고래를 위해 포경을 하던 Lord, Kable 및 Underwood 소유의 킹 조지호(King George)이며, 시드니 현지 최초의 향유고래 포경은 1805년 9월 5일 포트 잭슨을 출발했던 아르고호(Argo)였다(Pearson, 1983: 41-42).

포경 산업은 시드니와 같은 식민지에 경제적 이득을 가져다준 주요 산업 중 하나였다. 포경업이 가장 활발했던 시기로 알려진 1820년부터 1855년까지 포트 잭슨항에서는 약 558회의 원양 혹은 심해 포경선이 출항한 것으로 알려졌다. 시드니 항은 심해 포경선 정박을 위한 역할 뿐 아니라 호주와 뉴질랜드의 다른 포경기지로 사람과 장비를 나르는 소형 선박의 정박지로도 역할을 했다. 초기에는 고래 개체수가 풍부했고 포경 산업에 뛰어든 선주가 많지 않아 소수의 선주에게 큰 수익을 가져다주었다. 예를 들어 1820년대 시드니 심해 포경선은 매달 평균 81배럴의 기름을 채취해갔다고 알려져 있다. 이는 1830년대에 그 최고조에 이르렀는데 당시 시드니와 호바트에서는 약 120여 척의 선박이 포경 산업에 활용되었다고 한다. 이 산업의 호황 시기 동안 무차별적인 포획으로 인해 개체수가 줄고 경쟁이 치열해짐에 따라 포경 산업은 점차 쇠퇴의 길을 걷게 된다. 1840년대에는 매달 평균 38배럴 정도의 고래기름을 채취했는데 이는 20여 년 전 수준에 비해 절반이상으로 감소한 수치이다. 그 결과로 기업의 수익은 점차 감소했으며 선원의 임금 수준 역시 급격히 감소하기 시작한다. 결국 선주들은 경험 있는 선원을 구하는 데 어려움을 겪었으며 이로 인한 생산성 감소를 경험하게 된다(Beever, 1969; Jackson, 1977).

## IV. 호주의 이주 정책과 이주 관문도시로서의 시드니

### 1. 호주의 이주 정책 형성 및 변화

영국이 처음 호주로 정착민을 보낸 것은 1788년이다. 1840년대까지 호주로 이주한 혹은 이주당한 사람들은 주로 영국의 수감자들이었다. 이후 노동력 제공을 위해 유럽의 이주자들이 호주로 와서 정착하게 되는데, 1900년대 초반까지 주로 남부 유럽의 이주자들이 이주민 인구의 대다수를 차지했다. 아시아계 이주자는 1850년대 골드러시 이전에도 있었는데, 당시 1840년대에 말레이시아와 인도네시아에서 사용된 방식으로 중국의 쿨리 노동자를 이주하려 했지만, 호주 노동자들의 반발로 이 계획은 실패하였다(McDonald, 2019). 하지만 1850년대 호주에서 금이 발견되자 이주자 인구는 폭발적으로 증가하게 된다. 특히, 중국인 이민자의 수가 크게 증가했는데, 1856년 한 해에만 12,396명의 중국인이 호주로 이주한 것으로 알려져 있으며, 1861년 통계에 따르면 중국인 이주자는 38,258명으로 당시 호주 인구의 3.3%를 차지했다. 1857년 첫 6개월 동안 약 15,000명의 중국 이민자들이 남호주의 구이첸 만 항구(Guichen Bay)에 도착했다. 그 후 빅토리아의 로비로 인해 1857년 남호주와 1861년 뉴사우스웨일스로의 중국인 이주가 제한되었고, 1861년 램빙 플랫(Lambing Flat)에서 발발한 중국인 노동자 폭동 이후에는 뉴사우스웨일스는 법력을 제정해 중국 노동자들은 광산을 도망쳤어야 했다.[4] 1861년 호주 전역에서 중국 태생 남성은 38,247명, 중국 태

---

4 램빙 플랫 폭동은 1861년 발생한 반중국 시위였다. 1861년 6월 30일 밤 약 2,000에서 3,000명 규모의 유럽, 북미, 호주의 금광산 광부들이 2,000여명 남짓한 중국인 광부들을 공격했다. 이 지역을 벗어난 200여명의 중국인들이 Back Creek 굴착지로 이동해 진을 치고 지냈지만 이들의 진지를 공격

생 여성은 11명으로 전체 인구의 약 3.2%를 차지했다(Jackson, 1977: 111).

당시 중국인 이주자들은 '고용 노예(indentured labor)' 계약의 형태로 호주에 넘어왔다. 골드러시 기간 동안 중국 이주민 인구가 급증했고, 이들은 이후 시드니, 멜버른과 같은 대도시에 정착하여 상업, 무역업 등 사회 전반에 영향을 미치고 있었고, 이들의 영향력은 1880년대에 들어 본격적인 반중국정서(anti-Chinese sentiment)와 부딪히며 사회적인 갈등 관계에 놓이게 된다. 19세기 후반 호주의 대중 언론은 중국인에 대해 인종차별적인 시각에서 매우 부정적으로 묘사했다. 1861년부터 1901년까지 호주의 중국 태생 인구는 실질적으로 감소했지만 호주 연방 정부는 1901년 백호주의 정책(White Australia Policy)을 발표하게 된다. 당시 국회의원들의 발언을 보게 되면 아시아계 이주자에 대한 노골적인 반감이 있음을 알 수 있다. 에드먼드 바튼(Edmund Barton)의 경우 "열등하고 부적절한 아시아 사람들이 호주에 도착해 백인 호주인의 미래"를 위협하고 있다고 말했다. 이후 이러한 일을 막기 위해서 백호주의 정책을 옹호했으며 총리가 된 후 1901년 발효된 이민제한법(Immigration Restriction Act)과 백호주의 정책을 법안으로 통과시켰다(Patapan, 2016).

20세기 초반에는 "받아들일 수 있는 유럽인"의 개념은 북유럽인에서 남유럽인으로 확장되기 시작했는데, 1950년대까지 호주로 이주한 사람들의 국적을 살펴보면, 이탈리아, 그리스, 몰타 순으로 많았고, 비유럽계 사람

---

해 파괴하고 소유물을 약탈했다. 당시 알려진 사망자는 없었지만 두 가지 후폭풍을 가지고 왔는데, 첫째, 시드니의 의회입법부는 반중국 법안을 기각했으며, 둘째, 약 1,500명여며의 중국인 광부들이 Burrangong 지역으로 복수를 위해 가고 있다는 거짓 소문이 돌았다고 한다. 자세한 내용은 가디언지 기사 "The riots history erased: reckoning with the racism of Lambing Flat"을 참고하라. https://www.theguardian.com/artanddesign/2018/aug/07/the-riots-history-erased-reckoning-with-the-racism-of-lambing-flat (검색일 2023.01.10.)

들의 이주는 허용되지 않았다(de Lepervanche, 1975; Castles and Miller, 2009: 190). 따라서 유럽계 이주자는 순증가 했으며, 비유럽계 이주자의 수는 지속적으로 감소했다. 1940년대부터 호주는 아시아에 대한 관계성 및 연결성을 강화하고자 했고 이는 외교, 정치, 경제 분야 등 다양한 방식의 노력으로 발현되었다(Brawley, 1998). 하지만 1973년 백호주의 정책이 폐기되기 전까지 비유럽 인구의 호주 이주는 상당히 제한적이었다.

호주는 아시아인 이주 그리고 베트남 보트피플로부터 시작해 본격적으로 난민을 받아들이면서 환태평양 관계성을 맺기 시작했다고 볼 수 있다.[5] 물론 백호주의 정책은 국제 정서와 호주 국내 환경 변화 등 여러 가지 복합적인 요인에 의해 폐기되었다고 할 수 있다. Jupp(1995)는 1973년 호주 백호주의 정책 폐기에 영향을 미친 아시아를 둘러싼 몇 가지 주요한 사건들을 제시했다. 몇 가지 주요 전환점을 보게 되면 1942년 제2차 세계대전 중 일본군의 손에 싱가포르의 함락된 것, 1951년부터 콜롬보계획에 의해 유학생을 유치한 것, 1957년 일본과의 무역 협정 체결, 1965년 베트남전 참전, 1966년 제한적인 이민에 관한 법률 수정 및 1973년 백호주의 정책 폐기, 1970년대 항공을 통한 왕래로 전환하며 대영국 무역, 투자, 이민 감소 등은 호주에게 결정적인 순간이라고 지적하고 있다. 그런 의미에서 비유럽인에 대한 정책적 변화 역시 호주 정부의 대외 정책 변화와 궤를 같이한다고 할 수 있다. 비유럽 이주민을 본격적으로 받아들이게 된 계기는 1973년 백호주의 정책

---

5 영국은 호주와 다소 다른 길을 걷게 되는데 1962년과 1968년 제한적인 이민법을 제정했으며, 1973년 유럽 공동체(European Community)에 가입하며 유럽 국가간 연결성을 강화했고, 1947년부터 1980년 사이 홍콩을 제외한 모든 아시아-태평양 영토에서 발을 빼게 된다. 심지어 1997년에는 홍콩을 중국에 반환하며 대영제국의 영속적인 유산은 아시아에서 찾아보기 어렵게 되었다. 이 시점부터 영국이 점차 아시아 지역에서 멀어진 반면, 호주는 영국과의 강력한 연결고리를 느슨하게 하며 아시아에 더 가깝게 관여하기 시작한 것이다.

이 폐기하면서부터이다. 1973년 앨 그래스비(Al Grassby) 호주 이민국 장관은 필리핀에서 있었던 언론 인터뷰에서 비유럽인의 이민을 엄격하게 제한했던 '백호주의 정책'을 거부하며 다음과 같이 말했다. "[백호주의 정책] 그것은 죽었다. 나에게 삽을 주면 묻어버리겠다"(Jones, 2014). 앞서 언급된 사건들은 환태평양 지역 및 호주에 미국의 영향력을 확대하기도 했지만, 결과적으로 호주의 환태평양 국가로서의 위치, 지리적 근접성이 중요함을 상기시켜주었다고 한다.

또 다른 견해로는 1951년부터 시행된 콜롬보계획(Colombo Plan)을 통해 아시아의 학자들과 학생들이 호주로 오게 되는데, 이것이 호주의 백호주의 정책 폐기에 영향을 미쳤다고 의견도 있다(McDoland, 2019). 특히, 1966년도 자료에 따르면 콜롬보계획을 통해 약 12,000명의 아시아 학생이 호주에서 수학하고 있는 것으로 알려졌다.

> "아시아 개발에 대한 호주의 관여 증가, 아시아 국가들과의 급격한 무역량 증대, 아시아 지역에서 더 큰 규모의 개발 원조 프로젝트 참여, 약 12,000명이 넘는 아시아 유학생, 호주의 군사적 노력 확대, 외교적 접촉 규모의 증가, 아시아 국가로, 아시아 국가로부터의 관광 활성화 등 현재 우리가 목격하는 것들은 바람직한 현상이다"(House of Representatives, 1966).

1973년 백호주의 정책은 폐기되었지만, 하나의 호주, 하나의 국가, 호주 우선주의(One Australia, One Nation and Australia First)라는 기치가 1980년대 떠오르기 시작했다. 이는 궁극적으로 증가하고 있던 아시아 이민에 대해 반대의 목소리를 내는 것이었는데, 1984년 호주의 저명한 역사가인 제프리 블레이니(Geoffrey Blainey)는 아시아인의 유입이 사회 구조를 위협하고 있다고 언급했고, 1988년 야당의 지도자로서 존 하워드(John Howard)

는 "하나의 호주(One Australia)"라는 정책을 개발했다. 이러한 정책은 당시 다문화에 기반에 이민자를 정착시키려는 초당적 노력을 일시에 물거품으로 만들었다(McDonald, 2019: 90).

McDonald(2019)는 당시 "하나의 호주"라는 정책은 아시아인이 호주인의 일자리를 차지할 것이라는 경제적 기반의 두려움에서 온 것이 아니라 이민자가 호주인의 삶의 방식을 어떤 방식으로든 위협할 것이라는 사회적 기반에서 온 것이라고 지적했다. 하지만 이러한 사회적 움직임과는 대조적으로 1996년 이후 아시아계 이민의 확대는 경제적 동기, 주로 숙련된 노동력에 대한 지속적인 수요에 의해 주도되었으며, 아이러니하게도 중국이 호주의 가장 중요한 경제 무역 동반자로서 부상함에 따라 불가결한 현상으로 여겨질 수밖에 없었다.

## 2. 이주 관문도시로서의 시드니

이 글의 서두에서 언급했듯이 시드니는 현재 호주 최대의 도시이자 사람과 물건이 오고 가는 주요 관문도시 역할을 하고 있다. 하지만 시드니가 줄곧 호주 제1관문도시의 역할을 한 것은 아니다. 호주가 영연방의 자치국가로 인정받은 1901년에 사우스오스트레일리아주(남호주)의 애들레이드, 빅토리아주의 멜버른, 퀸즐랜드주의 브리즈번, 웨스턴오스트레일리아주(서호주)의 퍼스가 개별 연방주의 정치·경제적 중심지 역할을 하고 있었다(Short, Breitach, Buckman and Essex, 2000: 326). 특히, 멜버른 같은 경우 1850년 대 골드러시(Gold Rush)의 중심지에 있었으며 이후 많은 이주자들이 멜버른에 자리를 잡으며 호주의 국제적 도시로 역할을 했다. 이어 1956년 시드니보다 앞서 하계 올림픽을 개최함으로써 관문도시로서의 위치를 재확인하게 된다.

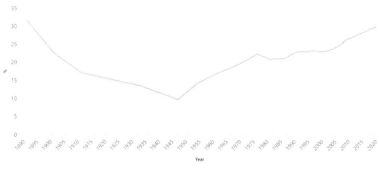

Graph 1.1 Percentage of overseas-born, Australia - at 30 June - 1891 to 2020(a)(b)

a. Census years only until 1981. Post-1981 based on estimated resident population at 30 June.
b. Population estimates for 2020 are preliminary - see ERP status in paragraph 9 of the Methodology.

Source: Australian Bureau of Statistics, Migration, Australia 2019-20 financial year.

출처: ABS(2021)

시드니는 영구 정착민뿐만 아니라 시드니와 다른 세계 도시 사이를 순환하는 수많은 임시 이주자들을 위한 중요한 관문 기능을 하고 있다. 더욱이, 이 그룹에는 전직 또는 세계 노동 시장 내에서 직업을 바꿀 때 한 세계 도시에서 다른 도시로 이동하는 초국가적인 사람들이 포함된다. 높은 수준의 기술과 수입으로 그들은 어느 시점에서든 세계 도시에서 중요한 존재감을 나타내며 경제 성장과 노동 시장에서 중요한 역할을 한다. 그것들은 세계 도시들을 특징짓고 영향을 미치는 이주 특징들의 목록에 추가될 필요가 있다(Hugo, 2008: 76). 시드니는 호주에서 영업하는 국제 및 국내 은행 본사의 약 4분의 3 정도가 위치하고 있다. 아울러 호주 최대의 증권거래소 및 유일한 선물거래소가 시드니에 있다. 시드니의 주요 경쟁력은 제1 공항인 킹스포드 스미스 공항(Kingsford Smith)의 우월한 여객 유치 및 물동량, 온화한 기후를 자랑하는 날씨, 다문화적 특성으로 손꼽힌다(Ley and Murphy, 2001: 124). 특히, 2000년 하계 올림픽을 유치하며 시드니 특유의 다문화적 민족 구성의 특성을 강조했다.

시드니의 인구 구성을 살펴보기에 앞서 우선 호주의 전반적인 이주민 비율을 살펴보고자 한다. 〈그림 1〉에 나타난 것처럼 1800년대 후반까지 골드러시로 인한 중국계 인구 유입, 유럽계 이주자 유입 등으로 30%가 넘는 이주민 비율을 가지고 있었으나, 이후 이민차별법, 백호주의 정책 등이 1900년대 초반 발효되면 비유럽계 이주민 수가 줄어들기 시작했고 이러한 현상은 1950년대까지 지속되었다. 하지만, 제2차 세계대전이 끝난 후 인구 감소, 노동력 부족 등으로 위기를 느낀 호주 정부는 "인구를 늘리지 않으면 소멸한다"는 기치 아래 남유럽계 이주자 등을 적극적으로 수용했고 이후 1971년 백호주의 정책을 폐기하면서 이주자 비율이 급속하게 늘어나게 된다(National Archives of Australia, n.d.).

〈표 3〉 2021년 시드니 인구의 출생지 및 인구수

| 출생지 | 인구수(명) | 출생지 | 인구수(명) |
|---|---|---|---|
| 호주 | 2,970,737 | 이라크 | 52,604 |
| 중국 | 238,316 | 한국 | 50,702 |
| 인도 | 187,810 | 홍콩 | 46,182 |
| 영국 | 153,052 | 남아프리카 | 39,564 |
| 베트남 | 93,778 | 이탈리아 | 38,762 |
| 필리핀 | 91,339 | 인도네시아 | 35,413 |
| 뉴질랜드 | 85,493 | 말레이시아 | 35,002 |
| 레바논 | 61,620 | 피지 | 34,197 |
| 네팔 | 59,055 | 파키스탄 | 31,025 |

주: ABS(2021)를 바탕으로 수정

시드니의 인구 구성을 보게 되면 2021년 인구총조사에 따르면 시드니의 인구는 현재 약 5백 3여만명으로 조사되었는데 그중 호주에서 출생한 인구 수가 약 3백만명 그 외의 국가에서 출생한 인구가 약 1백여만 명 정도로 나타났다. 호주에서 해외 출생 인구의 비율이 가장 높은 지역은 시드니 서부의 오번(Auburn)이다. 아래의 표에서 볼 수 있듯이. 2021년에는 인구의 61.7%

<표 4> 해외 출생 인구 비율이 높은 지역

| Top 10 SA3s | 해외 출생 인구(명) | 총인구(명) | Proportion of SA3(%)6 |
|---|---|---|---|
| Auburn (NSW) | 63,835 | 103,544 | 61.7 |
| Dandenong (Vic.) | 108,788 | 193,644 | 56.2 |
| Fairfield (NSW) | 109,467 | 195,172 | 56.1 |
| Parramatta (NSW) | 83,557 | 152,128 | 54.9 |
| Melbourne City (Vic.) | 81,815 | 149,601 | 54.7 |
| Sunnybank (Qld) | 26,611 | 50,190 | 53.0 |
| Monash (Vic.) | 92,887 | 182,833 | 50.8 |
| Canning (WA) | 49,860 | 99,139 | 50.3 |
| Strathfield - Burwood - Ashfield (NSW) | 81,081 | 161,666 | 50.2 |
| Canterbury (NSW) | 69,732 | 141,091 | 49.4 |

주: ABS(2021)를 바탕으로 수정

가 해외에서 태어났으며 이는 2016년의 60.0%에서 증가한 수치이다. 표에서 보듯이 인구통계조사의 통계 영역 수준 3 지역(Statistical Areas Level 3, SA3)에서 상위 10개 지역 중 5개 지역이 시드니 대도시권에 속해있다: 오번(Aurburn), 페어필드(Fairfield), 파라마타(Parramatta), 스트라스필드-버우드애쉬필드(Strathfield-Burwood-Ashfield), 캔터베리(Canterbury).

<표 5> 호주의 각 주별 단기방문객의 숫자, 2019-2022(단위: 명)

| 주명 | 2019년 10월 | 2021년 10월 | 2022년 9월 | 2022년 10월 |
|---|---|---|---|---|
| NSW | 285,200 | 980 | 128,980 | 150,840 |
| Vic. | 195,580 | 610 | 90,290 | 110,020 |
| Qld | 169,720 | 1,390 | 86,910 | 96,970 |
| SA | 23,440 | 170 | 12,020 | 14,680 |
| WA | 77,630 | 660 | 41,290 | 44,870 |
| Tas. | 6,830 | 340 | 3,030 | 5,220 |
| NT | 7,460 | 190 | 3,860 | 2,560 |
| ACT | 8,110 | 60 | 5,430 | 5,300 |
| Australia(a) | 774,020 | 4,410 | 371,850 | 430,470 |

주: ABS(2021)를 바탕으로 수정

단기방문객은 150,840명으로 전년 동월 대비 149,860명이 증가하였다. 2022년 10월 여행 횟수는 2019년 10월 COVID 이전 수준보다 47.1% 감소했다. 2022년도 10월 기준 단기 방문객 중 가장 큰 비중을 차지한 국가는 뉴질랜드로 약 27,000명이 방문했고, 다음으로 미국(18,740명), 영국(16,750명) 순으로 나타났다. 코로나 발발 이전 시기도 비슷한 양상이었으나 한국 단기 방문객의 숫자가 2019년 10월 기준 12,000여 명 수준에서 2022년에는 3,600여 명으로 대폭 감소한 것은 눈에 띈다.

그렇다면 호주 통계청에서는 어떻게 문화적·민족적 다양성에 대해서 조사하고 수치화하는가? 기본적으로 통계청 인구조사 자료는 혈통(ancestry), 출생국가(country of birth), 영어 능력(English proficiency), 구사 언어(language spoken), 원주민 지위(indigenous status), 종교(religious affiliation) 등으로 구분해 문화적·민족적 다양성을 측정하고 있다. 다만 민족 혹은 종족에 대한 구체적인 정의는 제시하고 있진 않으나 Borrie(1986)가 제안한 아래와 같은 몇 가지 특징이 기반해 민족성에 대한 특성을 규정하고 있다.

- 그 기억이 여전히 살아있는 오래된 역사
- 가족 및 사회적 관습을 포함한 문화적 전통, 때로는 종교적 기반
- 공통의 지리적 기원
- 공통 언어(단, 반드시 해당 그룹에 국한되지는 않음)
- 일반적인 문헌(서면 또는 구두)
- 일반적인 종교
- 소수자(종종 억압받는다는 느낌으로)
- 인종적으로 눈에 띄는 것(ABS, 2022)

최근 호주의 연구기관인 Lowy Institute의 조사에 따르면 코로나 팬데믹 이후 호주의 국경 개방과 이민 정책에 대해 우호적인 태도를 보이는 의견이 늘어난 것으로 조사되었다. 이 조사에서 호주인 10명 중 7명(68%)은 '전 세계 사람들에 대한 호주의 개방성이 국가로서의 정체성에 필수적'이라고 답하며, 이는 2018년보다 15% 포인트 증가한 수치다. 반면 10명 중 3명(31%)은 '호주가 전 세계 사람들에게 너무 개방적이면 국가로서의 정체성을 잃을 위험이 있다'라고 응답해 지난 4년 전 조사에 비해 10% 포인트 감소한 것으로 나타났다. 다만, 국경 개방과 이민에 있어 세대간 차이를 보인다. 18~44세까지의 그룹에서는 10명 중 8명(79%)이 '개방성'이 호주의 정체성 유지에 필수적이라고 응답했지만, 45세 이상에서는 58%만이 같은 응답을 했다(Lowy Institute, 2022).

〈그림 2〉 호주 국경 개방과 이민 정책에 대한 인식 조사

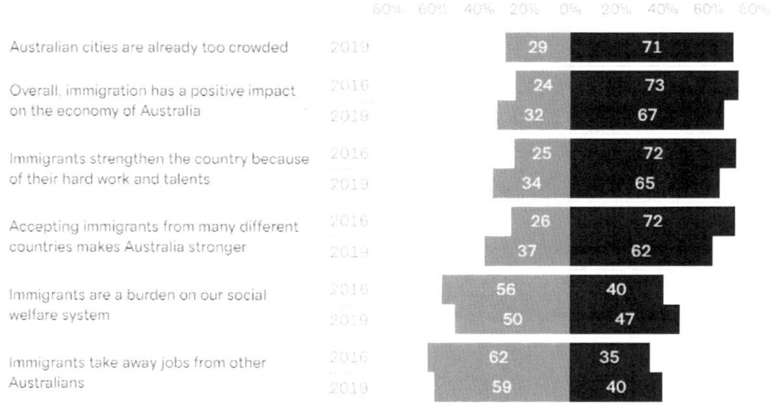

| | | 60% | 60% | 40% | 20% | 0% | 20% | 40% | 60% | 80% |

Australian cities are already too crowded — 2019: 29 / 71

Overall, immigration has a positive impact on the economy of Australia — 2016: 24 / 73 — 2019: 32 / 67

Immigrants strengthen the country because of their hard work and talents — 2016: 25 / 72 — 2019: 34 / 65

Accepting immigrants from many different countries makes Australia stronger — 2016: 26 / 72 — 2019: 37 / 62

Immigrants are a burden on our social welfare system — 2016: 56 / 40 — 2019: 50 / 47

Immigrants take away jobs from other Australians — 2016: 62 / 35 — 2019: 59 / 40

출처: Lowy Institute Poll(2022).

난민을 수용하는 것은 국가의 이주 정책 및 도시의 포용성을 나타내는 하나의 지표로 여겨질 수 있다. 호주는 난민 협약(Refugee Convention)에

가입한 최초의 당사국 중 하나인데 1954년 1월 22일에 난민 협약에 가입하게 된다. 이후 난민 지위에 관한 1967년 의정서(1967 Protocol Relating to the Status of Refugees)를 1973년 12월 13일 비준했다(Kirby, 2016). 1977년부터 UNHCR의 난민 재정착 프로그램에 참여를 해왔으며 이후 전 세계적으로 세 번째로 많은 재정착 난민을 받아들이고 있다. 2015년도의 UNHCR 보고서에 따르면 호주는 총 5,211명의 재정착 난민을 받아들였는데, 이는 미국의 52,582명, 캐나다의 10,236명에 이어 세 번째로 많은 수치이다(UNHCR, 2017).

〈그림 3〉 호주 재정착 난민 수(2003-2021)

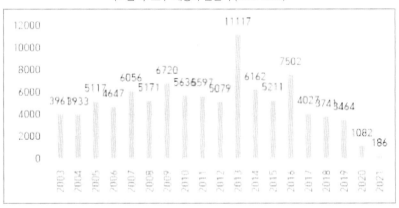

출처: UNHCR(2022)을 바탕으로 수정

UNHCR의 재정착 데이터에 따라 재정착 난민의 국적별 난민 수를 살펴보게 되면 총 10개 각기 다른 국가 출신의 난민을 받은 것으로 나타난다. 10개국을 보게 되면 난민 수가 높은 비중 순으로 미얀마(22,543명), 이라크(15,080명), 아프가니스탄(10,717명), 콩고민주공화국(8,297명), 수단(7,190명), 시리아(3,035명), 소말리아(2,873명), 에리트레아(2,288명), 남수단(472명), 베네수엘라(74명)이다.[6] 대륙별로 난민을 구분해보자면 아시아 국적 난민(미얀마, 이라크, 아프가니스탄, 시리아)이 가장 큰 비중을 차지하고 있고, 다음으로 아프리카 대륙(콩고민주공화국, 수단, 소말리아, 에리트레아, 남수단)에서 온 난민 그리고 남미 대륙(베네수엘라)에서 온 난민으로 나뉠 수 있다. 호주의 각 도시별로 어느 정도의 난민이 거주하는지 정확한 통계는 없지만, 시드니는 다른 도시보다 원주민 비율, 성소수자 비율, 다문화 가정 비율, 난민 및 망명 신청자 거주 비율이 높은 것으로 알려져 있다. 특히 2005년부터 난민의 거주와 활동을 지원하는 난민 환영 구역(Refugee Welcome Zone)을 운영하고 있으며 이를 통해 거주 시설 지원, 체육 시설 사용 지원, 도서관 등 문화 시설 사용을 지원하고 있다(the City of Sydney, n.d.).

## V. 호주의 환태평양 연계성에서 이주와 도시의 역할

이주와 도시의 역할이라는 관점에서 호주의 환태평양 및 아시아 연계성은 다음과 같이 정리될 수 있다. 첫째, 호주 연방의 전체적인 이주 정책이 백인 혹은 유럽계 위주의 백호주의 정책에서 이를 폐기하며 본격적으로 비유럽계 및 아시아 이주자를 수용하기 시작했으며 이는 호주의 국제 관계 노선 변화와도 맞물린다고 할 수 있다. 특히, 호주의 질적이고도 진정한 아시아의 관계성 형성은 1972년 휘틀럼(Whitlam) 정부가 중국 공산당을 인정하면서

---

6  시리아 난민은 2003년부터 받아들이기 시작했으나 2005년, 2009년을 제외하고는 재정착 난민이 없었고, 2012년부터 시리아 난민이 재정착하기 시작했다. 남수단의 경우 2012년부터 2020년(2018년 제외)까지의 수치이며, 베네수엘라 난민은 2019년부터 재정착을 시작했다.

부터 시작되었고 1983년부터 1990년대까지의 호크(Hawke)와 키팅(Keating) 정부에 의해서 본격적으로 표현된 것으로 보고 있다(Halvorson, 2019) 이러한 호주 정부의 전략적 변화는 동남아시아의 탈식민화 및 아시아 지역 전반에 걸친 냉전에 대한 공통의 규범과 안보에 대한 우려 때문에 아시아에 대한 "깊고 진정한 정치적 관계(deep and genuine political relationships)" 를 끌어냈다고 평가받고 있다(Halvorson, 2019: 159).

둘째, 호주는 백호주의 정책(White Australian Policy)이 폐기된 1973년 이래 다문화주의에 입각해 국가가 중심이 되어 이주 정책을 마련해왔다. 경제·사회 발전을 위해 이민자 유입을 적극적으로 장려했고 이는 다시금 다문화사회를 구성하는데 기여를 했다고 볼 수 있다. 이는 특히 시드니라는 관문도시의 관점에서 분석될 수 있는데, Fielding(1992)에 의해 제안된 에스컬레이터 지역(Escalator Region, ER)은 시드니의 관문도시 역할을 설명하고 이해하는 데 유용한 설명의 틀이 될 수 있을 것이다. 에스컬레이터 지역(ER)이라고 함은 어떤 한 도시 혹은 지역이 개인의 사회적 이동 혹은 이주에 있어 중간지 역할을 한다는 것이다. 즉, 에스컬레이터가 점차 상승하는 것처럼 다음의 세 단계를 거쳐 국내외 이주의 관문 역할을 한다는 것이다 (Fielding, 1992; Hugo, 2008; Gordon et al., 2015). 첫 번째 단계 ER은 에스컬레이터에 올라타는 단계로 직장 생활 초기 단계에 있는 잠재력을 가진 젊은 사람들을 이 지역으로 끌어들이는 단계이다. 이러한 지역은 대개 다른 지역 혹은 도시보다 나은 교육환경, 일자리 획득 기회, 생활 환경 등이 있다. 두 번째 단계로는 ER로 이주하여 지내는 이민자들에게 직장 생활을 할 수 있는 기회를 제공함에 따라 상위 사회로의 이동성(upward social mobility) 을 가속화하는 단계이다. 즉, 에스컬레이터를 타고 빠르게 올라가는 과정이라고 할 수 있다. 세 번째는 ER 지역에서 축적한 경제적, 사회적 자본을 바탕으로 에스컬레이터에서 내려 국내외 이주를 포함 상위도시 혹은 지역으로 이동하는 단계이다. 시드니는 2021년 인구통계조사 자료 기준으로 약 5백 20만 명이 거주하는 가장 큰 도시이다.[7] 아울러 2016년 글로벌네트워크 연결성(Global Network Connectivities, GNC) 조사에서 총 707개의 도시 중 10위(61.28%)에 순위하며 상위권을 차지했다. 가장 높은 연결성 지수를 보이는 도시는 런던, 뉴욕, 싱가포르, 홍콩, 파리 순으로 나타났고, 호주 내에서 시드니와 쌍벽을 이루는 대도시인 멜버른은 30위(48.14%)를 기록했다(World City Network, 2016). 즉, 시드니는 인구 이동의 관문도시로서, 글로벌네트워크 연결성이 높은 도시로서 호주의 주요 관문도시로 역할하고 있으며 이주자들은 이 도시 속에서 물리적 공간을 형성하고, 융합하고, 또는 분화하며 지내왔다고 볼 수 있다.

물론 이러한 다문화 정책을 표방하는 호주와 이주 관문도시 시드니에도 어두운 면이 존재한다. 지난 2014년 시드니의 번화가에서 인질극이 벌어졌는데 인질범 1명을 포함 총 3명의 사망자와 4명의 부상자가 발생한 사건이었다(ABC News, 2014). 사건 초기 무슬림에 대한 인종차별 그리고 종교적 신념에 의한 테러 사건으로 분석되었으나, 그보다는 이슬람 극단주의 세력(IS)에 속한 개인 즉, '외로운 늑대(lone wolf)'에 의한 테러 공격으로 파악되었다(Dickson, 2015). 이러한 인종적 혹은 종교적 원인으로 인한 극단적인 사건은 드물지만, 일상생활 특히 코로나 팬데믹 이후 동양인에 대한 차별이 과거에 비해 상대적으로 증가했다는 분석이 나오고 있다. 2022년 3월 발

---

7  Australian Bureau of Statistics의 2021년 6월 30일 기준 인구통계조사에 따르면 시드니 다음으로 큰 도시는 멜버른으로 약 4백 90만명, 브리즈번이 약 2백 50여만 명이 거주하고 있다. 다면 2011년부터 2021년 기간 동안 멜버른의 인구가 가장 큰 폭으로 증가(약 80여만 명, 19.4%)했으며, 시드니는 그 뒤를 이어 약 65만 명의 인구 증가(14.1%)를 보였다.

표된 다양성 위원회 조사 보고서(Diversity Council Report)에 따르면 43%의 비백인계(non-white) 직장인이 직장에서 차별적인 경험을 당했다고 보고했다. 인종차별 문제 해결을 위한 사회적 비용 역시 증가했다고 보고하고 있는데, 2001년 2천1백억 호주 달러에서 2011년 5천4백억 호주 달러로 그 비용은 증가했다고 밝혔다(Mansouri, 2022). 다만 최근 들어 이러한 인종차별적 행위는 교육, 캠페인, 인권 옹호 활동 등에 의해 다소 감소하는 추세다. 2022년 Lowy Institute의 설문조사에 따르면 중국계 호주인이 겪은 인종차별적 발언의 비율이 2020년 응답자의 30%에서 2022년 응답자의 21%로 감소한 것이다. 신체적 공격을 겪은 응답자 비율 역시 2020년 18%에서 2022년 14%로 소폭 감소했다(Hale, 2023).

## VI. 결론

이 연구는 호주의 환태평양 연계성, 특히 아시아와의 연계성을 이주의 관점에서 살펴보았다. 특히, 사람과 물자의 이동이 직접적으로 이루어지고 있는 도시라는 단위에서 그 동학이 어떻게 형성되는지를 사례로 연구했다. 시드니는 호주 최대의 도시로 호주 정부의 다문화 정책에 기반해 이주민 및 인구 구성을 보이고 있으며, 관문도시의 역할을 하고 있다. 이러한 시드니의 관문도시로써의 기원은 대영제국의 식민 시절로 거슬러 갈 수 있으며, 당시 산업 구조, 사람의 이동에 있어 시드니는 주요한 통로 역할을 했기 때문이다. 물론 이주한 사람들이 어떻게 도시 내에서 공간을 구성하고 상호작용하는지에 대한 면밀한 분석이 있어야 시드니가 어떻게 이주의 관문도시로서 역할하는지 파악될 것이다. 다만, 도시 내 공간 구성이라는 주제는 이 연구의 범위는 아니기에 민족 혹은 종족별로 어떠한 특성을 가지고 도시 공간을 구성하는지에 대해서는 후속 연구에서 다루고자 한다. 그럼에도 불구하고 이 연구에서 살펴본 호주 정부의 이민 정책 변화 그리고 시드니의 관문도시로서의 역할은 호주의 환태평양 연계성을 잘 설명한다고 볼 수 있다. 경제·외교·안보 분야에서의 아시아적 정체성 주장과 더불어 이민 정책과 사람의 이동은 이주라는 현상이 한 국가의 정체성 형성과 대외 관계에도 영향을 미친다고 볼 수 있다. 특히, 시드니는 사람의 이동과 정착(혹은 난민의 재정착)이라는 현상이 두드러지게 나타난 관문도시로서 역할 했으며, 호주가 배타적 이주 국가에서 다문화 포용 국가로 변모하는데 기여했음 알 수 있다.

# 참고문헌

김범수. 2012. ''호주인'의 경계 설정: 호주 민족 정체성의 등장과 변화', 아시아리뷰, 2(1), 207-244.

김성한. 2008. '지역주의와 다자동맹: 동아시아에서의 공존 가능성에 대한 시론', 국제정치논총, 48(4), 7-34.

김정규. 2010. '미국, 캐나다, 호주의 다문화주의 비교연구', 사회이론, 6(37), 159-203.

문경희. 2008. '호주 다문화주의의 정치적 동학: 민족 정체성 형성과 인종·문화 갈등', 국제정치논총, 48(1), 267-291.

문경희. 2010. '호주의 아시아 관여(engagement)정치: 국제정치경제의 변동과 호주 정당 간의 경쟁적 대 아시아 관점', 세계지역연구논총, 28(3), 157-184.

이상현. 2012. '1960년대 동아시아 지역주의와 호주외교: ASPAC을 통한 동아시아 관여', 국제정치논총, 52(1), 113-136.

ABC News. 2014. Sydney Siege Ends: Police Storm Cafe Where Man Haron Monis Held Hostages. https://www.nbcnews.com/storyline/sydney-hostage-standoff/sydney-siege-ends-police-storm-cafe-where-man-haron-monis-n268321 (Accessed: 2023.05.19.).

Australian Bureau of Statistics. Migration, Australia. https://www.abs.gov.au/statistics/people/population/migration-australia/latest-release (Accessed: 2022.11.01.).

Australian Bureau of Statistics. Cultural Diversity of Australia. https://www.abs.gov.au/articles/cultural-diversity-australia (2023.01.12.).

Barclay, G. 1977. 'Australia Looks to America: The Wartime Relationship, 1939-1942', Pacific Historical Review, 46(2), pp. 251-271.

Beever, E. A. 1970. 'Economic Growth of Australia, 1788 to 1821', Asia-Pacific Economic History Review 10(1), pp. 77-85.

Belt and Road Portal. n.d. https://eng.yidaiyilu.gov.cn/ (Accessed: 2023.05.18.).

Blackton, S. C. 1951. 'The Colombo Plan', Far Eastern Survey 20(3), pp. 27-31.

Brawley, S. 1998. 'Engaging the past: Australian politics and the history of Australian-Asian relations', Asian Perspective 22(1), pp. 157-170.

Broeze, F.J.A. 1975. 'The Cost of Distance: Shipping and the Early Australian Economy, 1788-1850', The Economic History Review 28(4), pp. 582-597.

Cama, Nicole. 2018. Whaling in Sydney. Dictionary of Sydney. https://dictionaryofsydney.org/blog/whaling_in_sydney (Accessed: 2023.01.10.).

Castles, S. and J. M. Miller. 2009. The Age of Migration: International Population Movements in the Modern World. Guilford Press.

Cheng, M. 2022. 'AUKUS: The Changing Dynamic and Its Regional Implications', European Journal of Development Studies 2(1), pp. 1-7.

City of Sydney. n.d. Our diverse communities. https://www.cityofsydney.nsw.gov.au/people-communities/diversity-inclusion

Department of Foreign Affairs and Trade. 2017. 2017 Foreign Policy White Paper. Canberra: DFAT.

Department of Foreign Affairs and Trade, Australian Government. n.d. Southeast Asia Economic Strategy. https://www.dfat.gov.au/geo/southeast-asia/southeast-asia-economic-strategy (Accessed: 2023.05.17.).

Dickson, L. 2015. Lone Wolf Terrorism: A case study: the radicalization process of a continually investigated & islamic state inspired lone wolf terrorist. Degree Project in Criminology, Malmo University, pp. 1-52.

Fielding, A.J. 1992. 'Migration and Social Mobility: South East England as an Escalator Region', Regional Studies. 26(1), pp. 1-15.

Flannery, T. 1999. The Birth of Sydney. Grove Press.

Gibbs, M. 1995. The Historical Archaeology of Shore Based Whaling in Western Australia. Ph.D. Thesis. The University of Western Australia.

Gill, J. C. H. 1966. 'Genesis of the Australian Whaling Industry: Its Development Up To 1850'. Journal of the Royal Historical Society of Queensland 8(1), pp. 111-136.

Gordon, I, Tony Champion, and Mike Coombes. 2015. 'Urban escalators and interregional elevators: the difference that location, mobility, and sectoral specialisation make to occupational progression', Environment and Planning A: Economy and Space. 47(3). pp. 501-761.

Hale, E. 2023. Chinese-Australians report less racism, greater belonging: Poll. https://www.aljazeera.com/news/2023/4/19/chinese-australians-report-less-racism-greater-belonging-poll (Accessed: 2023.05.18.).

Halvoson, D. 2019. Commonwealth Responsibility and Cold War Solidarity: Australia in Asia, 1944-74. Australian National University Press.

Harris, L. C. 2018. The riots history erased: reckoning with the racism of Lambing Flat. The Guardian. https://www.theguardian.com/artanddesign/2018/aug/07/the-riots-history-erased-reckoning-with-the-racism-of-lambing-flat (Accessed: 2023.01.17.).

Hoskins, J. and Vite Thanh Nguyen. 2014. Trans Pacific Studies: Framing an emerging field. University of Hawaii Press.

House of Representatives. Commonwealth Parliament Debates on 8th March 1966. http://historichansard.net/hofreps/1966/19660308_reps_25_hor50/ (Accessed: 2023.01.11.).

Howard, M. 2011. Sydney's whaling fleet. Dictionary of Sydney. https://dictionaryofsydney.org/
entry/sydneys_whaling_fleet (Accessed: 2023.01.10.).

Hugo, G. 2008. "Chapter 4. Sydney: The Globalization of an Established Immigrant Gateway",
Price, M and Lisa Benton-Short, ed. Migrants to the Metropolis.: The Rise of Immgrant
Gateway Cities(Space, Place and Society), Syracuse: Syracuse University Press.

Inglis. 2018. Australia: a welcoming destination for some. https://www.migrationpolicy.org/arti-
cle/australia-welcoming-destination-some (검색일 2022.12.21.).

Jackson, R. V. 1977. Australian economic development in the nineteenth century. Canberra:
Australian National University Press.

Jupp, J. 1995. 'From 'White Australia' to 'Part of Asia': Recent Shifts in Australian Immigration
Policy towards the Region', The International Migration Review 29(1), pp. 207-228.

Jupp, J. 2002. From White Australia to Wommera: the story of Australian immigration. Cam-
bridge: Cambridge University Press.

Karskens, G. 2009. The Colony: A History of Early Sydney. Allen & Unwin.

KOTRA. 2023. (호주-시드니) 2023 해외출장자료. KOTRA. https://dream.kotra.or.kr/kotranews/
cms/news/actionKotraBoardDetail.do?SITE_NO=3&MENU_ID=260&CONTENTS_
NO=1&bbsGbn=302&bbsSn=302&pNttSn=201728#;

Ley, D. and Murphy, P. 2001. 'Immigration in gateway cities: Sydney and Vancouver in compara-
tive perspective', Progress in Planning 55, 119-194.

Lowy Institute. Poll 2022 Themes: Immigration and refuguees. https://poll.lowyinstitute.org/
themes/immigration-and-refugees (Accessed: 2023.01.15.).

Kirby, M. 2016. 'Whitlam as internationalist: A centenary reflection', Melbourne University Law
Review. 39(850), pp. 850-894.

Macey, R. Settler's history rewritten: go back 30,000 years. The Sydney Morning Herald. htt-
ps://www.smh.com.au/national/settlers-history-rewritten-go-back-30-000-years-
20070915-gdr440.html (Accessed: 2023.01.05.).

Mansouri, F. Racism is still an everyday experience for non-white Australians. Where is the plan to
stop this? The Conversation. https://theconversation.com/racism-is-still-an-everyday-
experience-for-non-white-australians-where-is-the-plan-to-stop-this-179769 (Accessed:
2023.05.18.).

Marie de L. 'Australian Immigrants, 1788-1940: Desired and Unwanted', Wheelwright, E. L and
Kenneth D. Buckely, ed. Essays in the political economy of Australian capitalism (1975-
1983), Australia and New Zealand Book Company.

McDonald, P. 2019. 'Migration to Australia: from Asian Exclusion to Asian predominance', Asia Pacific Migration 35, pp. 87-105.

Milner, A. and Ron Huisken. 2022.11.22. Australia's push for close ties with ASEAN is good strategy but complicated. https://www.aspistrategist.org.au/australias-push-for-closer-ties-with-asean-is-good-strategy-but-complicated/ (Accessed: 2023.05.18.).

Mills, J. A. 2016. The Contribution of the Whaling Industry to the Economic Development of the Australian Colonies: 1770-1850. Ph.D. Thesis. The University of Queensland.

National Archives of Australia. n.d. 'Populate or perish': Australia's postwar migration program. https://www.naa.gov.au/learn/learning-resources/learning-resource-themes/society-and-culture/migration-and-multiculturalism/populate-or-perish-australias-postwar-migration-program (Accessed: 2023.05.19.).

National Library of Australia, Restriction of Immigration. https://trove.nla.gov.au/newspaper/article/16272829 (검색일 2023.01.10.).

National Museum of Australia. Vietnamese refugees boat arrivalhttps://www.nma.gov.au/defining-moments/resources/vietnamese-refugees-boat-arrival#:~:text=On%2026%20April%20 1976%20the,established%20throughout%20South%2DEast%20Asia (검색일: 2022.12.21.).

Nikkei Asia. 2022.03.10. Australia and India agree on strengthening economic, defense ties. https://asia.nikkei.com/Politics/International-relations/Indo-Pacific/Australia-and-India-agree-on-strengthening-economic-defense-ties (Accessed: 2023.05.18.).

Nowa, R. 2022. Sydney: A Biography. Sydney: UNSW Press.

Oakman, D. 2002. ''Young Asians in our homes': Colombo plan students and white Australia', Journal of Australian Studies 72, pp. 89-98.

Parliament of Australia. Multiculturalism: a review of Australian policy statements and recent debates in Australia and overseas. https://www.aph.gov.au/About_Parliament/Parliamentary_Departments/Parliamentary_Library/pubs/rp/rp1011/11rp06#_Toc275248126 (검색일: 2022.11.02.).

Patapan, H. 'Magnanimous leadership: Edmund Barton and the Australian founding', Leadership and the Humanities, 4(1), pp. 1-20.

Pearson, M. 1983. 'The Technology of Whaling in Australian Waters in the 19th Century', Australian Journal of Historical Archaeology 1, pp. 40-54.

Richard Macey. 2007. Settlers' history rewritten: go back 30,000 years. Sydney Morning Herald. https://www.smh.com.au/national/settlers-history-rewritten-go-back-30-000-years-20070915-gdr440.html (검색일: 2023.01.15).

Jones, T. B. 2014. Comment: Modern Australia's defining moment came long after First Fleet. SBS

News. https://www.sbs.com.au/news/comment-modern-australia-s-defining-moment-came-long-after-first-fleet (Accessed: 2022.11.01.).

Short, J. R., Carrie Breitbach, Steven Buckman and Jamey Essex. 2000. 'From world cities to gateway cities: Extending the boundaries of globalization theory', City, 4(3), pp. 317-340.

Singh, B. And Sarah Teo. 2020. Minilateralism in the Indo-Pacific: The Quadrilateral Security Dialogue, Lancang-Mekong Cooperation Mechanism, and ASEAN. Routledge.

Spearritt, P. 2000. Sydney's Century: A History. Sydney: UNSW Press.

Taylor, P. and Ben Derudder. 2016. World city network: a global urban analysis (2nd edition). Routledge.

The Conversation. Putting 'Australia' on the map. The Conversation. 2014.08.10. https://theconversation.com/putting-australia-on-the-map-29816 (Accessed 2022.12.20.).

UNHCR. UNHCR Projected Global Resettlement Needs 2017. https://www.unhcr.org/protection/resettlement/575836267/unhcr-projected-global-resettlement-needs-2017.html (Accessed: 2022.11.01.).

World City Network 2016. Global Network Connectivities(GNC). https://www.lboro.ac.uk/microsites/geography/gawc/datasets/da28.html (Accessed: 2023.01.10.).

6장

———

싱가포르:
제국의 관문도시에서
세계의 관문도시로 진화

**백두주**

이 장은 〈용봉인문논총〉 제60집(2022년)에 실린 '환태평양 도시국가의 역사적 진화 (1819-2020년): 싱가포르 항만을 중심으로' 논문을 수정·보완한 것임.

# Ⅰ. 서론

싱가포르는 제국의 식민도시에서 세계도시로의 이행에 성공한 유일한 '도시국가(City-state)'이다. 싱가포르섬과 약 60여 개의 주변 섬을 포함하고 있는 이 도시국가는 현재 남아있는 3개의 주권 도시국가(싱가포르, 모나코, 바티칸) 중 상대적으로 가장 큰 규모이다. 싱가포르섬은 해발 15m 미만이며 생산성이 있는 토지는 약 2%에 불과한 천연자원이 전무하고 적도에서 불과 137km 떨어진 곳에 위치하여 기후적 조건 역시 열악하다. 그럼에도 불구하고 열대지방에 위치한 국가 중 최초로 선진국에 진입했으며 유럽과 미국의 주요 다국적 기업의 아시아본부들이 세계를 상대로 경제활동을 하고 있다. 싱가포르항만은 도시국가의 역사적 궤적과 함께 해 왔으며 미래 국가 비전도 세계 허브 항만의 전략과 연계되어 있다. 싱가포르항만은 말레이시아 조호르(Johor) 항에서 남서쪽으로 약 30km, 인도네시아 팔렘방(Palembang)항에서 북서쪽으로 약 250해리 떨어졌으며 심해항만과 함께 유럽-인도양-태평양을 연결하는 전략적 지점[1]에 있다. 이 항만은 전 세계 컨테이너 환적 물동량의 1/5을 처리하는 세계 최대 환적항이며 전체 처

---

1 말라카해협은 1년에 5만 대의 배가 통과하고, 세계 물동량의 20~25%가 이 해협을 지나간다. 특히 이 해협은 동아시아 국가들 석유 수입의 90% 이상이 이루어지고 있는 전 세계 에너지 운송의 전략적 지점이다. 평균 수심이 40m 내외이고 낮은 곳은 25m에 불과하고 싱가포르에서 인도양으로 들어가는 해협 초입의 경우 2.8km 정도로 수로가 좁다. 이러한 조건으로 항해하는 배들이 속도를 내기 어려워 예전부터 해적출몰이 빈번했던 곳이다. 역사적으로 해적 행위는 이 지역의 해상무역에 심각한 위협이 되었으며, 싱가포르를 비롯한 동남아국가들의 최대 관심사였다. 영국제국의 식민시대에 영국군의 주요 임무 중 하나가 해적과 싸우는 것이었고 이러한 영국군의 개입으로 해상무역의 안전성은 상대적으로 개선되기도 했다. 싱가포르 최초로 '개발'된 뉴하버(New Harbour)는 당시 해적과의 전쟁에서 공로를 세운 영국군 대위 헨리 케펠(Henry Keppel) 대위의 이름을 따서 새롭게 케펠항으로 명명되었다(Pedrielli, et al, 2016).

리물동량 중 환적화물이 80%를 차지한다. 환적화물의 처리량 수준은 세계 허브 항만의 위치를 나타내는 바로미터이다. 이런 의미에서 싱가포르항만은 세계 최고수준의 글로벌 연결성(global connectivity)을 갖춘 항만으로 평가받고 있다. 또한, 전략적 지점에 위치한 싱가포르항만을 통해 세계 원유 공급량의 절반이 운송되며, 항만을 중심으로 해운·선박금융·보험·법률·물류 등 다양한 연관 산업이 발전되어 있어 현재 세계 최고의 해양수도(도시)로서 위상을 갖는다[2].

싱가포르 초대 총리인 리콴유는 "항만은 싱가포르의 존재 이유"라고 천명했다(Pillai, 2005). 이 단순하고 유명한 명제는 싱가포르에서 항만이 차지하는 중요성을 극적으로 보여준다. 싱가포르는 현재 국가 토지의 3%가 항만과 공항으로 되어 있으며 이 수치는 2030년까지 두 배 증가할 것으로 예상된다(Chng, 2016). 싱가포르는 전략적인 지리적 위치 덕분에 해상무역에서 주도적인 위치를 유지해 왔다. 이에 더해 국가정책과 실행능력, 자원의 전략적 동원·조정, 우수한 인력 등은 글로벌 해상운송에서 싱가포르항만의 중심적 역할을 보장하는 기반이었다(Pedrielli et al., 2016). 천연자원이 없는 싱가포르의 무역의존도는 세계 최고 수준(200~300% 이상)이며, 경제성장과 국가의 '생존'은 국제무역의 활성화와 동일시된다. 개방경제와 외부자본에 대한 우호적 환경조성은 필수적이며 항만은 무역확대를 위한 핵심 기반시설이다. 따라서 싱가포르의 근대역사를 이해하기 위해서는 항만의 역동적 진화과정에 주목해야 한다. 1819년 이후 제국의 식민도시 시대에 형성된 싱가포르의 다인종·다종교 사회는 현재도 인도와 중국, 인도네시아와 말

---

2 해양수도의 평가 기준이 되는 지표인 해운 중심성(Shipping centers) 1위, 해양금융과 법 5위, 해양기술 8위, 항만물류 1위, 매력과 경쟁력 1위로 거의 모든 부문에서 최고수준이거나 상위에 있다(Jakobsen et al, 2019).

레이시아, 유럽과 아랍, 아시아 문화가 뒤섞인 '혼종문화'로 이어지고 있다. 식민도시의 다인종 사회에서 1965년 싱가포르 공화국 성립과 함께 '싱가포리안'의 정체성을 지향하고 있으나 다인종·다종교 전략은 소위 '멜팅 팟 (melting pot)'이 아니라 '샐러드 볼(salad bowl)' 기조를 유지하고 있다(김종호, 2020a). 이와 같은 다인종·다종교의 혼종문화 역시 근대 이후 싱가포르항만의 역사적 진화과정에서 나타난 특성 중 하나이다.

이 장은 환태평양 '도시국가'의 역사적 진화과정을 싱가포르항만을 중심으로 분석한 것이다. 제국의 식민지를 경험한 도시국가 싱가포르의 역사적 진화과정을 분석하기 위해서는 도시의 역사적·지리적 맥락, 내부 제도적 역량 및 전략적 행위자에 의한 담론적 실천, 그리고 세계도시국가의 특성에 주목해야 한다. 도시발전의 맥락에서 아시아의 항만도시는 과거 식민지 전략의 관문이자 진입점이기도 했으며 이후 탈식민화 국가발전 과정에서는 도시 시스템 진화에 중요한 역할을 했다(Hesse, 2013). 특히 아시아 역사의 전반에 걸쳐 항만 활동과 해양네트워크는 도시(국가) 발전에 필수적인 요소로 강조되어 왔다(Ducruet, 2015). 식민시대의 항만발전이 제국의 이익에 동기부여 되었다면 어떤 형태의 경제적 통합에 대한 맥락이 있을 것이다. 반면 제국의 쇠퇴 국면에서 싱가포르는 새로운 무역 파트너를 찾고 세계 경제 시스템에서 그들의 위치를 재정의해야만 했다. 이는 탈식민지 국가들의 복잡한 전환과정을 의미하며 기존 식민지 무역 네트워크와의 연속·단절 그리고 변형이 이루어진다. 탈식민 시대에 이전의 제국들은 새로운 무역 네트워크의 형태든 또는 물적 지원프로그램을 통해서든 식민 영토를 새로운 '종속망'으로 묶으려는 경향이 있다(DiMoia, 2020). 싱가포르와 홍콩의 경우 식민지 역사가 탈식민 시대에 경제의 개방성과 외부지향성에 결정적으로 작용했다는 논의를 고려한다면(이재열·박경환, 2021; Brachen, 2015;

Old and Yeung, 2004), 지난 200년 동안 제국의 식민도시에서 세계적 항만도시로의 이행과정을 역사적으로 분석하는 것은 의미 있는 작업이 될 것이다. 따라서 이 장에서는 제국의 식민도시의 특성을 식민지 항만형성, 무역의 발전과정과 특성을 통해 살펴보고, 이어 탈식민지화 이후 세계적 항만도시로의 성장 과정에서 계획 합리적 국가권력의 역할과 능력, 그리고 전략적 이익이 어떤 방식으로 결합하여 나타났는지, 그 결과는 무엇인지에 대해 구체적으로 분석한다.

## II. 세계도시국가

기존 세계도시연구는 일군의 '세계도시론자'들에 의해 발전되어 왔다. 이들 대부분은 초국적 기업본부의 '핵심적 중심점(key basing point)'으로서 세계도시를 분석한다. 이 관점에 따르면, 세계도시는 초국적 자본의 물질적·상징적 힘을 촉진하고 반영하면서 자본의 글로벌 순환에 포함된다. 또한, 세계도시들은 의사결정과 금융을 통해 서로 긴밀히 연결되어 있고 생산과 시장확장에 대한 세계적 통제시스템을 구성한다. 이러한 맥락에서 세계화에 따른 공간적 분산과 통합의 환경 속에서 세계도시들은 세계 경제조직에서 고도로 집중된 '지휘 지점(command points)', 주요 경제적 부문에서 제조업을 대체한 금융 및 서비스 기업의 핵심적 위치, 선도산업에서 혁신의 생산장소 그리고 생산된 상품과 혁신에 대한 시장 역할을 한다(Friedmann, 1986; Friedmann and Wolff, 1982; Sassen, 2001; 2005). 즉 초국적 자본 네트워크는 모든 세계도시의 정체성을 근본적으로 각인시키는 중요한 역할을 한다고 주장한다. 그러나 이러한 연구들은 세계도시 연구에 내재된 분석편향을 갖는다는 비판을 받는다. 기존 세계도시연구가 객관적 데이터를 가장한 세계 경제에 잘 정립된 유럽 중심적 관점을 반영하고 이를 영속화한다는 것이다. 예를 들어, 초국적 기업 본사를 세계도시 지위의 기준으로 계산하는 것은 아시아 기업들의 작지만 더욱 네트워크화된 특성을 반영하지 못한다고 지적한다. 따라서 기존과 다른 지리적·시간적 맥락에서 그리고 다른 이론적 관점에서 세계도시 개념을 비판적으로 분석하는 의식적 노력을 강조하고 있다(Godfrey and Zhou, 1999; Olds and Yeung, 2004).

위와 같은 문제의식 속에서 올즈와 영(Olds and Yeung, 2004)은 세계도시 출현 및 경로 의존성의 다양한 역사적·지리적 맥락, 내부 제도적 역량 및 전략적 행위자에 의한 담론적 실천의 구성에 주목했다. 이들에 따르면 세계도시는 단일한 유형이 아니라 하이퍼(hyper) 세계도시, 신흥(emerging) 세계도시, 세계도시국가(City-State)로 구분된다. 하이퍼 세계도시는 도시로의 유입·유출 흐름을 통해 세계 경제와 매우 잘 통합되어 있고 세계화가 경제적 생산성과 실행의 이점을 향상시키는 공간적 접근성과 응집성을 높인다. 이 세계도시 지역(global city-regions)에서는 집중화된 그룹 또는 기업 네트워크가 세계시장에서 경쟁하는 '영토적 플랫폼' 기능을 한다. 즉 전례 없는 물질적·비물질적 흐름을 끌어들이고 분배하는 가장 높은 질서의 '관계적 도시지역'이다. 이러한 관문도시의 변형은 역사적(제국주의 및 초국가적 이주)·지리적 맥락과도 관련이 있다.

다음으로 신흥 세계도시는 세계 경제로부터 유입되는 흐름에 더욱 의존하는 유형이다. 이 도시들은 모국과 다자간 기구(개발도상국의 경우)로부터 상당한 자원과 투입물을 끌어들이는 경향이 있다. 그러나 하이퍼 세계도시들에 비해 세계 경제로 제한된 관계적 연결만 가지고 있다. 국가는 이 도시를 통해 세계 경제에 '연결'되고자 하며, 새로운 담론을 개발하고 광범위한 자원을 동원한다. 마지막으로, 이 연구에서 주목하고자 하는 세계도시국가는 세계 경제에 매우 잘 통합되어 있고 직접적인 영향을 경험한다. 세계 경제의 재조정 과정에서 국가-도시의 수렴이 가장 뚜렷이 나타나고, 국가는 완전히 도시화되고 공간적으로 제한된 영토 단위 내 국한됨으로 상대적으로 고유한 역사적·지리적 조건을 갖는다. 또한, 동일한 영토 내 즉각적인 배후지가 거의 없기 때문에 기존 세계도시들과 차이점을 보인다. 따라서 상당히 넓은 지역이나 비교적 먼 지역이 배후지가 될 수 있다. 예를 들면, 세계도시국가로서 싱가포르의 경우 고정된 경제배후지의 개념은 점차 약화되거나 의미를 잃고(Zaccheus, 2019) 사실상 메가-지역(Mega-region) 또는 전 세계를 배후지로 삼고자 하는 목표를 지향한다.

로우(Low, 2002)에 따르면 도시국가는 작은 국내시장 문제를 자유 무역, 세계시장 및 기술로 보완할 수 있으며 규모가 작으면 오히려 조정해야 할 이해관계가 적어 보다 합리적이고 지능적인 정책을 달성할 수 있다. 도시국가 발전 방향은 자원 부족과 제한된 전략적 선택의 논리 속에서 전문화에 의해 주도되며, 특히 '틈새시장(niche)'은 큰 국가에는 매력적이지 않지만 작은 국가들은 더 효과적으로 경쟁할 수 있는 영역이 된다. 따라서 상대적으로 작은 국가들은 무역 블럭에 가입하고 효율성을 위한 전문화에 집중하는 것이 더 합리적이다. 도시국가의 또 다른 일반적 특성은 다른 세계도시 유형보다 상대적으로 국가의 광범위한 권한과 책임이 더 많을 수 있다. 무엇보다 도시국가로서 싱가포르의 세계화와 도시전략을 분석하기 위해서는 역사적·지리적 특성에 주목해야 한다(황진태·박배균, 2012: 77)[3].

---

3 고대 그리스 도시국가들은 상업전략으로 세계의 문화와 정치의 황금기를 구가했다. 그리스 항구는 무역의 허브 역할을 하며 상품·사람·가치의 교류 장소로 역할을 담당했다. 이탈리아 베네치아의 전성기도 영토가 아닌 해상력 추구에 기인하며 상인국가(merchant state)는 무역

국내에서 싱가포르 경제발전의 논의는 주로 국가의 역할을 강조하는 발전국가론적 관점(예외적 발전국가론 포함)에서 이루어져 왔다(Park, 1998; 김시윤 2010; 2011; 박은홍, 2003a; 2003b; 이용주, 2007). 발전국가의 다양한 구성요소 및 정의(Castells, 1992; Huff, 1999; Öniş, 1991)에도 불구하고 핵심은 국가의 발전은 계획 합리적(plan-rational) 국가권력의 높은 실행능력의 결과이자 발전주의와 '전략적 국익의 결합'이다. 국가는 조정되지 않는 시장의 힘에만 의존하기보다 발전과정에 직접 개입하여 방향과 속도에 영향을 미친다. 물론 국가의 개입방식은 다양한 유형으로 나타날 수 있다(Bishop and Payne, 2018). 싱가포르의 경우 다른 동아시아 발전국가들과 달리 지배구조, 국가조합주의의 양상 등에서 차별성을 보인다고 평가된다(박은홍, 2003a; 2003b). 동아시아 신흥 발전국가들(싱가포르, 한국, 대만, 홍콩)은 다른 경로를 통해 비슷한 성장률을 달성했다. 각 국가들의 산업구조와 경제의 부문별 전문화, 집합적 소비를 통한 복지제공 수준 등 많은 부분에서 차이를 보이지만, 발전국가를 정의하는 요소에는 국제적 수준의 경제적 '생존의 정치', 외부지향적 국가 경제, 교육받은 노동력의 육성과 통제, 글로벌 경제의 구조적 변화에 국내 경제가 적응하는 능력 등이 포함된다(Castells, 1992: 52-55). 이 과정에서 가장 중요한 것은 각 국가의 발전과정에서 국가의 역할 또는 중심성이다. 아시아 호랑이의 경제적 성과 뒤에는 "발전국가의 용(dragon)"이 숨 쉬고 있었다.

---

시설 확보에 노력했다. 역사적 배경은 다르지만 동남아시아에서 무역서비스를 제공하는 상업 허브로서 싱가포르와 홍콩의 발전궤적은 고대 도시국가의 상업전략과 유사한 측면이 있다(Low, 2002).

# Ⅲ. 제국의 관문

## 1. 제국의 싱가포르 '발견'과 중계무역의 발전

싱가포르의 '초기 세계화(early globalism)' 또는 세계화의 동학은 상품·사람·가치 및 자본의 이동이 장거리에서 발생할 때 확립된 네트워크였다. 동남아시아 해양과 군도의 바다는 유럽 제국들의 각축이 벌어지기 훨씬 이전부터 아랍무역네트워크(9세기 중반 이후), 인도 남부·동부항만과 말라야 항만을 무역 루트로 활용했던 인도 상인, 중국 선원과 상인들은 중국 한 왕조(Han Dynasty)시대부터 도자기와 비단을 향목, 향신료 및 기타 이국적인 상품과 교환하는 무역을 해왔다. 이 무역네트워크는 동남아 주요 도시들의 확장을 가져왔고 권력과 부가 집중되어 갔다(Yong, 2018). 근대 이전 싱가포르는 15세기 말라카 술탄국의 부상으로 국제무역항으로의 발전기회를 찾지 못했다. 다만 국제시장에서 요구하는 현지 제품을 지역의 거점항만인 말라카로 수출하는 정도였다. 이마저도 1613년 가장 강력한 인도네시아 술탄국의 하나인 아체(Aech) 약탈자들에 의해 주요 정착지와 항만이 완전히 파괴되어 중요한 정착지나 항만이 없는 상태였다(Pedrielli et al., 2016).

싱가포르 근대역사의 시작 시기는 영국 동인도회사의 스탬퍼드 래플스(Stamford Raffles)가 국제무역 루트의 거점을 건설하기 위해 싱가포르에 도착한 1819년부터이다. 물론 그 이전 포르투갈과 네덜란드의 영향에 있었던 시기, 더 나아가 1300년대부터 존재했던 테마섹(Temasek) 시기의 역사까지 재구성하려는 최근의 노력(김종호, 2019; Heng, 2011)이 있으나 현재로서는 래플스의 싱가포르 '발견' 시점을 근대역사의 출발점으로 보는 게 적절한 것으로 보인다. 당시 싱가포르에는 소수의 중국인, 말레이인, 일부 원주민만 거주하였고 거주인도 천 명 내외에 불과한 말레이반도의 남쪽 끝 어촌마을 수준이었다. 1824년 영국과 네덜란드의 조약에 따라 싱가포르와 말라카가 영국에 양도되었고, 1826년에는 싱가포르, 페낭, 말라카, 딘딩을 합해 해협식민지(straits settlements)로 편입되었다가 1851년 인도 총독의 통치를 거쳐 1867년 영국 직할 식민지로 전환되었다(강승문, 2017; 임계순, 2018).

1809년 영국은 네덜란드와의 해전에서 승리한 후 네덜란드의 군도 독점권이 이완되면서 말라카해협과 순다(Sunda)해협을 지배하게 되었다. 래플스가 싱가포르를 선택한 이유는 전쟁 시 중국과의 무역을 보호하고 말라카에서 네덜란드의 측면을 포위하기 위한 기지로 활용함과 동시에 영국 제국주의 비전에서는 수백만 명의 동남아시아와 중국인들에게 영국의 면화 드레스를 입힐 수 있는 발판[4]으로 새로운 항만이 필요했기 때문이다. 나아가 정크선(Junk ship)을 통해 군도와 중국의 북부항만까지 아편 시장으로 발전시키는 거점으로 구상했다. 다른 한편 싱가포르는 중국이 광저우에서 무역을 불가능하게 만들 경우 중국의 차와 영국의 아편 및 상품을 교환하기 위한 영국의 퇴각항만(port of retreat)으로 간주되었다. 그러나 광저우가 제국의 이익을 위한 교환의 장으로 기능하면서 아편 무역의 중심지로 발전하지는 못했다. 또한, 아편 무역에서는 운송의 속도가 중요했기 때문에 선박의 긴급 수리와 보급품 공급을 제외하고는 싱가포르항만의 기항을 가급적 피하는 경향이 있었다(Ken, 1978).

19세기 제국의 식민도시인 싱가포르는 중계무역(entrepot trade)으로 빠

---

4  나폴레옹 전쟁 이후 유럽과 미국을 휩쓴 보호주의 물결로 인해 제국은 새로운 시장을 찾기 위한 전략을 모색했다. 이에 따라 중국뿐만 아니라 동남아시아에서도 새로운 시장을 개척하고자 했고 이를 위한 영국기지로 선택된 곳이 싱가포르였다(Ken, 1978).

르게 성장한다. 래플스는 인도양과 태평양을 잇는 좁은 말라카해협의 중요성을 잘 알고 있었으며 싱가포르를 식민지 무역항의 최적 입지로 판단했다. 래플스의 목표는 싱가포르 '영토'가 아니었으며 '무역의 거점'으로서 '거대한 상점', 그리고 이 지역에 영향력을 확대할 수 있는 '지렛대'로 활용하는 것이었다. 당시 싱가포르는 이국적 상품들이 드나드는 거대한 '창고' 역할을 담당했다(Dobbs, 2011). 마드라스 면직물, 캘커타 아편, 수마트라 후추, 자바의 아라크(arrack, 증류주)와 향신료, 마닐라의 설탕과 향신료 등 이 모든 것들이 유럽, 중국, 씨암으로 운송되었고 이러한 상품들의 교환은 19세기 후반 항만도시 싱가포르의 발전에 기여했던 막대한 자본과 사람들의 집중을 나타내는 중요한 지표로 이해할 수 있다(Tan, 2020). 또한 서구 산업화의 진전은 고무와 주석의 폭발적인 수요를 촉발했고, 싱가포르는 반도에서 추출한 원료를 수출하는 중심 항만이었다. 19세기 제국들의 각축 속에서 아시아 해상무역량은 크게 확대되었다. 당시 해상무역은 3가지 주요 항로로 구성되었다. 첫째, 동남아시아와 중국 남부 항만인 푸젠 및 광둥을 연결하는 중국 네트워크, 둘째, 인도네시아 군도의 섬들을 연결하는 동남아시아 네트워크, 마지막으로 싱가포르와 유럽 및 인도 연안의 시장을 연결하는 유럽·인도양 네트워크이다. 이러한 네트워크는 상호 보완적이었고 모든 항로는 싱가포르를 주요 기항지 중 하나로 포함했다(Pedrielli, 2016).

싱가포르의 자유 무역 항만 지위는 1823년 항만 규정의 일부로 선언되었다(Febrica, 2015)[5]. 초기 싱가포르의 도시개발은 항만을 중심으로 한 무역

---

5  영국이 말라카해협에 세운 '자유항 무역시스템의 상업수도' 싱포르는 계속 번성해 나갔다. 시스템 자체는 영국과 중국 간 무역확대의 부산물로 발전해 나갔지만 단순히 영국의 무역확장을 넘어서는 의미를 갖는다. 싱가포르는 경제적 배후지가 없는 섬에 위치한 외국의 '창조물'이 무역에서 토착적인 관습, 제도 그리고 정부의 간섭으로부터 자유로워진다면 사적 기업들과 함께 성공할 수 있다는 것을

활동을 통해 이루어졌다. 1850년 중반까지 운송용 창고("godowns")[6], 정미소, 제재소, 선박 수리 및 조선소와 같은 초기 항만시설이 텔록 에이어(Telok Ayer) 지역에 건립되었으며 보트키(Boat Quay)에도 무역을 위한 정박지들이 점차 늘어났다(Chng, 2016). 싱가포르의 중계무역과 수입된 제조상품, 식료품 그리고 해협 산물의 국제적 재분배는 주로 영국의 자유 무역 정책 산물인 중국-서구기업(Sino-Western enterprise), 외국인투자, 기업과 정착민의 유입으로 가능했다. 싱가포르는 관세가 없는 자유무역항이었지만 주류·아편·담배 및 석유에는 소비세가 부과되었다(Singapore Harbour Board, 1922). 중계무역 발전과 정착민의 대거 유입에 따라 싱가포르 특유의 '이민도시'가 형성되었다(김종호, 2019: 226-227). 식민도시는 제국의 의도에 따라 인종적으로 혹은 문화적으로 거주민들을 분산·배치한다. 래플스가 싱가포르를 식민지 무역의 전초기지로 육성하고 다양한 지역에서 모여든 이주민들의 거주공간 계획에 착수한 후 1828년 잭슨 플랜(Jackson Plan)이 수립되었다. 거주지 공간은 해변을 따라 유럽인, 중국인, 인도인, 아랍인, 부기스 마을(Kampong) 등으로 분리되었다.

대표했다. Ken, W. L., op. cit. 1976. 자유 무역의 설파자로서 영국은 싱가포르를 통해 사기업 기반 자유 무역이 최대한의 부를 창출할 수 있다는 이데올로기의 확산 효과도 기대할 수 있었다.

6 도시의 물리적 성장을 주도한 것은 식민정부의 인종차별 정책이나 계획방식이 아니라 경제력이었다. 식민지 환적 무역항의 성공은 지역 및 세계 경제의 흐름이 교차하고 도시가 발전하는 방식에 변화를 일으키면서 세계와 마주할 수 있는 지역 중계지로의 성장토대를 제공했다. 고다운은 이러한 발전에 기여한 공간이었고 '교차문화의 접촉구역'으로 역할을 담당했다(Tan, 2020). 고다운은 초기 단순한 주거 및 상품 저장공간으로 활용되었지만, 이후 상품의 가치를 높이기 위해 등급을 매기고, 가공 · 포장하는 노동집약적 생산공장으로 진화해 갔다.

〈그림 1〉 싱가포르 도시계획(Jackson Plan, 1828)

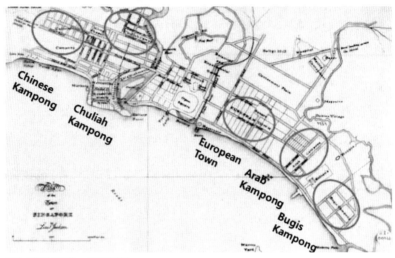

출처: 김종호(2019), p. 227 재인용

　식민도시 시기는 '이민 도시' 형성기로 다양한 국가·지역·인종의 사람들이 싱가포르로 몰려들었다. 중국의 이민자들의 대부분은 중국 남부지역 출신자들로 자신들의 출신 지역별로 특유의 인적결합체(幇)를 형성했다. 당시 푸젠방, 광둥방, 차오저우방, 하이난방 등이 존재했으나 이들 간에는 상호교류가 활발하지 않았고 오히려 갈등과 반목이 심했던 것으로 알려져 있다. 그 이유 중 하나는 언어가 제대로 통하지 않았기 때문이다. 중국인들은 특히 청(淸)말 혼란(1840년 아편전쟁과 난징조약 이후)을 피해 정크선을 통해 대규모로 이주했으며, 이들은 싱가포르 도시에서 노동자가 되거나 말레이시아, 인도네시아 등 싱가포르 인근 지역으로 일자리를 찾아서 떠났다. 말레이인들은 말레이반도나 당시 네덜란드 통치지역인 인도네시아로부터 온 사람들이며, 인도인들은 남인도 죄수들이 건설노동자로 끌려온 후 1873년 죄수노동 금지조치 이후 본국으로의 귀환을 위한 길이 열렸지만 대부분 귀환하지 않고 부두노동 등에 종사했다. 이후 고무농장 노동을 위해 인도

남부지역 사람들이 이주했으며 부기스(Bugis)는 인도네시아 보르네오섬 동쪽 술라웨시(Sulawes)섬에 살며 해상무역에 종사하던 종족이었으나 17세기 중반 네덜란드에 의해 향신료 무역로가 차단되어 싱가포르를 비롯해 다른 지역으로 이주하게 되었다(김종호, 2019: 228; 김종호, 2020b: 17; 임계순, 2018: 259-260). 이와 같은 '이민 도시' 형성 시기 싱가포르항은 '노동력의 중계지'이자 다양한 국가와 지역에서 도시노동자들이 유입되고 귀환하는 '인력의 관문도시' 역할을 담당했다.

식민지 시대 이민 도시의 형성은 현재 싱가포르의 다인종·다종교 '혼종문화'의 기원이다. 2020년 현재 중국계 3,006,769명(74.3%), 말레이계 545,498명(13.5%), 인도계 362,274명(9.0%), 기타 129,669명(3.2%) 등 거주민은 총 4,044,210명이며, 비거주인(non-residents) 1.64백만 명을 포함하면 전체 5.69백만 명의 인구가 모여 살고 있다. 종교 역시 불교 31.1%, 도교(Taoism) 8.8%(중국 전통신앙 포함), 기독교 18.9%, 이슬람 15.6%, 힌두

〈표 1〉 싱가포르 인구학적 특성

| 구분 | | Total | | Chinese | | Malays | | Indians | | Others | |
|---|---|---|---|---|---|---|---|---|---|---|---|
| | | 2010 | 2020 | 2010 | 2020 | 2010 | 2020 | 2010 | 2020 | 2010 | 2020 |
| 인구수(천 명) | | 3,771.7 | 4,044.2 | 2,794.0 | 3,006.8 | 503.9 | 545.5 | 348.1 | 362.3 | 125.8 | 129.7 |
| 언어 | 1개국 | 29.5 | 25.7 | 33.5 | 28.5 | 13.7 | 12.1 | 17.9 | 18.2 | 29.7 | 34.5 |
| | 2개국 이상 | 70.5 | 74.3 | 66.5 | 71.5 | 86.3 | 87.9 | 82.1 | 81.8 | 70.3 | 65.5 |
| 주 사용 언어 (at home) *15세 이상 | 영어 | 32.3 | 48.3 | 32.6 | 47.6 | 17.0 | 39.0 | 41.6 | 59.2 | 62.4 | 71.1 |
| | 중국어 (표준) | 35.6 | 29.9 | 47.7 | 40.2 | 0.1 | 0.1 | 0.1 | 0.1 | 3.8 | 4.6 |
| | 중국어 (방언) | 14.3 | 8.7 | 19.2 | 11.8 | – | – | – | – | 0.9 | 0.4 |
| | 말레 이어 | 12.2 | 9.2 | 0.2 | 0.2 | 82.7 | 60.7 | 7.9 | 6.0 | 4.3 | 5.0 |
| | 타밀어 | 3.3 | 2.5 | – | – | 0.1 | – | 36.7 | 27.4 | 0.1 | 0.1 |
| | 기타 | 2.3 | 1.4 | 0.2 | 0.2 | 0.2 | 0.2 | 13.6 | 7.3 | 28.6 | 18.8 |

| | | | | | | | | | | |
|---|---|---|---|---|---|---|---|---|---|---|
| 종교 | 불교 | 33.3 | 31.1 | 43.0 | 40.4 | 0.2 | 0.1 | 0.8 | 0.7 | 20.2 | 18.6 |
| | 도교 | 10.9 | 8.8 | 14.4 | 11.6 | - | - | - | - | 0.6 | 0.6 |
| | 기독교 | 18.3 | 18.9 | 20.1 | 21.6 | 0.7 | 0.6 | 12.8 | 12.6 | 57.6 | 48.5 |
| | 이슬람 | 14.7 | 15.6 | 0.4 | 0.5 | 98.7 | 98.8 | 21.7 | 23.4 | 9.2 | 14.2 |
| | 힌두교 | 5.1 | 5.0 | - | - | 0.1 | - | 58.9 | 57.3 | 0.8 | 0.9 |
| | 기타 | 0.7 | 0.6 | 0.3 | 0.3 | 0.1 | - | 4.6 | 3.9 | 1.1 | 2.6 |
| | 무종교 | 17.0 | 20.0 | 21.8 | 25.7 | 0.2 | 0.4 | 1.1 | 2.2 | 10.6 | 14.6 |

출처: Department of Statistics(2021) 내용을 토대로 저자 작성

교 5.0%, 기타 종교 0.6%, 무종교 20.0%로 다양하며 공용어도 영어, 중국어, 말레이어, 타밀어를 함께 사용하고 있다.

## 2. 식민지 무역의 성장: 증기선 출현과 수에즈운하

1845년 8월 4일은 싱가포르에 대영증기선회사(P&O)의 증기선이 도착한 의미 있는 날이다. P&O는 1837년 영국 정부와 우편물 운송계약을 체결한 후 포르투갈, 스페인으로 정기 증기선 서비스를 시작했고 이후 1840년 동부 지중해 알렉산드리아로, 1842년에는 인도로 서비스를 확대해 나갔다. 1845년부터는 싱가포르를 포함한 극동지역으로 매달 항해를 시작했으며 최초의 극동 항로는 실론·캘커타→ 말라카해협→ 페낭과 싱가포르→ 남중국해를 거쳐 홍콩까지 연결하는 노선이었다. 증기선의 등장은 우편물의 정기배송을 가능하게 하여 영국과 멀리 떨어진 식민지 사이에 정보를 더 빨리 교환할 수 있게 됨을 의미했고 사람과 상품의 이동량도 급격히 늘어나기 시작했다. 1840년대 증기선 출현 이후 싱가포르는 아시아 항로를 따라 운

---

7  National Library Board of Singapore, "Arrival of the first P&O steamship" http://eresources.nlb.gov. sg(검색일: 2021년 12월 3일).

〈그림 2〉 싱가포르의 무역액, 1824년~1900년(단위: 백만 달러)

출처: Ken, W.L.(1978) 데이터를 토대로 저자 작성

행하는 증기선의 주요 거점이 되었다(Abshire, 2011: 59-60). 이러한 조건
을 최대한 활용하기 위해 싱가포르는 증기선에 석탄을 공급하는 충전소 역
할을 담당했다. 이는 향후 싱가포르가 세계적인 석유·화학 및 벙커링 산업
의 중심지로 성장하는 출발점이 되었다.

증기선 운항의 본격화(1850년대)와 수에즈운하 개통(1869년 11월)
에 따라 싱가포르항을 중심으로 한 유럽-아시아 무역이 급격히 증가했다
(Bogaars, 1955; Ken, 1978). 1869년 3,900만 달러였던 무역액은 수에즈운
하 개통 직후인 1870년 7,100만 달러로 늘어났고 1880년 식민지 총 무역
액은 115백만 달러에 달했다. 이후 20년 동안 무역액은 폭발적으로 증가해
1900년에는 457백만 달러까지 늘어났다. 뉴하버에 입항한 선박 수도 1869
년 164척(증기선 99척, 범선 65척)에서 1872년 248척(증기선 185척, 범선
63척) 1879년에는 632척(증기선 541척, 범선 91척)으로 늘어났다[8]. 20세

---

8  유럽의 산업화를 위한 원자재 및 식료품 수요와 아시아의 유럽상품 수요 증가는 정기 증기선사들의
   취항과 더불어 화물 물동량을 크게 증가시켰다. 싱가포르항의 무역 톤수는 1860년 375천nrt, 1870년

기 초 싱가포르항은 '동양의 관문(The gateway of the East)' 위상을 공고히 했다. 1920년, 8,538,853톤에 달하는 5,674척의 상선이 싱가포르항에 입항했으며, 이 중 2,899척은 영국, 1,324척은 네덜란드, 638척은 일본이었으며 나머지 903척은 미국, 프랑스, 샴 및 기타 국적의 선박이었다. 이 시기 싱가포르는 세계에서 가장 큰 항만 중 하나였으며 입항 및 통관 톤수에서 보면 리버풀항 다음이었다. 당시 싱가포르를 중심으로 한 증기선 무역 루트는 영국·유럽대륙-싱가포르까지의 서비스(P&O 등), 캘커타-싱가포르-일본 간 서비스(British India Steam Navigation), 중국 항로(Jardine Mateson 등), 태평양 횡단 서비스(Pacific and China Mail Co. Ltd.), 지중해-파나마 운하-미국으로 화물을 운송하는 대서양 횡단 서비스(United States Shipping Board), 호주노선(Burns Philp 등) 그리고 말레이 연방 등 동남아 연안 서비스를 제공했다(Singapore Habour Board, 1922). 제국의 자유무역항은 점진적으로 세계와 연결된 무역항으로 진화해 나갔다는 의미이다.

## 3. 태평양 횡단무역의 부상

제국의 식민 항만도시로서 싱가포르는 1874년까지 영국이 관리하는 명확하고 공식적인 배후지가 없었다. 중계무역을 용이하게 한 배후 지역의 대부분은 네덜란드 동인도 제국 지역과 중국 남부지역 정도였다(Yong, 2019). 이러한 흐름은 19세기 후반에 배후 지역이 비교적 선명하게 구획되는 변화를 경험한다[9]. 이 시기 싱가포르는 말레이반도의 주요 항만으로서 기능을

---

650천nrt, 1880년 1,500nrt, 1900년에는 5,700천nrt로 증가했다(Pillai, 2005).

9 싱가포르와 인도 캘커타는 식민지 항만도시에서 탈식민지 도시국가 및 지역 항만으로 전환된 사례이다. 싱가포르는 고무·주석 무역이 확대되면서 배후지가 이전에 비해 고정성이 높아지긴 했으나

했다. 반도에서 추출한 주석, 고무, 석유 등을 가공하여 전 세계로 수출했다 (Singapore Habour Board, 1922). 1899년까지 주석이 싱가포르 수출액의 거의 20%를 차지하면서 세계 최대 주석 수출국이 되었다. 또한, 1918년까지 싱가포르에서 경매된 고무는 세계 수출의 1/4 수준에 달했으며[10] 이와 같이 인근 지역에서 싱가포르 시장으로 들어온 다량의 주석과 고무 등은 경제를 활성화하고 항만시설 건설의 발판을 제공했다. 20세기 초까지 싱가포르는 말레이반도의 필수적 중계무역 중심지이자 1차 원료를 수출하는 항만으로 역할을 했다.

주석과 고무에 대한 산업적 수요는 영국에서 유럽대륙, 특히 미국으로 무역 방향 전환에 기여했다(Abshire, 2011: 63-66). 1900년경까지 영국은 양철(tin-plate)산업 생산을 주도했으며 고무제조 산업의 발전을 가능하게 한 '독창적 발견'을 미국과 공유했다. 이후 미국은 제1차 세계대전 전후 자동차산업 성장의 산물인 양철과 고무제조, 특히 고무 타이어 생산을 선도적으로 이끌었다. 싱가포르 수출무역에서 유럽대륙과 미국이 차지하는 비중이 증가한 것은 영국의 산업적 지위가 상대적으로 하락했음을 반영하는 것이다. 싱가포르는 대영제국 내 식민지 항만이었지만 영국보다 미국에 점점 더 중요하게 되었다. 제1차 세계대전의 발발은 아시아와의 무역에서 영국

---

지배적인 벵골을 배후지로 가지고 있었던 캘커타에 비해서 '유동성'이 여전히 높았다. 탈식민지 시대 싱가포르는 세계를 '배후지'로 포용하는 세계적 항만도시로 성장했으나 캘커타항은 제한된 배후지로 지역 항만도시에 머물렀다(Tan, 2007).

10  1921년까지 고무에 대한 영국의 투자는 총 1억 파운드에 달했다. 제1차 세계대전이 끝날 무렵 고무산업은 상당한 토착민들의 참여와 함께 말라야와 인도네시아에서 확고하게 자리를 잡았고 이 '고무의 유혹'은 토착민들로 하여금 덜 힘든 영역에서 더 큰 이익을 추구하기 위해 조상의 과일나무와 쌀을 포기하도록 유도했다. 1920년 말라야는 세계 고무생산량의 57.6%를 생산하고 있었는데, 이는 25.4%로 추산되는 인도네시아 생산량의 두 배 이상이었다(Ken, 1978).

의 독점적 지배가 사실상 끝났다는 것을 의미했다. 〈그림 3〉에서 볼 수 있듯이, 싱가포르의 세계 교역량과 비교해보면 영국과의 교역량은 지속적으로 하락했다. 대신 수많은 국적·인종의 상인들과 기업들로 경제적 번영을 누렸기 때문에 '지역 중계국(regional entrepot)'으로 발전해 나갔다. 전쟁 사이에 산업 강국으로서 영국의 쇠퇴는 더욱 두드러졌다. 미국의 경제적 이해관계가 태평양 전역으로 확대되고 일본이 새로운 산업 강국으로 부상하면서 세계무역의 전환이 빠르게 진행되었다. 산업화된 유럽, 특히 영국의 부속물로 시작된 동아시아는 동아시아 항만과 아메리카 대륙 및 오스트랄라시아 대륙의 태평양 연안 해운로가 발전함에 따라 신흥 태평양 경제와 얽히게 되었다. 인도양과 태평양 사이에 위치한 싱가포르의 무역은 태평양 경제의 지역적 성장을 반영했다.

싱가포르의 북미, 동아시아, 오스트랄라시아와 총 교역량은 1870년 17%에서 1915년 23%, 1935년에는 36%까지 증가했다. 미국은 싱가포르의 무역 파트너로서 중요성이 지속적으로 높아졌다. 제1차 세계대전 중 선박들은

〈그림 3〉 싱가포르와 영국 · 유럽대륙 · 북미 간 무역량의 비중 변화 추이, 1870년~1937년(단위: %)

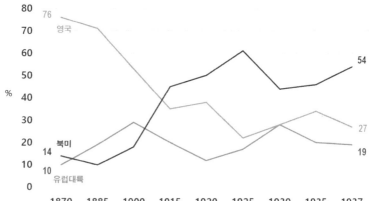

출처: Ken, W. L.(1978) 자료를 토대로 저자 작성

보안상의 이유로 수에즈운하를 우회하여 태평양 횡단 항로로 주석과 고무를 실어 날랐다. 이후 제2차 세계대전이 발발한 후에도 태평양 노선은 다시 주목을 받았다. 주석과 고무는 값싼 대체품이 없었기 때문에 미국은 싱가포르를 통해 유입되는 말라야와 인도네시아의 원료에 의존할 수밖에 없었다 (Ken, 1978). 19세기 말·20세기 초 싱가포르는 지역의 항만도시가 아닌 태평양을 횡단하여 대륙 간 세계에 통합되어 갔다(Yong, 2018).

## 4. 식민도시 발전과 항만

식민도시의 발전은 제국의 식민지 무역을 위한 항만의 발전과 밀접히 연계되어 있다. 식민시대 항만은 교역의 역할뿐만 아니라 인프라 확대를 시작으로 다른 항만들과 직접 연결되는 중심점이며 제국은 식민지 도시에서 빠르고 효율적으로 원료를 수집하고 새로 가공된 상품을 판매해야 했다. 따라서 그들은 수심이 깊고, 넓은 공간을 가진 접근성이 뛰어난 장소를 추구했으며 식민지 항만은 도시에 위치하여 즉각적인 시장과 외부 이해관계에서 중추적인 역할을 담당했다(Lee and Ducruet, 2008). P&O는 급증하는 물동량을 원활히 처리하기 위해 1852년 뉴하버(New Harbour, 현 케펠항)에 부두를 건설하였고 1860년대 이후 항만 '현대화'가 이루어지게 된다. 심해 부두 시설, 드라이 독(Dry dock), 항만과 도시를 연결하기 위한 도로 등 인프라 확충이 필요했다. 1861년 뉴하버부두회사(New Harbour Dock Company)의 전신인 페이턴트슬립부두회사(Patent Slip & Dock Company), 이어 1864년 물동량 처리 및 선박 수리 등을 위한 시설을 제공하기 위해 탄종파가부두회사(Tanjong Pagar Dock Company)가 설립되었고 2년 후 회사

부두가 완공되었다[11]. 물동량이 증가함에 따라 싱가포르의 중심 항만도 기존 보드 키(Boat Quay)에서 탄종파가에 위치한 뉴하버로 이동하기 시작했다. 중심 항만이 이동한 이유는 증기선에 더 적합한 시설과 심해부두의 필요성, 그리고 조수와 관계없이 벙커링과 화물 취급이 용이했기 때문이다. 뉴하버의 성장은 탄종파가 지역의 개발과 성장으로 이어졌다. 항만과 도시 사이의 상품과 사람의 이동을 개선하기 위해 새로운 도로와 트램 노선이 차례로 개설되었고[12], 상업 중심지의 일부가 항만 쪽으로 이동하기 시작하여 1887년 탄종파가 방향으로 도시가 확장되면서 텔록 에이어가 매립되었다.

당시는 개인소유의 부두가 일반적이었으며 1855년까지 탄종파가부두회사가 뉴하버의 모든 부두 공간의 약 3/4을 통제했다(Chen, 2016). 이 회사는 원양으로 가는 선박의 교통량 증가에 대응하기 위해 여러 개의 새로운 부두시설을 개발했으며 첫 번째 시설이 1868년에 완공된 빅토리아 부두(Victory dock)였다. 이후 탄종파가부두회사는 잠재적인 경쟁업체와 뉴하버를 따라 있는 다른 부두들을 점차 인수해 나갔다. 이 회사의 확장은 1899년 7월 가장 큰 경쟁자인 뉴하버부두회사와의 합병으로 절정에 달했다. 합

---

11  1868년 해협식민지 총독은 이 부두를 빅토리아 부두로 명명했으며, 이 부두의 작업장은 동양에서 가장 큰 규모였다. 보일러, 대장간 및 주조시설을 갖추고 있었으며 제재소와 목재 야드를 소유하고 있었다. 이 부두는 개항 2년 만에 기존 부두길이의 거의 2배인 442m로 늘렸으며 정부에 인수되기 전 1905년까지 회사 소유의 부두길이는 2,030m에 달했다. National Library Board of Singapore, Tanjong Pagar Dock Company Limited is established. http://eresources.nlb.gov.sg.(검색일: 2021년 12월 3일).

12  1896년 식민지 정부는 싱가포르와 조호르를 연결하는 철도건설에 대한 조사를 시작했다. 1899년 8월 조호르해협을 관통하는 약 24km 길이의 철도건설이 승인되어 싱가포르-크란지 철도로 알려진 싱가포르-조호르해협철도는 1903년 개통되었다. National Library Board of Singapore, Construction of Singapore-Johore Straits Railway is approved, http://eresources.nlb.gov.sg(검색일, 2021년 12월 7일).

병된 회사는 항만의 거의 모든 부두와 운송사업을 전면 소유하면서 독점력을 강화했다. 19세기 말이 되면 자체 부두를 보유한 P&O를 제외한 모든 부두회사들이 탄종파가부두회사에 합병되었다. 1907년에는 탱크로드-크린지(Tank Road-Kranji) 철도가 항만까지 확장하면서 케펠항과 시내 중심 사이의 연결성이 개선되었다.

이 시기 주목할 점은 1905년 식민정부가 항만을 통제할 목적으로 탄종파가부두 관련 법을 통과시킨 것이다. 이유는 항만산업이 민간기업에 의해 독점될 우려와 제국의 이익을 위한 대규모 부두개발의 필요성 때문이었다. 당시 식민정부는 탄중파가부두회사가 대규모 드라이 독 건설로 막대한 부채가 있었고, 서비스를 독점했지만 수요에 앞서 항만시설을 건설하는데 불충분한 것으로 판단했다. 법안에 따라 정부는 탄종파가부두위원회(Tanjong Pagar Dock Board)를 통해 탄종파가부두회사를 '강제적으로 인수'했다. 이후 1913년 7월 탄종파가부두위원회는 '싱가포르항만위원회(Singapore Harbour Board)'로 전환되었고 같은 해 케펠항의 광범위한 현대화를 추진했다. 세계에서 두 번째로 큰 그레이빙 독(graving dock)이 개장되었고, 오래된 목조부두를 콘크리트 부두로 교체, 현대적인 장비 설치, 전기도입, 새로운 도로와 창고를 건설했다. 화물 운송은 1923년 코즈웨이와 1932년 탄종파가 기차역이 개통되면서 더욱 촉진되어 증기선과 철도 열차 사이에 화물을 보다 쉽게 운송할 수 있게 되었다. 싱가포르항만위원회는 1920년대 초 120명의 유럽인과 약 1,900명의 유라시아인·중국인·인도인 및 말레이인 임직원으로 구성되었다. 여기에 더해 4,000여 명의 중국·인도 부두노동자, 조선소 부서에 5,000명 등 총 11,000여 명을 직간접으로 고용했다. 1903년 싱가포르는 화물처리량 기준으로 이미 세계 7위 항만으로 성장했으며 항만시설의 현대화와 함께 항만으로부터 육로교통 인프라도 크게 확충되면서 항만 중심의 도시 공간이 형성·발전되었다(강승문, 2017: 184-185; Chng, 2016; Singapore Habour Board, 1922). 그러나 제2차 세계대전 이후 말레이 연방에서 축출(배후지의 상실)되면서 도시국가이자 항만도시인 싱가포르는 새로운 위치설정(positioning)의 과제에 직면하게 된다.

## IV. 세계의 관문도시로 성장

### 1. '축출국가'의 위기와 세계도시 비전

1941년 제2차 세계대전이 발발하면서 케펠항의 주요 시설이 황폐화되고 다수의 선박이 침몰하여 무역 활동이 사실상 중단되었다. 태평양 전쟁 당시 싱가포르항은 거의 폐허 상태에 이르렀다. 1945년 9월 일본이 항복하고 싱가포르가 다시 영국에 양도되면서 싱가포르항만위원회는 항만 인프라 재건에 많은 노력과 투자를 실행했다. 이러한 복원의 흐름에 따라 싱가포르항만위원회는 항만현대화를 위한 장기계획을 수립 후 추진하기 시작했다. 싱가포르의 국민국가 성립은 이른바 '축출국가'라는 매우 예외적인 과정을 통해 이루어졌다. 이는 싱가포르가 1965년 8월 9일 말레이시아 연방으로부터 독립 '당하여' 강제로 축출되었기 때문이다. 좁은 국토에 천연자원이 사실상 전무했고 식수조차 말레이시아에서 수입해야 하는 벼랑 끝으로 몰렸다. 당시 경제는 식민지 모국이었던 영국의 해군기지에 기생하고 있었다. 싱가포르 인구(200만 명) 중 10%가 군사기지와 관련된 사업에 고용되어 있었고 전체 국민소득의 23%가 기지경제에 의존하는 실정이었다. 그 기지마저 6년 후 완전 철수를 앞두고 있었다(Seng, 2011). 이러한 조건은 정치적·경제적으로 국가생존의 문제와 직결되어 있었다.

경제개발위원회(Economic Development Board)는 싱가포르의 산업화를 추진하기 위해 설립되었으며 외국인 투자유치를 위한 세계 최초의 정부 기구로 알려져 있다(이용주, 2007: 105). 첫 번째 경제개발계획(1961~1965년)은 항만을 비롯한 경제 인프라 개발의 가속화를 토대로 무역, 관광, 조선 및 제조업 발전에 초점이 맞춰졌다(Chng, 2016). 제조 분야에서는 섬유·의류 및 전자제품 제조 등 저부가치의 노동집약적 산업을 장려했고 주롱(Jurong) 산업단지와 원자재 수입·수출을 담당할 주롱항은 제조업 육성을 지원하기 위해 건설되었다. 1968년 싱가포르 국영 해운선사인 NOL(Nepture Orient Lines) 설립은 무역발전과 항만기반 시설의 필요성에 기여한 중요한 계기가 되었다. 초기 정부의 운임통제에 따라 어려움을 겪었지만 컨테이너화(containerization) 시대 도래와 정부의 적극적인 지원으로 1970년대 이후 수익을 창출하기 시작했다. 1960년대 조선 및 수리시설은 항만 인프라 구성의 핵심 요소 중 하나였다. 1950년대 후반까지 케펠항의 조선소에 국한되었던 외항선 선박 수리시설은 이후 모든 유형의 선박 건조, 유지보수를 위해 주롱조선소가 설립되면서 수요에 대처해 나갔다. 정부는 선박 수리 시장의 잠재력을 보고 케펠 및 셈바왕 지역에 조선소를 계속 개발해 나갔으며 민간 조선소 설립도 장려했다. 제국의 식민도시 시절부터 위상을 유지해온 대규모 석유무역 및 정제산업도 국가의 지원하에 빠르게 성장했다. 석유화학은 1960년대 싱가포르의 부를 성장시킨 또 다른 경제적 기둥이었다(Breul, 2019)[13]. 1960년대 중반 경제의 황폐화, 1965년 핵심적 배후 지역인 말레이

---

13 싱가포르의 석유화학 산업은 초기 경제성장을 견인한 중요한 산업이었다. 석유화학 산업을 위한 항만시설은 1852년에 이미 개발되었으며, 당시 대영증기선회사가 증기선의 연료 공급 수요를 충족시키기 위해 최초의 석탄 벙커링 부두(오늘날 석유 정제 및 벙커링 산업의 전신)를 열었다. 1894년,

연방에서 강제축출, 1968년 대영제국의 중계무역 및 군사기지 역할이 중단되면서 싱가포르는 '발전주의적 도시국가'에 의해 유치되고 보호되는 다국적 투자를 기반으로 국가적 정체성을 새롭게 수립했다(Castells, 1992: 37). 식민도시 시대 싱가포르의 심해항은 제국의 이익과 경제의 중심이었으며 탈식민 국가성립 이후에도 항만의 중요성을 더욱 강조하면서 이 '전략적 자산'을 계속 발전시켜 나갔다. 주변 배후지가 성장하고 세계 경제와의 무역 연결 유지·강화, 그리고 증가하는 수요에 대처하기 위해 국가주도의 항만개발 및 운영을 계획했다(Lim, 2008).

축출국가의 '생존위기' 속에서 싱가포르의 전략적 선택은 '세계도시 (global city)'로의 이행이었다. 세계도시 비전은 1972년 당시 외교부 장관이었던 라자 라트남(Rajaratnam, S.)에 의해 선언되었다. 제국의 식민도시에서 100여 년 동안 담당했던 단순 중계무역의 중심지는 더 이상 효력이 없음을 예상하면서 세계도시로의 발전만이 향후 국가의 미래를 보장할 수 있다고 주장했다(Rajaratnam, 1972). 기존 제국의 식민도시는 지역 문명과 제국의 범위 내 제한된 중심지 역할을 했다면 세계도시는 다른 세계도시들과 상호 연결되어 있어 싱가포르의 협소한 국토·배후지 그리고 원자재와 내수시장의 부재는 치명적이거나 극복할 수 없는 장애물이 아니라 판단했다. 왜

---

셸운송무역회사(Shell Transport and Trading Company)는 극동 · 기타 아시아 시장 및 호주에 서비스를 제공하기 위해 풀라우부콤(Pulau Bukom)에 석유 저장 및 부두 시설을 구축했다. 싱가포르에서 가장 오래된 등유 창고센터인 풀라우부콤의 설비는 셸사에 인수되었으며 1961년 셸사는 싱가포르 최초의 정유공장을 건설했다. 현재 이 거대회사는 하루 40만 배럴 이상의 생산능력을 갖춘 가장 큰 정유공장을 보유하고 있다. 1961년은 싱가포르가 전 세계 벙커링 거점으로 발전하는 중요한 해였다. 1970년대 후반 들어서면서 6개의 국제석유회사가 싱가포르에서 정유공장 · 설비를 운영하면서 세계 3위의 정유센터로 발전했다. 이와 같이 싱가포르의 항만 벙커링 산업은 식민 항만도시의 산업적 유산이 이어져 현재 아시아의 석유유통센터로 성장한 것이다(Chng, 2016: 15; Pillia, 2005).

냐하면 세계도시는 배후지를 재정의하여 메가 지역(mega-region)과 세계를 배후지로 삼을 수 있기 때문이다. 싱가포르는 '지역 도시(regional city)'를 넘어서고 기존 식민지 무역의 중심지였던 항만도 글로벌 항만으로서 기능을 갖고자 했다. 이러한 비전에서 항만은 세계를 배후지로 만드는 '바다의 고속도로'로 인식되었다. 또한, 국제금융네트워크, 초국적 기업들의 유치 및 진출, 국제화된 생산, 세계 경제 시스템의 상호의존성 증가는 세계도시의 배경이 된다. 특히 초국적 기업들에는 세계가 배후지이자 시장이며, 이러한 기업들의 유치는 싱가포르와 세계 배후지를 연결하는 결절점 역할을 한다.

싱가포르의 '세계도시' 비전은 결국 더 이상 동남아시아의 필요를 충족시키는 것만으로는 경제성장을 지속할 수 없다는 문제의식 속에서 이전보다 훨씬 더 큰 시장, 전 세계를 위한 상품 및 서비스 공급망의 일부로 스스로를 위치 설정한 것이다. 이러한 배경에는 정치적·지전략적(geo-strategic) 현실도 작용했다. 1965년 국민국가 성립 이후에도 국내 정치적 상황뿐만 아니라 주변국의 인종폭동, 인도차이나 전쟁과 냉전 등 지역의 불안정성이 매우 높았다. 싱가포르는 경제성장을 위해 이 지역을 뛰어넘는 방법을 찾아야 했고 그 결과 전략적으로 제시된 것이 세계도시 비전이었다. 이전 제국의 식민도시가 제한된 범위의 영향력을 지닌 지역 문명과 지역 제국의 고립된 중심지(isolated centres)였다면 세계도시는 전 세계를 포용하는 도시를 의미했다. 즉, 세계도시 비전은 세계를 배후지로 재정의하는 국가의 전략적 선택이었다(Yong, 2018). 싱가포르는 세계도시 비전 선언 훨씬 이전부터 사실상 글로벌화 되어 있었다. 항만도시의 존재를 구성하는 자본, 사람, 지식의 순환·연결·네트워크는 속도, 범위, 영향력에서 차이는 있겠지만 전근대 그리고 식민지 시대 싱가포르의 역사적 경험에 내장되어 있었다. 세계도시로의 이행은 항만의 역할과 기능의 진화를 전제로 하며 이러한 항만의 진화는 세계화의 '최전선 병사' 역할을 담당했다(Ducruet and Lee, 2006). 싱가포르 항만은 세계와 소통하는 중요한 연결고리였다. 항만도시는 본질적으로 해양적 특성을 갖는 경제적 실체로서 해상무역네트워크의 중심지이며 국내외의 배후지 없이 존재할 수 없다. 즉 항만은 배후지와 무역으로 연결되어 있으며 육지의 무역이 바다와 연결되는 통로 역할을 했다. 싱가포르가 지향했던 세계도시는 글로벌 허브 항만을 기반으로 세계를 배후지로 하는 국가의 전략적 기획이었다.[14]

## 2. 세계적 항만도시를 위한 '배팅': 컨테이너 항만

1956년 미국에서 시작된 해상운송의 컨테이너화(Containerization)는 1966년 미국·유럽·극동 지역을 잇는 최초의 대륙 간 컨테이너 운송서비스로 이어졌다. 컨테이너화는 해상 화물 운송의 비용과 시간을 획기적으로 감소시켰고 경제의 세계화를 촉진한 핵심적인 요인이었다. 제2차 세계대전 이후 세계 경제에서 가장 눈에 띄는 발전 중 하나는 국제무역의 엄청난 성장이었다. 세계무역은 1950년대 초반 0.45조 달러에서 1990년 3.4조 달러로 약 7배 증가했다. 이러한 극적인 성장은 무역정책의 자유화와 기술주도의 운송비용 절감으로 설명된다. 컨테이너화는 1960년대 이후 경제의 세계화를 가속한 20세기 혁명적 운송기술로 평가된다. 즉 세계무역의 급격한 증가 시기와 컨테이너화의 진전 시기는 거의 일치한다. 컨테이너는 GATT 관세인하 및 지역무역협정과 같은 정책변화보다 1962년~1990년 기간 동안 세

---

14 싱가포르의 정치적 지도자들은 아세안, 중국, 인도, 호주와 같은 시장을 언급하면서 싱가포르에서 비행 반경 7시간 이내의 지역을 포함하는 소위 '7시간 주변 배후지론'을 주장했다(Zaccheus, 2019). 세계도시 국가에서 고정된 배후지 개념은 효력을 상실했다는 의미이다.

계 무역증가에 더 많은 기여를 했다(Bernhofen, 2016). 즉 컨테이너화는 운송비용과 시간을 줄여 세계 경제의 틀을 바꾸고, 낡은 체제를 해체하는 동시에 새로운 글로벌 네트워크 체제를 만들어 냈다. 글로벌 가치사슬의 형성과 확장도 컨테이너화가 이루어지지 않았더라면 사실상 불가능했다. 컨테이너화를 위해서는 이전과 다른 새로운 항만시스템과 이를 위한 대규모 자본투자가 필요했다. 우선 컨테이너 항만이 개발되어야 하고, 단순육체적 노동 중심의 부두노동자들이 아니라 대형 크레인이 있어야 했다. 또한, 개방된 야적장과 함께 항만은 고속도로와 철도 노선에 대한 접근성 개선이 필요했다. 해상, 철도 및 도로운송 사이에서 다른 모드(modes)와 인터페이스가 현실화되면서 컨테이너화의 잠재력은 더욱 부각되었다.

아시아 신흥공업국(NIEs)의 높은 경제성장 역시 위와 같은 세계적·지역적인 국제무역의 호황과 역동적 해운 환경의 변화와 연관되어 있었다. 컨테이너 항만개발은 세계도시 비전 실현을 위한 하부구조였다. 싱가포르는 1966년에 동남아 최초의 컨테이너 터미널을 건설하기로 결정한 후 1972년 탄종파가 컨테이너 터미널을 개장하고 그해 로테르담에서 300개의 컨테이너 화물을 실은 MV 니혼(Nihon)호를 맞이했다(Chng, 2016). 1970년대부터 해상운송의 컨테이너화가 빠르게 진행되면서 싱가포르는 선점이익을 누리며 세계의 물동량 점유율을 높여 나갔다. 대서양과 태평양 횡단무역은 해상무역의 혁신기술인 컨테이너화가 진전되기 전까지 규모가 상대적으로 크지 않았다. 그러나 상품운송을 위한 이 새로운 기술은 항만 간 경쟁을 완전히 재정의했다. 도입 초기 몇몇 항만들은 컨테이너화의 파급효과와 향후 전망을 제대로 이해하지 못한 반면 소수의 항만은 선도적 계획과 투자로 세계에서 가장 경쟁력 있는 항만으로 도약했다. 싱가포르의 경우 이 '결정적 국면'을 인식하고 활용하여 경쟁력 유지에 성공한 대표적인 국가이다(Merk, 2013). 컨테이너 무역성장은 규모의 경제를 활용하기 위해 더 큰 선박의 개발을 촉진했으며 대형화되는 선박을 유치하기 위해 항만의 대형화를 위한 개발은 필수적 조건이 되어 갔다. 싱가포르가 컨테이너 항만 건설을 결정할 당시 컨테이너 기술이 비교적 생소하여 이러한 시설을 갖춘 항만이 거의 없었다. 즉 싱가포르의 컨테이너화 추진은 상당한 '위험'이 따르는 결정이었다.

〈표 2〉PSA 고정자산 가치 증가(단위: 백만 달러)

| 추가 고정자산 | '69 | '70 | '71 | '72 | '73 | '74 | '75 | '76 | '77 | '78 | '79 |
|---|---|---|---|---|---|---|---|---|---|---|---|
| Freehold Land | - | - | 0.25 | 0.31 | - | 18.6 | 1.42 | 12.13 | 1.19 | 2.68 | 2.43 |
| Leasehold Land | - | - | 1.78 | 4.35 | - | 14.4 | 7.04 | 0.03 | 41.1 | 17.4 | 16.2 |
| 부두 | - | - | - | 33.2 | - | 39.1 | 25.02 | 6.08 | 29.6 | 7.14 | 41.4 |
| 수상 선박/장비 | 1.1 | 0.3 | 4.7 | 1.89 | 0.75 | 6.11 | 2.18 | 10.18 | 10.2 | 7.59 | 3.93 |
| 설비/장비 | 0.8 | 1.4 | 1.08 | 12.63 | 0.83 | 3.24 | 16.82 | 10.24 | 29.4 | 26.8 | 13.7 |
| 합계 | 1.9 | 1.7 | 7.81 | 52.38 | 1.58 | 81.45 | 52.48 | 38.66 | 111.49 | 61.61 | 77.66 |

출처: Pedrielli, G. et al.(2016) 토대로 저자 수정·보완

1960년대 말은 미래 해상운송으로 컨테이너 발전에 대한 신뢰를 확인한 싱가포르항만청(PSA: Port of Singapore Authority)의 전략적 순간이었다. PSA는 컨테이너 무역에서 싱가포르의 미래를 본 것이다. 컨테이너화가 무역의 혁신과 항만산업에 결정적 변화를 초래할 것으로 판단했다.[15] 성장하

---

15  PSA는 출범 이후 미국과 유럽에서 일어나고 있는 '컨테이너화 혁명'을 조사하기 위해 특별위원회를 구성했다. 싱가포르에 컨테이너 항만시설이 필요하다는 것은 분명했지만 영국군 철수 위기에 처한 상황에서 고가의 취급 장비와 항만노동자들의 대규모 실업을 의미하기 때문에 컨테이너 항만시설에 대한 대규모 투자 결정은 쉽지 않았다. 결국, 당시 재무부 장관은 싱가포르의 경제수석 고문(Albert Winsemius) 등의 의견을 반영하여 최초의 컨테이너 항만을 건설하기로 결단했다. 이에 따라 아시아에서 어떤 해운사도 유럽과 극동 항로를 위한 컨테이너 선박 건조를 하고 있지 않았음에도 불구하고 1966년 이스트라군(East Lagoon) 지역(1982년 탄종파가 컨테이너 터미널로 개칭)에

는 시장과 완전히 새로운 운송수단을 활용할 수 있다는 것은 과거 핵심 자산인 항만의 경쟁력을 유지한다는 의미였다. 이를 위해서는 증가하는 컨테이너 운송을 처리할 수 있는 항만역량을 강화하고 대기 및 처리시간을 줄이기 위한 효율성 개선에 대한 집중적 투자가 필요했다. 싱가포르 정부의 컨테이너화에 대한 투자현황은 〈표 2〉를 통해 확인할 수 있다. 부두의 가치상승과 설비·장비 관련 자산 가치 증가는 주로 컨테이너 터미널 인프라 성장에 기인했다. 이와 같은 투자결과 PSA의 컨테이너 터미널 운영수입은 1975년 36,533천 S$에서 1979년 133,217천 S$로 265% 증가했으며 1988년에는 세계 3위의 물동량 처리 항만으로 성장해 갔다.

1972년 월평균 기항 선박 수는 3개 정기선사의 4척, 컨테이너 처리량도 14,042 TEU에 불과했다. 그러나 1977년에는 월평균 기항 선박 수는 83척으로, 컨테이너 물동량도 351,140 TEU로 급속히 증가했다. 이 기간 동안 컨테이너 물동량의 연평균 증가율은 148%에 달했다. 2020년 현재 싱가포르항은 연간 3,687만 TEU를 처리하는 세계 2위 항만도시로 성장했다. 또한, 최근 PSA가 추진 중인 투아스 메가포트(Tuas mega port) 개발사업은 1960년대 컨테이너화에 대응하기 위한 정부의 선도적 투자와 비견되는 초대형 프로젝트이다. 2012년 싱가포르 정부는 미래 글로벌 항만경쟁력을 강화하고 세계 최고수준의 항만물류 중심지의 위상 강화를 위해 투아스 메가포트 건설을 결정했다. 이는 기존 싱가포르 내에서 운영되는 탄종파가, 케펠, 브

---

최초의 심해부두 건설을 시작했다. 당시 싱가포르가 결정을 연기했다면 홍콩, 말레이시아 등에 추월당했을지도 모른다. 또한, 재정조달이 큰 문제였다. 세계은행은 싱가포르가 컨테이너화에 대한 준비가 되어 있지 않기 때문에 컨테이너 건설을 지지하지 않았다. 결국, 45백만 달러의 세계은행 대출은 케펠항의 항만시설을 확장하는데 사용한다는 조건으로 이루어졌으며 나머지(약 70∼80백만 달러)는 다른 정부 기관이 매입한 PSA 채권발행을 통해 충당했다(Chng, 2016).

래니, 파사르판장, 셈바왕 및 주롱 항만시설을 시 쪽 국경 지역인 투아스 지역으로 이전 및 통합하는 메가 프로젝트이다. 기존 6개 터미널이 투아스 메가포트로 통합되면 규모의 경제를 달성할 수 있을 뿐만 아니라 항만서비스를 위한 자원의 배치를 최적화할 수 있다. 또한, 인공지능, 사물인터넷, 머신러닝, 각종 자동화 및 로봇기술 등 이른바 4차 산업혁명의 대표기술들이 적용되어 항만물류 흐름을 최적화하고 육·해상 물류 체계의 실시간 연계가 이루어질 것으로 기대된다. 시내 모든 항만이 투아스 신항만으로 이전됨으로써 기존 도시 공간 활용의 효율성이 높아질 것이다. 투아스 메가포트 개발계획은 2015년부터 2040년까지 총 4단계로 이루어진 장기개발계획으로 현재 2단계 공사가 진행 중이다. 2040년 투아스 메가포트 건설사업이 완료되면 65개 선석에 연간 6500만 TEU를 처리할 수 있는 세계 최대의 스마트 자동화 항만이 탄생하게 된다(MPA, 2020).

1970년대 중반 이후 세계 컨테이너 화물의 눈부신 증가 속에서 싱가포르

〈그림 4〉 싱가포르 Tuas Mega Port 개발계획

| 단계 | 면적(ha) | 운영 시점 | 화물 취급 역량(TEUs, million) |
|------|---------|----------|------------------------------|
| 1 | 414 | 2020년대 초반 | 20 |
| 2 | 405 | 2020년대 후반 | 21 |
| 3 | 260 | 2030년대 초반 | 11 |
| 4 | 260 | 2030년대 중반 | 13 |
| 합계 | 1,339 | | 65 |

출처: MPA, Singapore(2020). p. 1; Kaur(2017)

의 선도적 투자와 운영기술 발전은 놀라운 '타이밍 감각'을 보였으며, 세계적 항만도시로의 이행은 '위험한 배팅'이 성공한 결과였다.

## 3. 발전주의적 도시국가와 항만

현대 싱가포르는 식민지 시대의 유산에 기반을 둔 성공적인 경제성장 사례로 평가된다(Huff, 1994). 싱가포르가 보유한 지리적 장점 이외에도 특정 요소 자산의 비교우위는 항만개발을 가능하게 하는 중요한 요인이다. 예를 들어 항만 단지(port complexes)는 운송요소 비율이 토지공급 비율을 초과하는 지역에 주로 나타나는 경향이 있으며 나아가 상업적 성공을 결정하는 요인은 비교우위 요소를 중시하여 생산적으로 배치하는 능력이다. 싱가포르의 해상운송 기반시설을 도시국가의 발전궤적과 매우 효율적으로 일치시키는 능력은 동아시아 '발전국가'의 특성으로 설명된다(Airriess, 2001). 발전국가는 국내 및 국제경제와의 관계 모두에서 지속적으로 높은 경제성장률과 생산시스템의 구조적 변화의 조합을 통해, 발전을 촉진하고 지속할 수 있는 능력을 정당성의 원칙으로 내세운다(Castells, 1992). 이 정당성의 원칙은 국가가 행사할 수 있고 사회프로젝트로 실행될 수도 있다. 이는 국가의 정체성을 구축 또는 재구축하는 형태를 취하여 국가의 존재를 확인한다. 싱가포르의 경우 도시국가의 경제발전과 생산시스템을 위한 핵심 인프라로 항만개발을 선도적으로 추진한 것이다.

1950년대 말 컨테이너화 초기 단계에서 싱가포르 정부는 해상무역의 규모와 유형이 곧 급변할 것으로 판단하여 '동쪽'에서 주도권을 유지하기 위한 준비를 시작했다. 1957년 이와 관련한 조사위원회를 출범시켰으며 조사

결과는 항만 활동과 장비 그리고 항만관리조직을 핵심적 요소로 평가했다.[16] 조사위원회는 PSA를 설립하여 항만의 효율성과 항만 인프라 활용을 전체적으로 통제할 것으로 제안했다. 1963년 PSA 설립 법안이 통과되면서 1964년 1월 기존 싱가포르항만위원회를 대체할 PSA가 공식 출범했다(Pedrielli, 2016). 항만개발과 운영을 주도한 PSA 역할은 발전국가로서 싱가포르의 특징을 반영한다. 핵심은 1950~1960년대 공기업 형태의 국가통제와 결합된 자유시장 경제의 수용이었다(Krause, 1989). 공기업의 한 형태는 싱가포르 공무원과 제도적으로 분리되어 있으며, 재정적으로 독립적이고 수익성이 있을 것으로 예상되는 특정 경제개발 기능을 촉진하기 위한 '자율적' 정부 기관인 법정위원회(statutory board)이다. 1980년대까지 이러한 위원회가 약 86개가 있었고 1990년대 초반에는 다른 정부 관련 기업과 함께 국내 기업자본의 약 2/3를 통제했다. 당시 법정위원회로서 PSA는 다른 국가들의 항만과 비교하여 훨씬 더 경쟁력 있는 상업환경을 가지고 있었고 국가 공간 계획의 변화에 신속한 대응이 가능했다. 이러한 과정을 통해 싱가포르는 글로벌 자본주의와 더욱 긴밀히 연결되어 갔다(Arriess, 2001).

싱가포르항만 거버넌스의 구조적 변화는 〈그림 5〉와 같다(Cullinane, 2007). 1905년 식민정부 주도의 싱가포르항만위원회 출범 이후 혼란과 격동의 시기인 1964년 PSA가 설립되었으며 1997년 PSA가 담당했던 규제기능이 해양항만국(MPA)으로 이전되면서, 기존 PSA는 싱가포르항만운영사

---

16 식민정부는 1957년 8월 모든 항만 및 내륙시설의 관리·개발을 평가하고 대안을 권고하기 위한 조사위원회를 구성했다. 영국의 항만전문가들이 참여했고 조사결과는 밀번(Millbourn) 보고서로 제출되었다(Chng, 2016). 핵심은 싱가포르항만위원회의 기능이 너무 다양하여 위원회가 항만관리의 주요 역할에 집중하는 데 방해가 된다고 판단했고 이를 극복하기 위한 조치로 싱가포르항만 전체를 관리하는 단일기관 설립을 제시했다.

(PSA Corporation)로 별도 법인화되었다[17]. 법인화는 일반적으로 민영화를 의미하지만, PSA의 지분구조를 보면 싱가포르 정부(재무부)가 100% 투자한 테마섹 홀딩스(Temasek Hodings)가 소유하고 있다. 1974년 설립된 국영 테마섹 홀딩스는 싱가포르 정부가 소유한 투자회사이다. 주주이자 적극적인 투자자이며, 운영하고 있는 포트폴리오 순가치는 S\$ 381 billion(2011년 S\$ 193 billion)이며 지난 10년 동안 S\$ 276 billion이 투자되었다. 투자지역은 중국 27%, 싱가포르 24%, 아메리카 20%, 아시아(싱가포르·중국 제외) 13%, 유럽·중동·아프리카 12% 순이다. 투자 분야는 금융서비스 분야가 24%로 가장 높고 다음으로 통신·미디어·기술 21%, 운송·산업 19%, 소비·부동산 14% 순이다. 글로벌 투자를 위해 런던과 뉴욕, 베이징을 비롯해 전 세계 13개 지사에 세계적 수준의 다국적 팀이 활동 중이다(Temasek,

〈그림 5〉 싱가포르항만 거버넌스의 구조적 변화

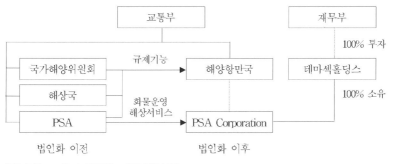

출처: Cullinane, K. et al.(2007), p. 298 일부 보완

---

17 PSA Corporation 설립 이후 조직구조는 더 민첩하고 유연하며 고객지향적이 되었다. 1997년 법인화 이후 국가를 단일 주주로 하는 민간기업의 운영과 구조를 갖췄다. PSA는 여러 자회사도 갖는 기업집단인데 1972년 설립된 Maritime Service Ltd는 PSA가 100% 소유했다. 초기 예인선, 수리·유지보수, 쓰레기 수거 등으로 시작했지만 이후 싱가포르와 해외에서 포괄적인 항만·해양 및 IT 컨설팅 서비스를 제공하는 역할까지 확장하였으며 1986년 PAM Service Ltd로 회사명을 변경했다. 1978년 설립된 Singapore Engineering and Consultancy Services는 싱가포르 및 해외에서 항만 엔지니어링 컨설팅 서비스를 전문적으로 제공했다(Pillai, 2005).

2021). 싱가포르는 격동의 탈식민 국민국가 성립과정에서 자신의 위치를 재정의했으며 테마섹 홀딩스는 20세기 싱가포르의 실용적인 실험의 결과로 볼 수 있다. 이러한 배경에는 정부 소유의 사업운영은 정부 몫이 아니라는 원칙이 있었다. 자산을 소유하고 관리하는 이 상업투자회사의 목적은 정부가 정책 결정 및 규제의 핵심 역할에 집중할 수 있도록 하는 것이었다. 따라서 정부의 정책 결정 및 규제기능과 상업기관의 주주로서 역할을 분리했다. 테마섹의 지분은 정부(재무부)가 유일하게 소유하고 있지만 '정부의 펀드매니저'가 아니라 싱가포르 기업법의 적용을 받는 상업투자회사로 자산을 소유하고 있다. 테마섹은 매년 주주에게 배당금을 지급하며 지배구조는 독립적인 이사회 및 경영진이 정치적 간섭 없이 사업을 계획·실행한다. 싱가포르항만은 위와 같은 거버넌스 구조로 '국가의 통제와 자유시장 경제'[18]의 절묘한 결합을 실현해 왔다.

## 4. 글로벌 연결성

제국의 지역 항만은 진화를 거듭하여 세계 최고수준의 글로벌 연결성을 구축한 허브 항만으로 위상이 재정립되었다. 글로벌 연결성과 항만개발은 상호 추동적 관계를 지속하며 싱가포르의 경제성장을 견인해 나가고 있다. 현재 전 세계 120개국 600개 이상의 항만과 연결되어 있으며 매년 130,000척 이상의 선박이 기항한다. 아시아에서 유럽으로 가는 주요 항로를 연결하는 글로벌 선사들과 해운동맹(Shipping alliance) 선박이 정박하고, 인근 국

---

18 정부는 PSA 이사회뿐만 아니라 집행위원회에 비즈니스 리더들을 임명하여 항만관리 및 글로벌 비즈니스 그리고 기업가적 관점을 주입하기 위해 노력했다(Lim, 2008).

가의 소규모 항만들과 강력한 피더(feeder) 네트워크를 구축하여 안정적이고 조밀하게 연결된 물류의 흐름을 배분한다. 이러한 연결성은 해양부문을 넘어 물류·제조·도매 무역을 비롯한 연관 산업을 지원하여 초국적 기업들의 경제활동을 촉진한다. 예를 들어, 우수한 항만 연결성은 글로벌 가치사슬에서 원자재 수입·제조 제품 수출의 용이성과 경제성에 기여하고 궁극적으로 제조업 부문을 지원한다(Li, 2018).[19]

〈그림 6〉은 세계 주요 항만의 '항만 연결성 지수'(Port Liner Shipping Connectivity Index)를 나타낸 것이다[20]. '항만 연결성 지수'는 세계 900여 개 항만의 정기선 입항빈도, 항만 수용 능력, 정기선 서비스 및 선사 수, 타항만 간 연결성 등 6가지 지표를 토대로 2006년(홍콩=100)부터 발표되고 있다. 2006년에는 홍콩이 가장 높은 연결성을 보였으나 2020년 현재는 중국경제의 성장을 반영하여 상하이항이 1위를 차지하고 있다. 싱가포르는 중국 항만들의 추격에도 불구하고 세계 2위 자리를 유지하고 있다. 중국 항만들의 경우 자국의 수출입 물량이 높은 반면 싱가포르항만의 경우는 전 세계로 연결되는 환적화물 비중이 전체의 80% 이상을 차지하는 세계 1위의 환적 중심 항만이다.

PSA 인터내셔널은 2003년 설립된 PSA의 지주회사이자 전 세계 주요 항만개발 및 투자를 수행하는 글로벌 항만투자 및 운영사이다. PSA 인터내셔널의 세계화 노력은 첫 번째 프로젝트인 1996년 중국 대련항을 시작으로 엄청난 성장을 거듭하고 있다. 이후 글로벌 해운선사들의 전용부두 건설 프로젝트를 위해 합작투자를 수행했고 2002년에는 유럽 시장의 거점을 확보하

---

19  Connecting to the world: Singapore as a hub port, 2018, https://www.csc.gov.sg/(검색일: 2021년 12월 21일).

20  UNCTAD, https://www.unctadstat.unctad.org/(검색일: 2021년 11월 17일)

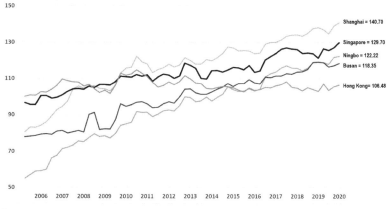

〈그림 6〉 세계 주요 항만의 항만 연결성 지수(PLSCI) 변화 추이, 2006년~2020년

출처: UNCTAD 자료(https://unctadstat.unctad.org/)를 토대로 작성

기 위해 벨기에 터미널 운영업체인 HNN(Hesse Noord Natie)의 지분 80%를 인수하면서 크게 성장했다. PSA 인터내셔널은 항만운영뿐만 아니라 물류 서비스, 항만 IT 도입에도 적극적이다(Lee-Partridge et al., 2000). 싱가포르항만을 중심으로 운영되는 전체 해운 및 항만 커뮤니티가 참여하는 세계 최초이자 유일하게 산업 전반의 e-비즈니스 네트워크도 성공적으로 구현했다. 중국, 이탈리아 항만에도 맞춤형 버전을 성공적으로 도입하여 이러한 항만 IT를 전 세계에 구축하는 '항만서비스 제국' 건설을 목표로 하고 있다(Wang, 2015). PSA 인터내셔널은 싱가포르항만을 포함하여 전 세계 26개국 55개 지역에서 61개의 항만물류 터미널을 운영하고 있다[21]. 항만운영 관련 세계 최대의 초국적 기업이지만 지분은 테마섹 홀딩스가 100% 소유하고 있다. PSA 인터내셔널은 세계 주요 항만을 싱가포르항만과 촘촘하게 연계시켜 글로벌 연결성을 높이는 핵심적 역할을 담당하고 있다.

---

21  PSA International, https://www.globalpsa.com/portsworldwide/(검색일: 2022년 1월 10일).

<표 3> PSA International의 Global Connectivity

| 지역 | 국가 | 항만/터미널(개)* | 컨테이너 선석(개) | 안벽 길이(m) | 면적(ha) | 부두 크레인(개) | 설계용량 (천 TEU) |
|---|---|---|---|---|---|---|---|
| 동남아 | 싱가포르 | 1 | 53 | 21,033 | 817.0 | 195 | 50,000 |
| | 베트남 | 2 | 7 | 1,505 | 63.6 | 15 | 2,448 |
| | 태국 | 2 | 6 | 1,525 | 58.5 | 16 | 2,439 |
| | 인도네시아 | 1 | 3 | 850 | 32.0 | 8 | 1,500 |
| 동북아 | 중국 | 7 | 25 | 15,312 | 1,148.9 | 139 | 25,030 |
| | 대한민국 | 2 | 9 | 3,250 | 174.5 | 33 | 6,600 |
| | 일본 | 1 | 4 | 1,225 | 43.0 | 4 | 1,100 |
| 중동·남아시아 | 인도 | 5 | 15 | 4,014 | 282.4 | 40 | 7,890 |
| | 사우디 | 1 | 9 | 2,380 | 185.0 | 15 | 2,400 |
| 유럽·지중해 | 벨기에 | 2 | 20 | 7,005 | 443.0 | 61 | 13,400 |
| | 이탈리아 | 3 | 11 | 2,811 | 163.5 | 22 | 2,980 |
| | 포르투갈 | 1 | 4 | 1,140 | 50.0 | 11 | 2,100 |
| | 터키 | 1 | 21 | 3,370 | 112.8 | 16 | 2,600 |
| | 폴란드 | 1 | 4 | 1,300 | 95.0 | 14 | 3,000 |
| 중남미 | 아르헨티나 | 1 | 3 | 1,144 | 54.5 | 10 | 1,100 |
| | 파나마 | 1 | 3 | 1,140 | 40.0 | 11 | 2,000 |
| | 콜롬비아 | 1 | 1 | 830 | 128.0 | 6 | 1,000 |
| 북미 | 미국 | 1 | 2 | 350 | 32.0 | 4 | 600 |
| | 캐나다 | 2 | 2 | 800 | 32.0 | 5 | 580 |
| 합계 | 19 | 36 | 204 | 70,984 | 3,955.7 | 625 | 128,767 |

\* 물류창고, 내륙터미널 포함 \*\*다목적 선석 포함

\*\*\* 영국(Essex), 페루(Lima, Talara), 오만(Sur), 방글라데시(Chattogram), 말레이시아(Johor)에는 항만서비스 거점 운영; 우루과이(Montevideo), 브라질(Barueri, Itajai)은 화물터미널/창고

출처: https://www.globalpsa.com/portsworldwide/ 자료(검색일: 2022년 1월 4일)를 토대로 저자 계산 후 작성

# V. 결론

싱가포르는 지난 200년 동안 '제국의 관문'에서 '세계의 관문'으로 진화·

발전되어 왔다. 이 과정에서 항만은 싱가포르 발전의 중요한 전략적 자산이었으며, 도시의 역사적 형성과 진화과정에 큰 영향을 미쳤다. 이와 같은 맥락에서 이 장은 내용은 다음과 같이 요약할 수 있다.

우선, 1819년 영국 동인도회사의 래플스가 싱가포르를 '발견'하면서 제국의 식민도시 형성이 시작되었다. 제국은 싱가포르를 무역의 거점으로 발전시키고자 했으며 식민도시는 중계무역과 이를 위한 '거대한 상점' 역할을 담당하면서 빠르게 성장해 나갔다. 식민정부의 자유무역항 지정으로 개방성과 외부지향성이 강했으며 해상무역 네트워크도 항만을 중심으로 확장되었다. 중계무역 발전은 '이민 도시' 형성기와 일치하며, 항만은 지역 노동력의 중계지이자 관문으로 도시발전 및 팽창의 촉진요인이 되었다. 식민지 무역성장의 기술적·환경적 요인은 증기선 출현과 수에즈운하의 개통이었다. 이 두 가지 요인은 제국과 식민지 도시 네트워크 간 인적·물적 이동량을 급격히 증가시켰으며, 제국의 자유무역항은 점차 세계와 연결된 무역항으로 발전해 나갔다. 항만의 배후지 개념도 19세기 초 불특정한 지역 상품의 상점과 창고 역할에서 20세기 초에는 서구 산업화와 이에 따른 고무·주석산업의 발전으로 말라야반도가 중심적 배후지로 부상했다. 세계적 산업 수요 변동은 싱가포르의 무역 방향 전환에도 기여했다. 영국제국과의 무역량은 점차 감소한 반면, 신흥 태평양 경제와의 연계성이 높아지면서 태평양을 횡단하여 대륙 간 세계에 통합되어갔다. 또한, 무역 규모의 성장은 항만개발 및 현대화 그리고 이와 연계된 인프라 확대의 압력을 증가시켰으며, 이는 도시의 팽창으로 이어졌다. 20세기 이후 식민정부는 항만에 대한 통제력을 높이고, 효율적 개발을 위해 강제적 조치를 시행했고 이후 국가주도의 항만확장은 빠르게 진전되었다.

다음으로, 제2차 세계대전이 발발하면서 항만을 중심으로 한 식민도시의 발전은 단절을 경험했다. 전후 도시국가는 식민지 시대 전략적 자산인 항만 복원과 현대화를 위한 조치에 나섰지만 1965년 말레이 연방에서 축출되면서 탈식민지 국가는 '생존의 위기'에 직면했다. 이러한 정치적 조건은 도시국가의 새로운 위치설정이 필요함을 의미했다. 도시국가의 전략적 선택은 세계도시로의 이행이었으며 이는 도시국가의 제한된 전략적 선택 속에서 한계를 뛰어넘고자 했던 국가 전략적 프로젝트였다. 기존 식민지 무역을 위한 '지역 도시'가 아니라 기존과 다른 더 큰 시장, 전 세계를 위한 상품과 서비스 공급망의 일부로 위치를 재설정한 것이다. 이 과정에서 항만은 세계화의 최전선 병사 역할을 담당했으며, 컨테이너 항만에 대한 선도적이고 집중적인 투자는 계획 합리적 국가의 전략적 실행능력을 보여준 사례로 평가할 수 있다. 항만개발과 운영을 주도한 PSA는 발전국가로서 싱가포르의 특성을 보여주었다. PSA는 국가의 통제와 자유시장주의가 결합한 독특한 공기업 형태였다. PSA는 식민정부가 항만에 대한 국가의 통제를 강화하기 위해 설립한 싱가포르항만위원회를 모태로 하여 그 특성이 변화해 왔으며 1997년 별도의 법인화 이후에도 국가가 지분의 100%를 소유함으로써 국가의 주도성은 여전히 유지하고 있다. 세계도시의 비전은 세계 최고수준의 글로벌 연결성을 보유한 항만으로 현실화되었다. 그 결과 싱가포르항만은 현재 세계 2위의 컨테이너 항만, 세계 1위의 환적화물 처리 항만으로 발전했다.

제국의 시대에서 현재에 이르기까지 작은 도시국가 싱가포르는 항만을 매개로 배후지 범위를 고유한 역사적·지리적 맥락에서 끊임없이 정의·재정의하면서 그 내용과 특성이 변형·진화되어왔다. 이 과정에서 항만의 기능과 역할의 변화는 결정적 변수 중 하나로 작용했다. 세계적 항만도시로의 성장은 계획 합리적 국가의 높은 실행능력과 축출국가의 생존을 위한 전략적 이익추구의 결과로 볼 수 있다. 항만은 발전주의적 도시국가의 산업화 목표를 달성하는 핵심적 하부구조로 역할을 했으며 200년 전 시작된 제국의 항만은 현재 '세계의 기항지(World's port of call)'가 되었다. 싱가포르의 역사적 발전과정에서 항만은 중요성을 고려할 때 향후 국가의 미래 역시 항만의 기능과 역할이 어떤 방식으로 변형·진화되는지와 밀접한 관련이 있음을 시사한다.

# 참고문헌

강승문 (2017), 싱가포르의 역사 다이제스트 100, 가람기획.

김종호 (2019), '50년의 역사, 200년의 역사, 700년의 역사: '이민 국가' 싱가포르의 건국사, 식민사, 21세기 고대사', 동서인문 12.

김종호 (2020a), '이주민의 싱가포르 대 거주민의 싱가포르', 아시아지역리뷰 「다양성+Asia」 3(2).

김종호 (2020b), '싱가포르 전염병 대응체계의 식민지적 기원: 해협식민지 기록으로 보는 식민시기 방역체제의 유산', 동남아시아연구 30(4).

박은홍 (2003a), "'싱가포르 모델'의 형성, 진화, 적응: 예외적 발전국가', 동아시아 경제변화와 국가의 역할 전환: '발전국가'의 성립, 진화, 위기, 재편에 대한 비교정치경제학적 분석, 한울.

박은홍 (2003b), '개방경제, 발전국가, 그리고 민주주의: 싱가포르와 말레이시아의 국가-사회관계', 한국정치학회보 37(5).

이용주 (2007), '싱가포르의 경제사회 발전에 대한 고찰', 현상과 인식 31(4).

이재열, 박경환 (2021), '글로벌도시와 국가: 탈국가의 글로벌도시 담론 비평', 한국도시지리학회지 24(1).

임계순 (2018), 중국의 미래, 싱가포르 모델, 김영사.

황진태, 박배균 (2012), '세계도시 형성에 있어서 국가의 역할에 관한 연구: 싱가포르의 세계도시 전략을 사례로', 서울도시연구 13(4).

Abshire, J.E. (2011), The history of Singapore. The Greenwood Histories of The Modern Nations. Greenwood.

Airriess, C.A. (2001), 'Regional production, information-communication technology, and the developmental state: the rise of Singapore as a global container hub,' Gerforum. 32, pp.

Bernhofen, D.M. et al. (2016), 'Estimating the effect of the container revolution on world trade,' Journal of International Economics, 98, pp.

Bogaars, G. (1955), 'The effect of the opening of the Suez Canal on the trade and development of Singapore,' Journal of the Malayan Branch of the Royal Asiatic Society, 28(1), pp.

Bracken, G. (2015), 'Introduction,' Asian cities, colonial to global. Amsterdam University Press.

Breul, M. (2019), 'Cities in 'multiple globalization': insights from the upstream oil and gas world city network,' Regional Studies, Regional Science, 6(1), pp.

Castells, M. (1992), 'Four Asian Tigers with a dragon head: a comparative analysis of the state, economy and society in the Asian pacific rim,' Appelbaum, R. and Henderson, J. (eds.). State and development in the Asian pacific rim. Sage.

Chng, M. (2016), Port and the City: Balancing Growth and Liveability. Urban Studies. Center for LiveableCities Singapore.

Cullinane, K. et al. (2007), 'The port of Singapore and its governance structure,' Port Governance and Port Performance Research in Transportation Economics. Elsevier Ltd.

Department of Statistics (2021), Singapore, 2020 Census of Population

DiMoia, J.P., 'Reconfiguring transport infrastructure in post-war Asia: mapping South Korea container port, 1952-1978,' History and Technology, 36, pp.

Dobbs, S. (2011), 'The Singapore river/port in a global context,' Heng, D. and Aljunied, S. M. K. (eds.), Singapore in Global History. Amsterdam University Press.

Ducruet, C. & Lee, S. W. (2006), 'Frontline soldiers of globalisation: port-city evolution and regional competition,' Geojournal. 67(2), pp.

Ducruet, C. (2015), 'Asian cities in the global maritime network since the late nineteenth century,' Bracken, G. (ed.) Asian cities: colonial to global. Amsterdam University Press.

Febrica, S., "Back to the future: feasible cost-sharing co-operation in the straits of Malacca." Bracken, G. (ed.). Asian cities: colonial to global. Amsterdam University Press, 2015.

Friedmann, J. and Woff, G. (1982), 'World city formation: an agenda for research and action,' International Journal of Urban and Regional Research. 3, pp.

Friedmann, J. (1986), 'The world city hypothesis,' Development and Change 17, pp.

Godfrey, B. and Zhou, Y. (1999), 'Ranking world cities: multinational corporations and the global city hierarch,' Urban Geography 20(3), pp.

Heng, D. (2011), 'Situating Temasik within the larger regional context: maritime Asia and Malay State formation in the pre-modern era,' Heng, D. and Aljunied, S. M. K. (eds.). Singapore in Global History. Amsterdam University Press.

Hesse, M. (2013), 'Cities and flows: re-asserting a relationship as fundamental as it is delicate,' Journal of Transport Geography, pp.

Huff, W.G. (1994), The economic growth of Singapore. Cambridge University Press.

Huff, W.G. (1999), 'Turing the corner in Singapore's developmental state?,' Asian Survey 39(2), pp.

Jakobsen, E.W. et al. (2019), The leading maritime capitals of the world 2019. A Menon Economics and DNV GL Publication.

Kaur, K. (2017), 'Future Port,' Straits Times 24 April.

Ken, W.L. (1978), 'Singapore: Its growth as an entrepot port, 1819-1941,' Journal of Southeast Asian Studies, 9(1), pp.

Krause, L.B. (1989), 'Government as entrepreneur,' Sandhu, K. S. and Wheatley, P. (eds.) Management of success: the moulding of modern Singapore. Institute of Southeast Asian Studies.

Lee, S. W. & Ducruet, C., "A tale of Asia's world ports: the spatial evolution in global hub port cities." Geoforum. Vol. 39. No. 1, 2008.

Lee-Partridge et al. (2000), 'Information technology management: the case of the Port of Singapore Authority,' Journal of Strategic Information Syste,. 9, pp.

Li, C. (2018), 'Connecting to the world: Singapore as a hub port,' https://www.csc.gov.sg/articles/connecting-to-the-world-singapore-as-a-hub-port (Accessed: 21, December 2021).

Lim, H. (2008), Infrastructure development in Singapore. in Kumar, N. ed. International infrastructure development in East Asia: towards balanced regional development and integration. ERIA Research project report 2007-2. IDE-JETRO.

Low, L. (2002), 'The limits of a city-state or are there?,' Cunha, D. da eds. Singapore in the new millennium: Challenges facing the City-State. ISEAS.

Merk, O. (2013), The competitiveness of global port-cities: synthesis report. OECD regional development working papers 2013/13. OECD.

MPA (2020), Constructing a resilient port of the future Singapore's next generation port: The world's single largest container port. Maritime and Port Authority of Singapore.

MPA, 'Total container throughput,' https://www.mpa.gov.sg/web/portal/home/ maritime-singapore/port-statistics (accessed: 15 December 2021).

National Library Board of Singapore. http://eresources.nlb.gov.sg (Accessed: 3; 7 December 2021).

Olds, K. and Yeung, H.W. (2004), 'Pathway to global city formation: a view from the development city-state of Singapore,' Review of International Political Economy, 11(3).

Öniş, Z. (1991), 'The Logic of the Developmental State,' Comparative Politics 24(1), pp.

Park, B.G. (1998), 'Where do tigers sleep at night? The state's role in housing policy in South Korea and Singapore,' Economic Geography, 73(3), pp.

Pedrielli, G. et al. (2016), 'Development of the port of Singapore: a history review,' Fwa T.F. (ed.). 50 Years of Transportation in Singapore: Achievements and Challenges. World Scientific.

Pillai, J.S. (2005), 'Historical assessment of the Port of Singapore Authority and its progression toward a 'High-Tech Port'. Discussion papers. Asia Pacific School of Economies and Governance. The Australian National University.

PSA International. https://www.globalpsa.com/portsworldwide/ (Accessed: 10 January 2022).

Rajaratnam, S., Singapore: Global city, Minister of Foreign Affairs, 1972.

Sassen, S., The Global City. Princeton Univ. Press, 2001.

Sassen, S., The global city: introducing a concept. The Brown Journal of World Affair 11(2), 2005.

Seng, L.K. (2011), 'The British military withdrawal from Singapore and the anatomy of a catalyst,' Heng, D. and Aljunied, S. M. K. (eds.). Singapore in Global History. Amsterdam University Press.

Singapore Department of Statistics. http://www.singstat.gov.sg/ (Accessed: 30 November 2021).

Singapore Harbour Board (1922), A short history of the port of Singapore. Raffles Library.

Tan, I.Y.H. (2020), 'The colonial port as contact zone: Chinese merchants and the development of Godowns along Singapore river, 1827-1905,' Architectural Histories, 8(1), pp.

Tan, T.Y.H. (2007), 'Port cities and hinderlands: a comparative study of Singapore and Calcutta,' Political Geography, 26(7), pp.

Temasek (2021), Temasek Review 2021.

UNCTAD. https://www.unctadstat.unctad.org/ (Accessed: 17 November 2021).

Wang, M. (2015), 'The rise of container tonnage and port development in East Asia,' Business Management Studies, 1(2), pp.

Yong, T.T. (2018), 'Circulations, connection and networks: early globalisation and cosmopolitan Singapore,' IPS-Nathan Lecture Series(Lecture Ⅱ), h ttps://president.yale-nus.edu.sg/speeches-essays/speech/ips-nathan-lecture-series-lecture-ii/ (Accessed: 5 November 2021).

Yong, T.T. (2019), Singapore's story: a port city in search of hinterlands. IPS-Nathan Lecture Series(Lecture Ⅲ), https://president.yale-nus.edu.sg/ speeches-essays/speech/ips-nathan-lecture-series-lecture-iii/(검색일: 5 November 2021).

Zaccheus, M. (2019), 'Singapore's port-city past has helped shape its identity,' The Straits Times, 30 January.

# 7장

# 광저우:
# 중국과 세계를 잇는 통로

서광덕

이 장의 3절은 〈인문사회과학연구〉 제23권 2호(2022년)에 게재된 '탈냉전 이후 중국의 산업화와 해역의 변화: 광둥성 항구를 중심으로' 논문을 수정·보완한 것임.

# Ⅰ. 고대 중국의 해상교역항, 광저우

광저우는 현재 베이징(北京) 및 상하이(上海)와 함께 중국의 3대 도시이다. 이 가운데 베이징을 제외하고 상하이와 광저우(廣州)는 연해 도시이다. 그런데 연해에 위치한 대도시로서 상하이와 광저우는 그 성립 배경에서 많이 다르다. 상하이가 근대 중국을 상징하는 도시라고 한다면, 광저우는 전근대 중국을 대표하는 도시라고 할 수 있다. 중국을 대표하는 연해 도시로서 상하이가 중국의 근대화와 함께 성장한 곳이라면, 광저우는 역사적으로 오랫동안 연해 도시로서 기능과 역할을 해온 곳이라고 할 수 있다.

물론 상하이는 아편전쟁에서 청나라가 영국에 패배함으로써 강제로 개항된 도시이지만, 수도 베이징과 가깝고 또 장강(長江) 유역의 풍부한 배후지를 갖고 있어서 일찍부터 외국인들에게 주목을 받았던 곳이다. 이밖에도 상하이와 같이 이러한 지리적 배경을 가진 곳은 저장(浙江)성이나 푸젠(福建)성 등지의 연해 도시를 얘기할 수 있다. 그럼에도 불구하고 광저우가 이러한 지역과 도시를 대신해서 근대 이전부터 오랫동안 소위 중국의 관문(關門) 역할을 했던 것은 무엇 때문일까?

## 1. 광저우 주변의 지형과 해상교역

오늘날 광저우가 위치한 광둥(廣東)성을 포함해 광시(廣西)성, 푸젠성 및 하이난(海南)성 일대는 진(秦)나라가 통일하기 전까지 오령(五嶺)의 남쪽에 있다고 하여 영남(嶺南)이라고 불렀다. 여기서 오령은 중국 남부의 산맥 곧 '난링(南嶺)산맥'의 다섯 봉우리, 월성령(越城嶺), 도방령(都庞嶺), 맹저령(萌渚嶺), 기전령(骑田嶺), 대유령(大庾嶺)을 가리키며, 그래서 '오령산맥'으로도 불린다. 이것은 또 상강(湘江), 감강(鑑江), 서강(西江), 북강(北江), 동강(東江), 연강(練江)을 포함한 주요 하천의 발원지이기도 하다. 난링산맥은 화중(華中) 지방과 화남 지방을 분리하고, 산맥의 남쪽은 열대 기후로 쌀의 이모작이 가능하다. 또 기온이 높고 강수량이 많아 동식물 자원이 풍부하다.

이렇게 북쪽으로 다섯 개의 산이 병풍처럼 서 있어 북방과의 왕래는 어려웠던 반면, 남쪽으로 광둥성 남부의 8,400km에 이르는 해안선과 광시성 남부 해안 및 하이난섬을 중심으로 외국과의 해상교류가 활발했다. 이러한 지리적 특징으로 인해 진시황의 영남 정벌에 의해 중국 영토에 편입되기 전까지 이 지역 사람들은 주어진 자연환경을 극복하고 활용하면서 의식주 전반에 걸쳐 자신들만의 문화를 만들어갔다. 물론 북방의 한족들이 보기에 영남은 '남만(南蠻)' 곧 '남쪽의 야만스럽고 황폐한 땅'이자 '오랑캐의 땅'이었지만 말이다. 이 고대 영남의 중심지가 번우(番禺) 또는 남해(南海)라고 불리던 곳으로, 바로 지금의 광저우이다. '광저우'라는 지명은 삼국시대(220~280) 때 오나라 손권(孫權)이 지금의 광시성 북쪽을 광저우라고 부르면서 처음 등장했다. 당나라 때는 중국 10개 도(都) 중 하나인 영남도에 속했고, 5대 10국 때는 55년간 남한(南漢)의 수도였다. 송나라 때는 광저우의 해상무역이 비약적으로 발전한 시기로, 이러한 해상 무역항으로서의 성격은 일본의 침략으로 바다를 강력하게 통제하던 명나라 때에도 조공무역이란 명목으로 지속되었다.

예로부터 광저우 곧 번우는 바다와 인접해 있어 진귀한 특산물들이 거래되던 교역지로, 전국 시대에는 초(楚)나라와 군신 관계를 맺고 조공을 바쳐 '초정(楚庭)'이라고 불렸다. 『전국책(戰國策)』에 보면, '초왕이 초나라에서는 황금이며 보석, 상아 및 소뿔들이 생산된다'라고 말한 기록이 있는데, 사실 이것은 초나라에서 생산된 것이 아니라, 번우에서 나거나 해상을 통해 번우로 수입된 것이 조공이나 교환의 형식으로 초나라 왕궁에 들어간 것이다. 이처럼 북방에서 구하기 힘든 소뿔, 상아, 비취, 옥 등의 진기한 사치품들을 탐냈던 진시황은 중국 남쪽의 관문이자 해상 교통의 요지였던 영남 정벌에 많은 공을 들였다(강영애, 2004). 북쪽에서 육로를 이용해 영남 땅으로 진입하려면 남북을 가로막고 있는 오령을 넘어야 했는데, 오령은 험난한 산길이기 때문에 병력과 군량을 이동시키기가 어려웠다. 이에 진시황은 육로 대신 수로를 이용하고자 장강(長江)의 수계인 상강과 영남 주강(珠江)의 수계인 여강(麗江)을 잇는 운하 개척에 들어갔고, 3년 뒤인 기원전 218년에 총길이 34km인 '영거(靈渠)'를 완성했다.

진나라가 망한 뒤 초나라와 한(漢)나라가 전쟁을 벌이는 틈을 타 남해군(南海郡)과 계림군(桂林郡), 상군(象郡)을 아울러 독립 국가 남월국(南越國)이 수립되었다. 이후 남월국은 한나라의 신하국이 되었다가 기원전 111년 한무제(漢武帝)의 공격을 받고 5대조 93년의 역사를 끝으로 멸망했다. 남월국에 대한 역사자료는 1970년대까지 『사기(史記)』「남월열전(南越列傳)」에 나오는 2,400여 자가 전부다. 이후 광저우시에서 남월국의 유적지가 발굴되어 2천여 전 광저우에 존재했던 남월국의 진면모가 드러나기 시작했다.

광저우를 비롯한 오령산맥 이남 지역은 산과 강 그리고 바다로 이루어진 지리적 특징으로 해서 역사적으로 독특한 지역만의 문화를 갖추고 있었지만, 진시황에 의해 통일이 된 이후, 고유한 자신만의 문화를 발전시키지 못했다. 하지만 야만의 땅이라고 불리던 영남의 발전에 가장 큰 공헌을 한 것은 바로 바다였다. 바다를 통한 해외무역 덕분에 '황제의 남쪽 창고'라 불릴 정도로 조정에 많은 부를 안겨 줬고, 사람들은 이 모두가 남해신의 보살핌이라 여겼다. 광저우에 있는 남해신묘(南海神廟)는 이 신을 기리는 곳으로,

수(隋)나라 때인 594년에 건립되었는데 황제는 매번 관원을 보내 이곳에서 남해신에게 제사를 지냈고, 때로는 황제가 직접 와 제사를 지내기도 했다. 한편 당나라 현종(玄宗, 685~762)은 751년에 남해신을 '널리 널리 이로움을 주는 왕'이란 뜻의 '광리왕(廣利王)'에 책봉하기도 했다. 또 당나라 때의 대문호인 한유(韓愈, 768~824)는 819년에 좌천되어 조주자사(潮州刺史)로 가는 길에 남해신묘를 들렀다가 친구의 부탁으로 1천여 자에 달하는 '남해신광리왕묘비(南海神廣利王廟碑)'를 남겼다. 이 비각에는 남해신묘의 기원과 역사, 제사 관례 및 해상무역 관련 내용이 자세히 기록되어 있어 해상 실크로드 연구에 중요한 사료로 평가받는다(강영애, 105).

## 2. 고대 해상 실크로드의 출발지, 광저우

이처럼 광저우 지역은 오래전부터 해상교역의 중심지였고, 그래서 해상 실크로드의 교통요지로서 중요한 역할을 했다. 중국의 해상 실크로드는 서한(西漢, 기원전 206~25) 때부터 시작되어 수당(隋唐) 시기에 전성기를 맞았다. 특히 당나라 때는 광저우에서 출발한 무역선이 남아시아와 인도양을 지나 서아시아와 페르시아만까지 이르렀고, 가장 긴 노선은 서쪽의 아프리카 동해안까지 1만km 이상 운행했다. 광저우의 황포고항(黃浦古港) 유적지는 이 해상 실크로드의 출발점이다. 당나라 때 한 고승이 일본으로 가다 조난을 당해 광저우에 표류한 적이 있었는데, 그의 기록에 따르면 당시 주강(珠江)에는 수많은 외국 배들이 정박해 있었고, 향료와 진귀한 보물이 산처럼 쌓여 있었다고 한다. 우소(于邵)는 『송유협율서(送劉協律書)』에서 이렇게 기록했다. "남해에는 북쪽의 수많은 물자가 줄지어 수레에 실려 오고 온갖 계층의 사람들이 만나는 중요한 도시가 하나 있다." 고대 아랍 문헌에도 광저우가 '아랍 상인들의 집결 장소', '시라프(이란 남부의 도시) 상인들이 모이는 장소'라고 기록했다.

이처럼 해외무역이 번창하자, 600년대 무렵 당나라 조정은 광저우에 해관(海關) 업무를 전담하는 관리인 시박사(市舶使)를 파견했다. 이들은 입항 선박에 세금을 징수하고 외국 상인을 접대하며 황실에 필요한 호화품을 조달했다. 또 무역뿐만 아니라 일부 외교 업무까지 관장했기 때문에, 황제는 특별히 신뢰하는 이를 시박사에 임명했다. 이 제도는 남한을 거쳐 송·원·명대에 이르기까지 지속됐고, 송대에는 항구도시인 광저우와 취안저우(泉州), 항저우(杭州) 등에 해관 업무 전담 기관인 시박사(市舶司)를 설치해 해관 업무를 보다 체계적으로 관장했다.

『신당서(新唐書)』「지리지(地理志)」의 '광저우에서 외국 땅으로 가는 해상 통로'의 기록을 보면, 광저우에서 시작하여 전통적인 남중국해 항로를 따라 이어지고 말라카해협을 지나서 인도양과 페르시아만으로 들어갔다. 항로는 페르시아만 서쪽 해안선을 따라가다 호르무즈(Hormuz)해협을 가로질러 오만만과 아덴만, 동아프리카 연안에 이르렀다. 이 전체 항로는 90개 이상의 나라와 지역들을 지나며, 좋은 조건일 때는 89일의 항해 기간이 소요되었다(여기에는 항구에 체재하는 기간이 포함되지 않는다). 이것은 8~9세기 세계에서 가장 긴 대양항로로서 동서 간에 가장 중요한 해양교통로로 기능했다.

중세 시기 아랍인들은 세계 해상교역의 주역들이었다. 일부 지리서들은 페르시아만에서 광저우에 이르는 항로를 기록하고 있는데, 예를 들어 이븐 후르다즈베(Ibn Khordaodbeh)의 『여러 길과 나라에 대한 책(Book of Roads and Kingdoms)』에 적힌 항로는 『신당서』「지리지」의 기록과 반대다. 곧 이라크의 바스라(Basra)에서 반다르 아바스(Bandar Abbas)를 지나 페르시아만을 나가서 동쪽으로 인도 연안을 따라가다가 스리랑카를 지나 뱅골만을 가로지르면 인도의 니코바르 제도에 도착한다. 말라카해협을 통과한 후 자바섬을 지난 뒤에 인도네시아의 칼리만탄(Kalimantan)에 이르렀고, 그 뒤 인도네시아의 몰루카제도를 지나 필리핀의 민도로(Mindoro)섬에 도착한다. 그리고 방향을 바꿔 참파를 지나 당(唐)의 항구인 루킨(Luqin, 魯金)에 들어갔다. 좀 더 북쪽으로 가면 당의 가장 큰 항구인 칸푸(Kanfu, 廣州)가 있었다(이경신, 113).

해외무역의 활성화와 함께 이러한 대양 항해로를 따라서 많은 외국 상인들이 들어오자, 당나라 조정은 광저우에 외국인거주지 번방(蕃坊)을 설치했다. 지금의 광탑가(光塔街) 부근이 당시 번방의 중심지로, 최소 12만 명 이상의 외국인들이 이곳을 중심으로 무역 활동을 했고, 그들 대부분은 아랍과 페르시아 상인들이었다. 이들은 번방에 사원을 지어 예배를 드리고, 번학(蕃學)을 설치해 자녀들을 교육했으며, 번시(蕃市)를 형성해 자신들의 종교와 관습에 따라 생활했다. 번방의 대표인 번장(蕃長)은 이슬람교도들이 자체적으로 선발한 후 황제가 임명하는 식이었는데, 그들은 중국 관복을 입고 중국 관리와 동등한 대우를 받았다. 번장은 무역 업무를 관장하고 예배를 주도했으며, 번방 내에 분쟁이 발생하면 코란에 근거해 문제를 해결하는 사업 활동까지 겸했다. 이처럼 광저우에는 이슬람 상인들과 관련된 유적이 적지 않다. 회성사(懷聖寺)는 일찍이 광저우로 들어와 국제무역에 종사했던 이슬람 상인들의 성전이다. 당나라 때 이슬람교의 창시자인 무함마드(Muhammad, 570~632)가 네 명의 선교사를 중국으로 파송했는데, 그 가운데 광저우에 온 선교사가 건립한 성전이다. 그리고 이슬람 공원묘지인 청진선현고묘장(清眞先賢古墓葬)에는 당나라 때 광저우에서 활동했던 완갈소(宛葛素)를 비롯해 이슬람 선교사 40여 명의 무덤이 있다.

당나라의 이러한 외국인 거류지는 신라방과 같은 형태로서 해상무역이 활발했던 연해 도시의 특징이 잘 드러나는데, 해상 실크로드의 출발지답게 이슬람 상인들의 흔적이 많다는 점이 특징이다. 지금도 광저우에는 중동국가 출신의 사람들 외에 다양한 국적의 외국인이 살고 있는데, 이것은 광저우처럼 고대나 현재나 국제 항구도시로서의 면모를 지닌 곳은 오늘날의 에스니시티 공간에 관한 관심과 연구의 측면에서 주목할 만한 요소를 갖고 있다고 하겠다.

이러한 해상교역을 통해 광저우는 당시 세계적으로 명성을 누렸다. 미국의 중국학자 에드워드 샤퍼(Edward H. Schafer)는 "외국 상인들이 모여들던 남쪽의 모든 도시와 장소 중에서 어느 것도 거대한 광저우항만큼 번성하지 못했다. 아랍인들은 광저우를 칸푸라고 했고, 인도인들은 그것을 '차이나'라고 불렀다"라고 했다. 아랍 지리학자 이븐 알 파키(Ibn Al-Fakih)는 『지리서(Concise Book of Geography)』라는 제목의 책에서 아랍 세계에서 환영받는 유명한 상품으로 중국산 도자기 제품과 실크를 들었다. 특히 중국산 자기는 송대 이후 줄곧 중국의 주요 수출상품이었고, 그래서 일부 학자들은 광저우를 통하는 해상 실크로드를 '도자기의 길(The Ceramics Road)'이라고 부르기도 한다.

송대는 항해술과 조선술이 발달하면서 해상 실크로드가 중국과 서양을 잇는 새로운 교통로로 각광받던 때이다. 적재량 300톤의 대형 선박이 건조되고, 나침반이 광범위하게 사용되었으며, 해로(海路)를 기록한 전문서적 『침경(針經)』도 등장했다. 당시 황포항에서 송나라와 거래하던 외국 국가는 50~60개국에 이르렀고, 수출입 품목도 400여 종이 넘었다고 한다. 2007년 12월에 남중국해에서 인양된 약 800여 년 전의 송나라 무역선에서 금, 은, 칠기, 옥기, 화폐, 동 주전자, 도자기 등 6만여 점의 유물이 나왔는데, 특히 서아시아를 비롯해 상당수의 아랍 및 인도 유물들도 나왔다. 이를 근거로 고고학자들은 이 배가 송나라 때 광저우와 인도 사이를 오가던 무역선일 것으로 추정했다(강영애, 119).

전통적으로 역사가들은 북송과 남송 모두 외래 민족에 의해 치욕과 혹사를 당한 민족적 허약함의 시기라고 평했다. 하지만 해상 실크로드가 정점에 달했던 것이 송대라고 보면, 대외 관계와 대외무역에 있어서는 상당히 중요한 왕조라고 볼 수 있다. 이것은 당의 정책을 계승한 측면이라고 볼 수도 있지만, 한편으로는 두 가지 다른 요소가 있다. 첫째, 남송과 북송 모두 북쪽의 유목민족들에 의한 위협과 압박에 끊임없이 시달렸기 때문에, 육로를 통한 중국의 북쪽과 서쪽에 대한 외교 공간이 기본적으로 차단되었다. 이것은 자연스레 송이 바다를 통해 동남아시아 여러 나라와의 유대를 발전시키려는 성향을 갖게 했다. 둘째, 북송과 남송, 특히 남송은 그 영토가 줄곧 줄어들면서 호적에 등록된 인구수와 조세 수입이 크게 줄어들고 있었다. 그에 반해 국가적인 군사 지출만이 아니라 조정의 소비 지출도 여전히 높았다. 따라서 그 나라가 국가 재정위기를 해결하기 위해 해상교역에 의존하는 것은 논리적으로 당연한 선택이었다(이경신, 154).

해상교역이 국가 재정과 밀접하게 결부되었기 때문에, 송 조정은 무역을 장려하는 행정 조치들을 끊임없이 발표하고 수정했다. 그것의 결정판이 바로 시박사의 설치였고, 시박사는 모든 교역로를 관장하였다. 광저우와 밍저우(明州), 항저우, 취안저우, 원저우(溫州), 슈저우(秀洲), 미저우(密州) 그리고 연안을 따라 있는 여타 도시들에 시박사가 설치되었고, 광둥성과 푸젠성 그리고 저장성이 가장 중요한 권역이었다. 이 시기에는 고려 및 일본과도 해상교역이 빈번하게 이루어졌고, 밍저우는 주요 상업항구였다. 하지만 송대에도 여전히 광저우가 중국에서 가장 큰 대외무역항이었다. 그리고 원나라(大德, 1297~1307) 때도 잠시 그 번영의 일단을 푸젠성의 취안저우항에 뺏기기도 했지만, 여전히 광저우는 140개 이상의 나라와 지역들과 무역 관계를 맺고 있었다.

1360년대 말 주원장(朱元璋)이 설립한 명이 원을 대체하고, 중국의 전통 의례에 입각한 조공체제를 확립하였다. 새로운 조공체제는 상품 교역 체제와 조공 공납 체제를 합친 것으로, 전통적인 정부 통제의 대외 교역이 가진 정치 외교적 기능은 최대한으로 행사되었고, 대외무역 활동은 정부가 완전히 독점하였다. 명 조정은 해상교역에 대한 엄격한 통제를 가했고, 대외 교역을 공식 통로로 제한하였다. 이에 따라 활기차게 벌어지던 동서 간 교역이 억제되었고, 해상 실크로드의 발전에도 주된 전환점을 맞게 되었다.

## II. 초기 글로벌 시대 동서 간 교류와 광저우

### 1. 명 · 청대 해금령과 광저우

해금(海禁)은 홍무 4년(1371년) 왜구의 침입 방지나 해적 방지, 밀무역 단속을 목적으로 한 정책이지만, 홍무제가 해금 정책을 시행한 직접적인 이유는 왜구 침입 방지에 있었다. 이 당시 사적인 무역의 통제는 시박사를 통해 이루어졌다. 명나라 초기에는 광저우, 취안저우 등에 시박사를 설치하여 무역을 장려하고 관세를 징수했다. 해금령이 내려진 상황에서도 일정한 조건을 가지면 민간 무역이 가능하기도 했다. 그러나 왜구의 침입이 끊이지 않자 국내 경제 방어, 주변 국가와의 조공무역 확대 등을 이유로 홍무 7년(1374년) 시박사를 폐지하고 민간 무역을 전면적으로 금지했다. 이렇게 명나라 시기 해금은 왜구 침입을 막기 위한 목적에서 시작되었지만, 이후 무역통제 기능과 함께 밀무역 단속으로 조공무역을 보완하며 이를 더욱 공고하게 하는 정책으로 자리매김한다. 홍무제 이후 영락제(永樂帝)는 해금을 바탕으로 한 조공시스템을 적극적으로 활용했다. 1403년에는 시박사를 부활시켜 조공국의 방문을 대비하고, 1405년부터 정화(鄭和)를 파견하는 등 외국에 사절을 활발히 보내 조공 관계를 확대하였고, 동남아시아의 해적을 토벌하기도 했다.

홍무ㆍ영락 시기를 거치며 해금과 조공은 상호보완되어 해금-조공체계로 발전한다. 해금은 치안과 해양방어를 위한 정치적 목적을 가졌다. 이는 해상통제의 일환이었고, 조공무역은 후왕박래(厚往薄來)를 원칙으로 하여 단순한 이익추구가 목적이 아닌 외교적 관계를 쌓기 위한 하나의 방법이었다. 주변 국가와 조공이라는 정치적 행위를 통해 제한적인 교역과 교류를 하면서 연해 지역의 치안을 유지하고, 외교적으로 우위를 차지했다. 또한, 주변의 나라들을 조공체계에 끌어들여 정치적, 군사적으로 그들을 통제할 수 있게 되었다. 영락제 이후 명조는 긴축 재정을 유지하며 대외적으로 소극적이 되었고, 이에 따라 해금 정책도 완화되었다.

1449년 토목보(土木堡)의 난으로 북방 방어가 주요 관심사가 되자 후왕박래의 원칙에 따라 시행되었던 조공무역은 경제적으로 부담이 되어 점차 쇠퇴하기 시작했고, 이와 함께 밀무역이 점차 번창하게 된다. 16세기 중반이 되면 중국 남동부 해역에서는 밀무역이 걷잡을 수 없을 정도로 만연하였다. 지방 어부들과 상인들이 이익에 눈이 멀어 일본인 해적과 포르투갈 및 네덜란드인들과 결탁하였다. 이에 명 조정은 '광중사례(廣中事例)'라는 새로운 메커니즘을 가동시켰다. 이것은 조공을 가져오는 외국 민간 선박과 상선들로부터 조세를 거두는 것이었다. 이로 인해 1557년에 포르투갈인들은 마카오에 체류할 권리를 얻었고, 중국 상인과 거래를 할 수 있게 되었다. 그리고 광둥 관아는 중국 상인들에게 마카오에서 교역할 수 있는 특허장, 곧 '오표(澳票)'를 발행했다. 이런 체제를 통해 광저우와 마카오는 '이중 중심적' 무역 관계를 형성했다. 이 당시 존재한 13개 상행(商行) 중 5개를 광저우인이 운영했는데, 이처럼 당시 중국의 대외무역은 수출 및 수입 허브로서 광저우에 집중되어 있었다.

1567년 해금이 해제되고 1578년 이후 광저우에서는 봄과 여름 두 차례 '무역 정기시(交易會)'가 열렸는데, 한 번 열리면 2달 내지 4달 동안 지속되었다. 봄 정기시는 1월에 열렸고, 인도와 여타 지역으로 가는 상품을 내다 팔았다. 여름 정기시는 6월에 열렸고 일본으로 가는 상품을 팔았다. 이 무역은 유럽과 아메리카 대륙까지도 아우르는 상품 수출입의 복잡한 구조를 갖추고 있었다. 광저우는 명 중기에서 말기에 걸쳐(1368~1644) '중국에서 가장 큰 항'이 되었고, 마카오는 교역 목적으로 외국인들의 거주가 허용된 유일한 항구로서 많은 중국인과 외국 상인들이 유입되었다(이경신, 234).

1644년에 입관(入關)한 청조는 명조의 해금 정책을 답습하여 대외무역을 조공무역으로 제한했다. 이는 당시 남명(南明) 정권으로 인해 사회가 혼란스러웠고 대만을 근거지로 활동하고 있는 정성공(鄭成功) 세력이 연해 지역과 내통하는 것을 제어하고자 했기 때문이다. 청조는 이들 세력을 진압하게 되자 해금을 철폐하고 무역을 실시했다. 해금 정책 폐지의 이유는 이러한 정치적 요인 외에도 해금의 실시로 대외무역을 통한 은의 수입이 제한되었던 경제적 요인도 있었다. 청대 세금은 은으로 납부하게 했기 때문에 은은 청에 필수적인 요소였다. 이뿐만이 아니라 청대 은은 서로 다른 지역 간의 거래를 성사시키는 역할을 했는데, 국내에 유통되는 은이 줄어들게 되자 지역 간의 거래가 감소하였고, 이는 지역 내부의 경제를 위축시켰다. 청조는 경제불황을 타개하기 위해 적절한 양의 은을 내지에 유통시키고자 했으며 대외무역을 실시하는 것이 그 방책으로 채택되었다. 1684년에 강희제는 해금령을 해제하고, 대내외무역을 관장하는 사해관(四海關)을 설치했다.

사해관은 강희 연간 중국 동남부 연안에 설치된 4개의 해관인 월해관(粵海關), 민해관(閩海關), 절해관(浙海關), 강해관(江海關)을 말한다. 월해관과 민해관은 1684년에 각각 광둥성 광저우와 푸젠성 샤먼(廈門)에 세워졌으며, 절해관과 강해관은 1685년에 저장성(浙江省) 닝보(寧波)와 장쑤성(江蘇省) 상하이(上海)에 설치되었다. 이들 해관은 교역하는 국가와 그 역할이 달랐는데, 월해관은 주로 서양 선박과 무역을 했다. 1685년부터 1753년까지 총 60여 년간에 청에 무역을 하러 왔던 서양 선박이 도착한 곳을 분석해 보면, 총 189척의 영국 선박 중 광둥성으로는 157척(83%), 푸젠성으로는 17척(9%), 저장성으로는 15척(8%)이 왔다. 즉 청에 도달한 서양 선박중 80% 이상이 월해관에서 무역을 했던 것이다. 민해관은 주로 남양(南洋)지역과 무역을 진행하던 곳이었다. 민해관 개항 초기인 1685년에 푸저우(福州)와 샤먼 등지에 왔던 자카르타 상선은 10여 척뿐이었지만, 1703년(강희42)이 되자 50여 척으로 늘어났다. 즉 민해관 설립 이후 시간이 지남에 따라 점차 많은 선박이 민해관에 와서 무역했던 것이다. 절해관과 강해관도 여러 나라와 무역을 했다. 그러나 무엇보다도 이 두 해관은 청이 동(銅)을 유입하는 지역이 되었는데, 당시 일본에서 동을 싣고 온 선박은 모두 절해관과 강해관의 검사를 거쳐야 했다. 이처럼 사해관은 각각 주로 무역했던 나라와 그 역할이 달랐다.

강희 연간에 설치된 사해관은 약 70여 년간 큰 변화 없이 운영되었다. 그러나 이는 1757년(건륭 22)에 청조의 대(對)서양무역 항구를 월해관으로한정 지은 '일구통상(一口通商)'으로 전환을 맞이하게 된다. 그 이유는 건륭제가 사해관의 하나인 닝보무역에서 문제 삼고 있는 것에서 알 수 있는데, 첫 번째는 방범(防犯)이며, 두 번째는 무역 과정에서 각종 관리의 부당한 이익추구였다. 광둥에 무역하러 온 서양 선박은 황푸(黃埔)항에 정박해야 했는데, 서양 선박이 황푸항에 오려면 후먼(虎門)을 지나야만 했다. 그런데 이곳은 모래가 많고 수심이 얕아, 중국 측에서 물길을 인도해 주지 않으면 서양 선박이 자유롭게 출입할 수 없는 구조였다. 또한, 후먼에서 광저우성에 이르는 물길 곳곳마다 관병들이 지키고 있었기 때문에, 청조가 서양 선박들의 돌발적인 행동에 대해 유리하게 대응할 수 있었다. 그러나 다른 해관의 항구는 바다가 훤히 트여 방어하기 어려웠기 때문에, 서양 선박들이 아무런 제재 없이 바로 내지까지 도달할 수 있었다. 곧 절해관은 월해관에 비해 서양 선박이 내지로 가기 쉬웠기 때문에, 건륭제는 방범을 이유로 절해관에서 무역하는 것에 부정적인 태도를 취했던 것이다.

　다른 하나인 관리들의 부당한 이윤 추구로 인해 월해관에서 거둔 세수가 줄어들었다는 사실은 조정의 입장에서는 큰 문제가 되지 않았다. 그것은 표면적인 이유였을 뿐, 실제적으로는 월해관이 담당했던 역할 때문이었다. 월해관은 당시 서양의 각종 사치품을 황제에게 보내는 역할을 했는데, 서양 선박이 월해관이 아닌 민·절해관으로 가서 무역하는 것은 월해관에서 얻을 수 있는 서양 물품의 양을 적게 했다. 즉 월해관은 단순히 해관세를 조정에 보내는 것이 아니라, 그곳에서 구입하는 공품을 원활히 조정에 보내는 것을 목표로 했으며, 이를 관리하기 위해 내무부 포의가 해관에 파견되어 관리했던 것이다(장련주, 13, 15). 이것은 고대 진시황이 영남지역에 관심을 들이고 통합시켰던 것과 똑같은 이유였다.

## 2. 광저우로 향하는 세계상인들

명·청대의 해금정책과 조공무역시스템에도 불구하고 서양 선박이 중국 연해에 출몰해서 교역했던 것은 세계사적으로는 대항해시대의 개막과 관련된다. 15세기는 세계 해양사의 측면에서 보자면, 해상의 주도권이 동에서 서로 넘어가는 시기라고 할 수 있다. 유럽인들이 기술이 진보하고 항해술이 나아지자 금과 향신료에 대한 욕망으로 대양 항해와 탐험에 나서게 되었고, 결국 신대륙을 발견하였다. 그들은 '발견의 시대(The Age of Discovery)'를 개시하여 전 지구적 해양 교역의 시대를 열었다. 유럽인들의 해양 팽창의 결과 전통적인 해상 실크로드는 당시의 경쟁적인 전 지구적 해상교역 체제의 범위 내로 들어갔고, 더 이상 동서 간 교류는 평화로운 무역에 기초하지 않게 되었다.

서유럽에서 바로 중국 동남부 연안으로 가는 두 개의 새로운 항로가 확립되었다. 그 하나는 아프리카 남단의 희망봉을 돌아 인도양과 수마트라 남서쪽 해역을 지나 북쪽으로 올라가 남중국해로 들어가서 광저우와 마카오에 이르는 항로이고, 다른 하나는 대서양 남부를 지나서 마젤란 해협을 통과해 태평양으로 진입한 후 필리핀 제도로 향하는 것이다. 필리핀 제도에서 중국 남동부 연안 지역은 바로 연결될 수 있었다. 아메리카의 배들이 중국과 교역하기 시작하면서 새로운 태평양 항로가 열린 것이다. 이리하여 동서 간 관계에 큰 변화가 발생했는데, 유럽과 아울러 아메리카의 여러 나라들이 중국과 해양 교역 관계를 맺었다. 위협과 무력 사용을 앞세워 마구잡이로 무역을 수행한 서구 상인들의 압력을 받아 아시아 해양상인들은 소수 교역집단으로 전락했다. 중국 상인들은 동아시아 바다에서 우위를 점했지만, 이전처럼 인도와 아랍 상인들과 거래를 하러 멀리 말라카해협을 통과하는 일은 거의 없었다.

해양 팽창의 선봉에 선 유럽국가는 알다시피 포르투갈이다. 유럽 내에서 자신의 영토를 확장할 여지도 가능성도 없었던 포르투갈은 무어인(이슬람)들과의 오랜 전쟁에서 획득한 가공할 해군력을 바탕으로 대양 팽창에 나서게 되었다. 1510년 포르투갈인들은 인도의 고아(Goa)를 점령하여 인도양 교역 지배를 위한 해군기지이자 '동방' 식민지의 수도로 삼았다. 뒤에 포르투갈인들은 동남아시아의 주요 무역거점을 확보하면서 점차 남중국해 교역의 지배권을 획득했다. 이 과정에서 중국에 대한 정보를 모았고, 광저우가 동남아시아의 말라카 및 여타 지역들과 긴밀한 무역 관계를 맺고 있음을 알고, 광저우를 '중국의 문을 여는 열쇠'로 간주하였다.

융경(隆慶) 원년(1567), 해금 정책의 일반적인 폐기(혹은 일부 완화)가 있었다. 그것은 융경제(隆慶帝)의 등극과 복건순무(福建巡撫)의 간청이 있었기에 가능하였다. 중국 상인들은 일본과의 무역, 그리고 무기 혹은 철, 황, 구리와 같은 무기 제조에 들어가는 재료로서 해외 수출이 엄격히 금지되었던 물품들에 대한 밀무역을 제외한 모든 해외무역에 종사하는 것이 허용되었다. 해외무역 종사자 수는 허가증 발급과 할당제도를 통하여 제한되었다. 1년 이상 중국을 떠나 무역에 종사할 수 없었다. 만력 27년(1599), 해상무역을 감독하는 기구가 광저우(廣州)와 닝보(寧波)에 재건되었으며, 중국 상인들은 해징현(海澄縣) 월항(月港)을 번성하게 하였다.

유럽인들 중에서 가장 먼저 광저우의 존재를 깨달은 포르투갈은 사절단과 같이 온 상인들이 광저우에서 중국 상인들과 밀무역을 벌이고, 관세 납부를 회피하고, 노예 거래를 하는 일로 인해 명 조정에 의해 광둥 당국으로부터 추방을 받게 되었다. 그래서 광둥 연안을 떠돌다 터를 잡은 곳이 바로 광저우 인근의 마카오였다. 이리하여 마카오는 중국과 외국 간 교류의 창구이자 동서 간 해양 교역의 허브가 되었다. 마카오에 상업항이 열리자, 무역 연계는 유럽과 인도, 일본, 필리핀, 동남아시아, 아메리카로 확장되었다. 마카오-고아-리스본 노선, 마카오-나가사키 노선, 마카오-마닐라-아카풀코 노선, 마카오에서 동남아시아 여러 항구로 가는 노선 등 국제 상업 항로들이 확립되었다.

해금의 소멸은 아메리카 대륙에서 온 스페인 갤리온(galleon) 선박들이 도착함과 동시에 진행되었다. 이는 다음 17세기까지 어떠한 방해 요소도 없었던 전 지구적 교역 링크를 형성하였다. 포르투갈을 이어 중국과의 고정 교역 거점을 세우고자 했던 스페인은 마카오와 마닐라 간 상선을 통해 중국의 생사와 실크 작물 그리고 중국산 금을 유럽과 아메리카에 가져가 팔았다. 이제 중국은 세계무역이라는 바퀴를 굴리는데 필요한 톱니바퀴와 같은 역할을 맡았다. 해금에도 불구하고 명의 일본과의 교역은 밀무역업자나 동남아시아 항구 혹은 포르투갈인들을 통하여 방해받지 않고 지속되었다. 중국은 완전히 세계무역 체계 안으로 통합되었다.

유럽국가들은 비단과 도자기 등 중국 상품에 대한 수요가 상당하였다. 유럽인들에게는 중국이 요구하는 어떠한 상품이나 물품이 없었다. 그래서 이들은 무역 손실을 메우기 위하여 은을 교역하였다. 대항해시대(Age of Exploration) 스페인인들은 대량의 은을 발견하였는데, 대부분은 페루 일대 포토시(Potosí) 은 광산에서 나왔으며, 이는 무역 경제를 가속화시켰다. 스페인령 아메리카 대륙의 은 광산들은 세계에서 가장 저렴한 은 광원이었다. 200년간 40,000톤에 달하는 은을 생산하였다. 아메리카와 일본에서 생산된 대량의 은의 최종 목적지는 중국이었다. 1500년부터 1800년까지 멕시코(Mexico)와 페루는 세계 은의 약 80%에 달하는 양을 생산하였으며, 이 중 30%는 최종 목적지가 중국이었다. 16세기 말에서 17세기 초, 일본 역시 상당량의 은을 중국에 수출하였다. 아메리카 대륙산 은은 대부분 대서양을 횡단하여 극동으로 유입되었다. 은 수출의 가장 큰 전초 기지는 동남아시아 국가, 특히 필리핀이었다. 마닐라는 아메리카, 일본, 인도, 인도네시아, 중국 간의 물품 교환의 주요 전초 기지였다. 그러나 아메리카 대륙으로부터 태평양을 직접 횡단한 대량의 은도 있었다.

마닐라를 경유한 명과의 교역은 스페인 제국 예산 수입의 주요원이자, 필리핀 제도 식민지의 기반이 되는 수익원이 되었다. 1593년, 2척 혹은 그 이상의 선박들이 매년 각 항구로부터 출발하여 항해하였다. 갤리온 무역은 대부분 푸젠 항구 지역 출신 상인들에 의하여 공급되었다. 이들은 마닐라로 와서 스페인인들에게 향료, 도자기, 상아, 칠기, 명주, 기타 고가의 상품들을 판매하였다. 화물은 항해 때마다 달랐지만, 모든 아시아 지역으로부터 온 상품들을 포함하였다. 중국으로부터는 옥, 밀랍, 화약, 비단이 왔다. 인도로부터는 호박, 면, 양탄자가 있었다. 인도네시아와 말레이시아로부터는 향료가 왔다. 일본으로부터는 부채, 상자, 병풍, 도자기 등 다양한 물품이 왔다.[1]

1601년에는 네덜란드인 야콥 반 넥크(Jacob van Neck)의 선단이 광동에 나타났고, 이들은 광저우에 한 달간 머물렀다. 1602년 3월에 네덜란드 동인도회사가 설립되어 동양에서 최대한의 무역 자유를 확보하고자 하였다. '전투 없이는 거래 없다'라는 캐치프레이즈에 걸맞게 1622년에는 마카오를 공격하고, 1624년에는 대만을 공격하여 42년에는 대만 전체를 식민통치하에 두었다. 청나라가 성립되어 실시한 해금령에도 불구하고 네덜란드인들은 광동 연안 지역에서 밀무역을 했고, 1656년에는 네덜란드 사절단이 파견되어 청 조정에 처음으로 조공을 바쳤으며, 그 결과 네덜란드 동인도회사는 8

---

1  https://ko.wikipedia.org/wiki/%ED%95%B4%EA%B8%88%EC%A0%95%EC%B1%85

년에 한 번씩 조공을 바칠 수 있게 되었다. 1727년이 되어서야 네덜란드인들은 광저우에 상관을 설치할 수 있었다.

이들보다 뒤늦게 아시아 무역에 참여한 영국 동인도회사는 청조가 해금령을 폐지한 뒤 1715년에 광저우에 공식적인 상관을 세웠다. 영국 동인도회사 광저우 사무소의 특별위원회는 중국·영국 간 무역 및 외교를 책임지는 조직이었다. 18세기에 영국은 중국의 가장 큰 무역 상대국이었는데, 영국 동인도회사는 유럽의 중국산 차 시장에 대해 거의 독점권을 행사했다. 그리고 북유럽의 나라 스웨덴도 1731년 동인도회사를 세웠고, 다음 해 3월 7일 최초의 상선이 출항하여 9월 6일 광저우에 도착했다. 스웨덴 상관을 세우고 다량의 차와 실크, 면직물을 구입해 다시 예테보리로 돌아갔다. 이때부터 스웨덴 동인도회사의 배들은 아시아로 132회 항해했다. 이 중 3번만 인도로 향했고, 나머지는 모두 광저우로 향했다.

그리고 미국이 신생 독립 국가로서 대외무역을 국가발전 전략의 하나로 삼으면서 경제 부흥의 희망을 대중국 무역에 두었다. 1784년 대통령 조지 워싱턴의 52번째 생일을 기념하여 건조한 범선 '중국황후호(Empress of China)'가 처음으로 뉴욕에서 출항하여 중국 광저우 황포항에 6개월 6일 만에 도착했다. 이 배에 탄 미국 상인들은 광저우에 3개월간 머물면서 미국산 인삼과 여타 상품들을 팔고 중국의 차를 비롯하여 배 한 척 분량의 중국산 상품을 구입해 돌아갔는데, 이 항해를 통해 벌어들인 순이익은 미국인들을 놀라게 했다. 이후 중국과 미국 간의 무역은 빠르게 발전하여 1820년대와 30년대 동안 광저우의 미국 상인들은 6개의 상관을 세웠다. 19세기 말 무렵에는 미국의 대중국 무역량은 영국에 이어 두 번째가 되었다.

## 3. 광둥 체제(Canton System) 속의 광저우

앞에서 이미 1685년 청의 강희제(康熙帝)는 밀려드는 외국 상선들이 무역을 할 수 있도록 4곳에 해관을 설치했다고 말했다. 각 해관마다 그 역할이 달랐는데, 강해관은 주로 국내 연해의 각 항구 사이의 무역을 담당했고, 절해관은 일본무역을, 민해관은 남양(南洋) 각국과의 무역을 담당했다. 그리고 광저우의 월해관은 서양 각국과의 무역을 독점했다. 이처럼 월해관에 서양 선박들이 주로 왕래하게 되었던 것은, 청 조정의 입장에서 바다가 훤히 틔어 있는 다른 항구에 비해 해안 방어에 유리했고, 지리적으로도 중앙에서 가장 멀리 떨어진 곳으로 고대부터 중국인과 외국인이 함께 거주해왔으며, 또 광저우에는 성숙한 양행 제도와 훌륭한 상인들이 있어 많은 관세 수입을 올리는 곳이었기 때문이다.

그런데 1755년 영국 동인도회사의 선박이 절해관이 있는 닝보항에 나타났고, 이것은 청의 사해관 체제를 위반하는 것이었다. 이에 건륭제는 저장 지역의 천연 지형과 해상방어가 광둥만 못하고, 또 강남(江南)은 국제경제의 중심지이니 서양 선박이 자유롭게 드나들게 해서는 안 된다는 상소를 받아들여 대외무역을 월해관으로 한정했다. 정치적으로는 광저우에 이권을 가진 팔기군(八旗軍)과 관료 등이 조정을 움직여 건륭제로 하여금 서양인과의 교역 창구를 광저우로 한정하도록 상유(上諭)를 내렸다고 해석한다. 즉 무역항을 광저우로 한정한 것은, 서양의 배들을 광저우에 집중하게 하면 이익은 광둥에만 그치지 않고, 강서(江西) 등 광범위하게 미친 것도 이러한 어명을 내린 이유 중 하나로 거론되고 있다. 당시 강남은 이미 일본과의 교역(나가사키무역)을 거의 독점하고 있어, 그에 더하여 서양인까지도 닝보에 집중되면, 화남(華南)이 남겨져, 나라 전체의 균형이 붕괴할 가능성이 있었기 때문이었다. 게다가 청 조정은 명나라와 같이 외국인과의 교역 활동이 왕조의 통치를 침해하는 것을 염려하였다. 결국, 1757년 말 청 조정은 광둥 바다의 '일구통상(一口通商)' 정책을 발표하였다. 이로써 광저우는 청의 대외무역의 유일한 항구가 되었다. 이것은 1840년까지 유지되었는데, 이렇게 외국 상인과의 교역을 광저우로 제한하는 청의 해금 정책을 '광둥 체제'라고 부른다.

이로 인해 당시 큰돈을 벌 수 있다고 생각한 중국 상인들은 쉴 새 없이 소위 '주광(走廣)' 곧 광저우로 몰려들었다. 원래 중국에는 아인(牙人) 또는 아행(牙行)이라고도 불리는 중개매매인의 활동이 활발하였다. 명나라 후기에 해금(海禁)이 완화되어 국외 무역이 허용된 때에도 수많은 아인 중에서 일부에게 거래를 집중시키면서 동시에 징세도 대행하게 하여, 그들을 통하여 상인 전체를 파악하는 방책이 채택되었다. 명조를 계승한 청조(淸朝)도 마찬가지로, 국내 교역·국외 무역을 불문하고, 징세를 담당하는 아행을 당국이 설정하고, 징세와 아행의 상거래가 일체화된 제도를 펼쳤다. 광저우에 이러한 아행은 수십 행(行)이 있었으나, 1720년(강희 58년) 이후, 서양 무역을 취급한 곳은 광주십삼행(廣州十三行) 혹은 광둥십삼행(廣東十三行)이라고 불리는 특권 상인 길드에 제한되었다. 황제는 안정적인 세수를 확보하기 위해 재력과 실력을 갖춘 상인을 선발해, 서양 상인과 거래할 수 있는 독점권을 주었다. 그들이 정부를 대신하여 세금을 거둬들였다. 이런 역할을 하는 상점을 '양행(洋行)'이라 했고, 광저우에는 모두 13곳이 있었다. 13행은 이렇게 탄생하였는데, 이화행, 동문행, 광리행, 만화행, 천보행, 풍진행, 태화행, 유원행, 이익행, 여천행, 동순행, 보순행, 의성행이 그것이다.

예로부터 광저우는 다른 지역의 항구에 비해 통상하기 좋은 조건, 곧 광저우의 황포항은 강바닥이 넓고 수심이 알맞은 천혜의 항구였고, 민첩하고 신용이 있는 상인들이 있었으며, 또 주문한 화물을 모으는 데 다른 항구에 비해 시간이 많이 걸리지 않는 등의 가장 좋은 환경을 갖고 있어서 '황금 정박지'라는 별명이 붙을 정도였고, 그래서 많은 서양 상선들이 광저우로 몰려들었다. 이리하여 유럽 각국은 광저우에 상관을 세우기 시작했는데, 대체로 13행 주변이었다. 당대에 이어 광저우가 중국 내 최고의 무역항으로 명성을 날렸던 시대는 역시 청대 이른바 광저우 13행의 시대라 할 수 있다. 1840년 아편전쟁에서의 패배로 인해 5개의 항구가 개항되기 전까지 약 80년의 광둥 체제는 기본적으로는 청조의 광저우 13행과 정부의 지원을 받는 영국의 동인도회사(이후 자유 무역 상인)와 같은 대외무역 독점 조직에 의해 유지되었다. 13행과 거래한 나라는 전통적인 조공무역을 하던 주변 나라들 외에 네덜란드, 스페인, 영국, 프랑스, 미국, 스웨덴, 덴마크, 벨기에, 오스트리아, 이탈리아, 독일, 페루 등이었다. 이곳에 오는 서양 선박 가운데는 중국식 이름을 가진 배들도 있었다. 'Canton(광둥호)', 'Merchant of China(중국상인호)', 'Empress of China(중국황후호)' 등이다. 지금도 서양에는 미국 매사추세츠주의 Canton시나 조지아주의 Canton County처럼 광둥의 영문명을 가진 도시들이 남아 있다(리궈룽, 23).

전통적으로 경시하던 상인들에게 대외무역을 담당케 한 것은 청조의 독창적인 처리 방식으로, 청 정부는 많은 외국인들을 인근의 나라들처럼 조공을 바치러 왔다고 간주했고, 광저우 지방관들은 이들을 접대하는 임무를 외국 사무에 익숙한 행상에게 맡겨 자신의 존엄을 세우고 귀찮은 일은 줄였던 것이다. 게다가 행상은 일종의 청나라 보갑제(保甲制) 방식을 활용한 것으로, 중국 상인과 외국 상인을 하나의 이해관계로 묶고 '관이 상인을 관리하고, 상인이 외국인을 관리하는' 목적을 위한 것이다. 광둥 체제 동안 광저우 양행의 대표들은 상대하던 유럽 동인도회사의 대반(大班)이나 자유 상인들과의 거래 속에서 거대한 부를 축적하기도 했지만, 점차 관리들에게 갈취당하고 외국 상인에게 주도권을 상실한 채 엄청난 채무에 시달리며 파산해갔다. 건륭제의 상유(上諭)로서, 서양 상인을 대상으로 하여 교역항을 광둥의 한 항구에 한정하고, 특권상인에게 무역을 하게 하는 광둥 체제는 아편전쟁의 패배와 양행의 파산으로 종말을 고했다.

광저우(월해관)는 중서 해상 교통의 중요한 교차로이자, 중국의 재화와 부가 모이는 곳이며, 또 대외무역의 전통과 해안 방어에서 특수한 지위를 가진 곳이었다. 그 때문에 해금 정책을 실시하던 때에도 매우 특별한 공간으로 취급받아 근대 이전 중국의 유일한 개방 항구가 될 수 있었다(리궈룽, 45).

## 4. 19세기 이후 광저우의 변화

### 1) 광둥 체제의 붕괴

청의 입장에서는 광저우만을 유일한 무역항으로 설정한 것은 일종의 외교(조공)에 기반을 둔 보호무역이었던 반면에, 광저우에 왔던 서양 국가들의 입장에서는 최대의 무역 상대국과 교역을 확대하려는 목적을 실현하지 못하게 하는 방해물이기도 했다. 이는 18세기 대중국무역액이 다른 나라들을 합친 것보다 많았던, 그리고 1583년 엘리자베스 1세가 중국 황제에게 서로 통상하자는 서신을 보낸 뒤부터 여러 차례 중국과의 무역을 시도하면서 교역의 확대를 노렸던 영국에게 심각한 문제였다. 영국을 비롯한 외국 상인들은 광저우의 행상으로 한정된 광둥 체제에서 벗어나고 싶었다. 내륙에서 멀리 떨어진 광저우의 지리적 조건도 이제는 단점이었다. 그것은 차, 생사, 도자기 등의 물품을 산지에서 실어 오는데 많은 운송비가 필요하고, 또 장거리를 운송하기에 파손의 위험도 컸다. 그리고 외국 상인들을 점차 총독, 순무, 해관 감독의 관청이 아니라 행상에게 담당케 하고, 상업 활동이나 화물 세칙, 주거지, 체류 기간 제한 등 많은 금지령을 두는 광저우의 통상 체제는 서양의 자유 무역 원칙과도 서로 충돌하였다. 점차 외국 상인들은 중국과의 교역 확대를 위해 제반 조건을 바꾸고 싶어 했다.

이러한 요구는 결국 아편전쟁으로 현상했고, 청의 패배는 광둥 체제의 종말을 가져왔다. 이제 광저우는 청조의 유일한 관문(통상) 항구가 아니고, 행상 역시 외국 상인들을 관리할 필요가 없어졌다. 광저우는 푸저우, 샤먼, 닝보, 상하이와 함께 강제로 개항된 다섯 항구의 하나가 되었다. 게다가 1856년 12월, 170년의 역사를 지닌 광저우의 13행 지역이 화재로 하룻밤 사이에 폐허가 되자, 영국과 프랑스인들은 다른 상업 기지를 물색하기 시작했고, 1859년 원래 13행 자리의 서쪽에 있던 사면(沙面, 이곳은 원래 13행의 창고가 있던 자리)에 몇 년간 공사를 진행하여 1861년에 외국 조계지로 변신시켰다. 13행은 상업 무대에서 사라졌고, 행상들도 파산하거나 외국 상인들에게 매판으로 고용되는 등 저마다 다른 길을 걷게 되었다. 일부 영리하고 모험심이 강한 상인들은 새로운 개항 항구인 상하이로 가서 부자가 되기도 했다.

예를 들어, 상하이로 옮긴 미국의 기창양행은 13행 출신 상인들에서 자신의 대리인(매판)을 구했다. 광저우 동순행(同順行)의 오건창(吳健彰)이 최초의 매판 가운데 한 사람이다. 1850년대 상하이는 광저우를 대신하여 중국 최대의 무역항이 되었다. 그런데 상하이가 전국 최대의 무역항이 되었던 것은 광둥 상인들이 있었기 때문이다.

### 2) 광저우 상인과 서양 상인

광둥 13행 가운데 외국 상인들이 '반계관(潘啓官)'이라고 불렀던 반진승

(潘振承)의 동문행(同文行)의 첫 행상이자 최고의 재력과 수완을 겸비하고 시장을 좌우하던 행상의 리더로서 광저우의 대외무역에 큰 영향을 끼쳤다. 반 씨의 동문행에 이어서 광저우의 상업계를 이끈 것은 오병감(伍秉鑒)의 이화행(怡和行)이었다. 오병감은 미국 학자 모스가 "당시 세계에서 가장 돈이 많은 상인"이라고 말했을 정도였는데, 그는 서양 상인 특히 영국 동인도회사와 산상(散商, 자유 상인) 그리고 미국 상인과 거래하여 부를 획득했다. 1832년 자딘 메시슨사의 창업자인 산상 윌리엄 자딘이 자신의 회사명을 '이화양행'이라고 했던 것도 오병감과의 관계 때문이다. 또 광저우에 있던 미국의 양행 가운데 규모가 가장 컸던 금사양행(金斯洋行, Perkins & Co)과 기창양행(旗昌洋行, Russell & Co) 역시 오병감의 도움을 받아 성장했다. 게다가 오병감은 대리인들을 잘 활용하여 해외투자를 통해 부를 축적했는데, 1837년 미국으로 돌아가 철도사업에 투자하여 북미대륙을 가로지르는 미국 철도의 최대 사업가가 된 젊은 미국 상인 존 머레이 포브스(John Murray Forbes)도 있었다. 그는 원래 차 무역을 위해 중국에 왔다 오병감의 양자가 되어 그의 대리인으로 활동했다. 이처럼 광저우는 미국 연해의 상인들이 꿈을 이룰 수 있는 중요한 장소였다. 미국 역사를 보면 초창기의 부호 가운데 중국무역에 종사한 사람이 많다. 예를 들어 금융업의 대가인 모리스(Morris)와 1824년에 광저우에 문을 연 기창양행이 그 가운데 하나였다.

광저우의 양행은 영국의 동인도회사 및 서양 상인들과 친밀한 관계를 맺었다. 동인도회사는 파산에 직면한 양행을 도와주기도 했고, 미국 상인과 친밀한 양행은 국제무역에 이들의 도움을 받아 투자해서 이익을 얻기도 했다. 예를 들어, 호관(浩官, 곧 오병감)의 경우 그가 죽은 뒤에도 가족들은 러셀사와 친밀한 관계를 유지했다. 1858년 호관의 아들 오숭요(伍崇曜)가 고향 사람 아요(阿曜)를 이 회사의 매판으로 천거하기도 했다. 한때 행상이었던 오건창(吳健彰)도 1840년대 후반부터 1850년 초반까지 러셀사에 투자하여 회사의 7대 투자자 가운데 한 사람이 되었다. 1858년 광저우에 근대적인 세관 제도가 시작된 이후에도 미국 상인들은 오랜 친구인 행상들에 대해 변함없는 애정을 지니고 있었다(하오옌핑, 229, 2001).

이처럼 광둥 13행은 서양 상인들과의 교역을 담당하면서 부를 축적하면서 친밀한 관계를 유지하며 상호 공생했다. 하지만 1842년 난징조약이 체결된 이후 대외무역에서 행상의 역할은 매판-외국 회사의 중국 관리인-이 대신하게 되었다. 매판(買辦)은 사전적으로 외세의 정치·경제·무역상의 착취의 매개자가 되는 역할을 하는 자, 즉 경제적 부역자를 일컫는 말이다. 보통 동아시아나 동남아시아 지역에서 유럽 본사의 이익을 위해 활동한 현지인 지사 임원들을 매판이라고 한다. "매판"이라는 말은 원래 포르투갈의 식민지였던 마카오와 인접한 광저우 같은 중국 남부에서 서양인 집안에 고용된 현지인 종업원을 일컫는 말이었다. 그러다 동아시아의 국부를 착취하는 서양 기업의 지사에서 일하는 현지인을 말하는 것으로 의미가 확장되었다. 매판들은 남중국의 차, 견직, 면직, 실 무역에 중요한 역할을 했으며, 외국 은행에 협조하고 또한 근무했다. 이런 경제적 행위로 매판들은 막대한 부를 축적했다. 자딘 메시슨의 홍콩 매판 로버트 호 퉁(何東)은 불과 35세의 나이에 홍콩 제일의 거부가 되었다.[2]

정치적 기준에서 매판을 매국노로 부정적으로 평가하고 있지만, 일방적인 서양 자본의 중국 침투와 장악에 맞서 중국 자본을 형성하는 데 일조했다는 점에서 긍정적인 평가도 있다. 특히 19세기 후반으로 가면서 중국의 산업화에 투여된 자본의 상당액이 이와 같은 중국인 자본이었다. 한편 유통

---

2  https://ko.wikipedia.org/wiki/%EB%A7%A4%ED%8C%90

을 뒷받침한 것은 일관되게 양행의 해운 네트워크와 그를 핏줄로 성장한 광동 화상 네트워크였다. 최근의 연구에 따르면 광동 출신 중국 상인 네트워크가 조선과 일본에서 형성되었다는 사실이 밝혀지고 있다. 그리고 이 네트워크는 서양 상인들의 양행과도 연결되었다. 광동 상인은 양행의 매판 혹은 지점의 스텝이라는 신분으로 이들의 팽창에 부수하여, 초기 자본을 축적한 뒤 중국의 연해 개항장과 동아시아 각 개항장으로 진출하여 크게 성장하였다. 조선의 대표적 화상 동순태호(同順泰號, 譚傑生, 1853-1929, 廣東省 高要縣 출신) 역시 바로 그러한 전형적 사례였다.

동순태의 최대 거래처이자 사실상 동순태 교역 대부분을 담당한 것이 상하이 동태호(同泰號)이다. 동순태 문서에 등장하는 동태호의 주인 양윤경(梁綸卿, 곧 梁應綿)은 상하이의 대표적인 광동 화상(華商)이었다. 양윤경은 광동성 고요현(高要縣) 출신으로, 상하이의 광동 동향조직인 광조공소(廣肇公所)의 이사(董事)를 오랫동안 역임했다. 그리고 양윤경은 윤선초상국(輪船招商局)의 매판이자 『성세위언(盛世危言)』, 『이언(易言)』 등의 저서로 유명한 개혁사상가 정관응(鄭觀應, 1842-1922)과 교분이 깊었다. 정관응은 광동성 향산현(香山縣) 사람으로 17세에 상하이로 와서, 미국 덴트사(Dent & Co. 寶順洋行)의 하위직 매판으로 일하고 있었다. 1868년 27세 때 그는 영국 선교사가 세운 영화서관(英華書館)에서 영어를 배우는데, 이때 동문수학한 친구가 다름 아닌 양윤경이었다. 후에도 두 사람의 교분은 계속되었던 것 같다. 1907년에 출간된 『성세위언후편(盛世危言後編)』에는 「양윤경의 〈해산기우〉서에 답함(答梁道友重刊〈海山奇遇〉序)」, 「양윤경에게 보낸 편지(致梁綸卿道友書)」 등의 글이 수록되어 있어 두 사람의 친밀한 관계를 짐작하게 한다. 정관응의 집안에는 매판이 특히 많았다. 그의 숙부 정정강(鄭廷江)은 상하이 오버웨그사(Overwer & Co. 新德洋行)의 매판, 친척

증기포(曾寄圃)는 덴트사의 매판이었으며, 청말 대표적인 매판인 서윤(徐潤)과는 집안 대대로 친분이 있었다. 이들 모두는 광둥성 향산현 출신이다.

특히 조선 문제와 관련해서 중요한 역할을 하게 되는 당정추(唐廷樞, 곧 唐景星1832-1892)는 정관응의 근친으로 두 사람은 아주 가까운 사이였다. 당정추 역시 광둥성 향산현 출신으로 바로 이화양행(Jardin & Matheson Co.)의 매판을 역임하고 이홍장(李鴻章)의 신임을 받아 윤선초상국 총판(總辦)으로 있으면서 조선의 개항에 직접 관여한 사람이다. 조선 문제를 좌우했던 청의 양무파와 친밀했던 당정추는 진수당(陳樹棠)이 총판조선상무위원(總辦朝鮮常務委員)으로 임명되고, 마건충(馬建忠)으로 하여금 묄렌도르프 밑에 일할 중국인 해관 직원으로 당소의(唐紹儀)를 발탁하는데 영향력을 발휘했다. 진수당은 광둥성 향산현으로 그와 동향이었으며 당정추의 조선행을 수행했다. 당소의(唐紹儀)는 동향일 뿐 아니라 당정추와 숙질(叔姪)의 관계에 있었다. 훗날 중화민국 초대총리가 된 당소의(1860-1938)는 원세개(袁世凱)의 신임을 받으며 청일전쟁 후에도 조선총영사(朝鮮總領事)로 막대한 영향력을 행사했다. 이처럼 조선 문제에 깊이 관여했던 당정추와 정관응의 관계가 남달랐다는 것은, 정관응이 1883년 당정추의 가장 화려한 이력이자 조선과의 관계에서도 핵심이었던 윤선초상국 총판직을 계승한 것에서도 알 수 있다.

양윤경이 정관응과 막역지우가 될 수 있었던 것은 동문수학한 친구였다는 점뿐만 아니라, 두 사람의 출신인 광둥성 향산현과 고요현은 모두 광조방(廣肇幇)으로 같은 동향공동체에 속했다는 점이 결정적이었다. 여기에 또 한 명의 주목할 만한 인물이 있다. 양윤경은 1902년 상하이 최초의 상회 조직인 상하이상업공의공소(上海商業公議公所)가 조직되었을 때 72명의 회원 가운데 한 사람이었다. 당시 공소를 이끄는 다섯 명의 총동(總董) 중

한 사람은 당걸신(唐傑臣, 곧 唐榮俊, 1862-1904)으로 광둥성 향산현 출신
이었고, 상하이 광조방(廣肇幇) 동향회관인 광조공소(廣肇公所)의 총조(總
肇)를 맡고 있었다. 그는 당정추의 친형인 당정식(唐廷植)의 장자였다. 그는
삼촌이었던 당정추, 부친인 당정식을 이어 이화양행 총매판을 맡고 있었다.
당걸신과 양윤경은 모두 광조공소의 지도적 인물로 오랫동안 함께 일했다.

1899년 광조회관(廣肇會館)의 중수(重修)를 맞아 쓰인『상해광조회관
서(上海廣肇會館序)』에 나오는 11명 대표에도 당걸신과 양윤경의 이름이
등장한다. 상하이의 광조방(혹은 廣幇)은 상하이 객방(客幇) 중 최대세력을
형성했는데, 민국 시기까지도 상하이 총상회의 광둥 출신 회동(會董)은 거
의 광조상인(廣肇商人)이 독점했다고 한다. 양과 당은 동향집단인 상하이
광조방(廣肇幇)의 리더로서, 상하이상업공의공소의 핵심 인물로 친밀한 관
계였다는 점은 짐작하기 어렵지 않다. 당걸신은 정관응 이외에도 당정추 및
조선의 광둥성 향산현 출신의 정치 엘리트들과 양윤경, 동순태를 연결해주
는 고리이다. 특히 당걸신은 조선 총영사를 지낸 당소의와도 특별한 관계에
있었을 가능성이 크다. 물론 집안으로도 두 사람은 친인척이었지만, 두 사람
은 모두 "유동유미(幼童留美)" 즉 중국 최초의 관비 유학생 프로그램에 선
발되어 도미(渡美)한 경력이 있다.

역시 광둥성 향산현 출신의 용굉(容宏)이 주도한 이 프로그램은 1872년
부터 1875년까지 네 차례에 걸쳐 매년 30명씩 어린 소년들을 선발하여 미
국으로 유학을 보냈다. 이 가운데 제4차 유학생에는 양무 관원과 상인 자제
가 대거 포함되어 있었는데, 광둥 출신 상인들의 자제가 단연 많았다. 당걸
신은 바로 이 제4차 유학생 출신이다. 한 살 위인 당소의는 1874년의 제3차
유학생으로 도미했다. 당소의와 함께 조선 해관에 부임한 주수신(周壽臣,
1861-1959) 역시 제3차 유동유미(留美兒童) 출신으로 당소의와는 컬럼비

아대학 동기이기도 하다. 마찬가지로 광둥인이다. 그는 1894년 조선인천영사(朝鮮仁川領事)로 임명되었다. "유동유미(幼童留美)"로 파견된 유학생은 모두 120명이었는데, 이 중 84명이 광둥성, 그중 40명이 향산현 적관이었다. 이처럼 양윤경과 광둥성 향산현 출신 관상(官商) 엘리트들과 남다른 관계를 통해 보면, 1892년 동순태 차관의 의미를 다시 한번 생각하게 된다.

이상으로 개항 초기 조선에서 상당한 경제적, 정치적 영향력을 행사했던 광둥 상인들과 그 네트워크는 조선에만 한정된 것이 아니라 홍콩, 광저우, 상하이, 일본 각 개항장과 연결된 광역적인 것이었다. 개항 후 광둥 상인집단은 대규모로 해외로 세력을 확장해 나가 하나의 강대한 경제적 세력을 형성했다. 1853년에 상하이에 거류하고 있는 광둥 인구는 8만 명에 달했다고 한다. 중국연구자 임휘봉(林輝鋒)은 "양무파(洋務派)가 세운 가장 대표적인 기업들은 당정추(唐廷樞), 정관응(鄭觀應), 서윤(徐潤) 및 그들 배후의 수많은 광방(廣幇) 고동(股東, 동업자)과 긴밀한 관계가 있었다"라고 평가하였다. 한말 청조 관계를 연구한 오카모토 다카시(岡本隆司)는 당정추가 자신을 중심으로 하는 광둥인 세력으로 조선 "양무"의 실권을 장악하려고 했다고 평가했는데, 동순태는 그 말단에서 정치적 자양분을 취하여 성장했다고 볼 수 있다(강진아).

이화양행과 같은 무역회사(기업)의 역사 특히 이들의 동아시아에서의 영업 행위에 드러난 인적 네트워크, 즉 화상을 비롯한 현지 상인들과의 연결이 지닌 특성을 통해 종래 동아시아 근대를 바라보았던 전통과 근대라는 이분법적 시각이 조정될 필요가 있다. 그리고 실제 서양 상인들의 양행이 중국의 근대화에 큰 영향을 준 것은 부정할 수 없지만, 19세기 후반으로 가면 중국인의 자본에 의해 중국의 근대 산업이 흥기하기 시작했다는 사실 또한 무시할 수 없다. 이것은 이미 매판 등과 같은 중국 상인과 화상에 의해 자본이 축적되었던 데 그 배경이 있었다.

### 3) 대외무역의 중심은 광저우에서 상하이로

조약항(Treaty Port)으로서 광저우는 1843년 7월 개시(開市)되었다. 아편전쟁 이전 광저우가 지닌 대외무역의 특수한 지위가 상실됨에 따라, 5개 항구 중 상하이의 지위가 두드러졌다. 샤먼, 닝보, 푸저우의 대외무역 발전은 그렇게 빠르게 진행되지 않았으나 상하이는 달랐다. 이는 상하이의 지리적 위치와 밀접한 연관이 있다. 1843년 11월 개시된 상하이는 장강을 포괄하는 장강 경제권과 닝보, 푸저우를 거쳐 광저우로 이어지는 동부 연해 지역 경제권이 교차하는 지점에 있다. 수로를 통해 중국 1/3의 지역에 도달할 수 있고, 장쑤(江蘇), 저장(浙江), 안후이(安徽), 후난(湖南), 후베이(湖北) 등 넓은 배후지를 가지고 있었다. 가까이에 생사(生絲)와 차엽(茶葉)의 산지가 있어 그 운송 판매에 편리할 뿐 아니라 가격도 비교적 저렴하였다. 여기서 제공되는 풍부한 재원과 값싼 노동력은 상하이 발전의 주요한 동력이었다. 이러한 조건은 광둥, 광서(廣西) 중심의 중국 남부를 배후지로 갖고 있는 광저우와 비교할 수 없는 이점이었다.

상하이 개항 1년 뒤 외국인은 26명이었으나, 1847년에는 108명, 1855년에는 243명으로 늘어났다. 외국인의 관점에서, 상하이의 생활 조건은 광저우에 비해 매우 만족스러웠다. 전쟁 이후 상관(商館. 개항 이전 광저우 주강 변에 위치한 외국 상인의 거주, 무역 지구)의 범위를 넘을 수는 있으나 인민의 저항으로 여전히 입성이 불가능했던 광저우와 달리, 상하이의 광대한 공간은 유쾌한 생활을 하기에 충분하였고 이동할 수 있는 자유도 있었다. 1843년 광저우에 있던 이화(怡和), 보순(寶順) 등 영국 자본의 양행(洋行)이 상하이로 이전하였는데, 1852년에 이르면 상하이의 외국 자본 양행은 41가(家)로 늘어났다. 상하이가 신속히 발전함에 따라 광저우의 대외무역 규모는 점차 하락하였다. 그렇다고 해서 상하이가 광저우의 대외무역 지위를 바로 대체했던 것은 아니다. 아편전쟁 이후 상하이와 홍콩이 주목을 받고 있음은 분명하지만, 아편전쟁 이후에도 여전히 광저우의 대외무역은 쇠퇴하지 않았다. 아편전쟁 초기 광저우의 대외무역은 잠시 중단되었으나 영국군의 북상(北上) 이후 점차 회복되었다. 상하이가 광저우의 적지 않은 이윤을 가져갔지만, 호남(湖南), 호북(湖北)의 차엽 무역에서 광저우는 여전히 이윤을 창출하였다. 수입 방면에서도 수요가 줄어들지 않았다. "새로운 개항장이 새로운 시장을 창출하기는 했으나 광저우 무역의 쇠퇴를 조성한 것은 아니었다."

그러나 1853년을 전후하여 광저우와 상하이의 대외무역 지위에는 질적인 변화가 발생하였다. 1853년 상하이의 대영(對英) 무역량은 이미 광저우를 넘어서는데, 이러한 변화의 추세는 생사와 차엽 등 주요 상품의 수출량에도 반영되었다. 이로써 광저우의 대외무역 지위는 상하이로 대체되었다. 광저우의 대외무역은 1870년대부터 서서히 상승하지만 이미 상하이와의 경쟁은 불가능하였다. 그리고 광저우의 대외무역 지위의 변화는 상하이의 발전 외에도, 영국의 식민도시 홍콩의 부상, 제2차 아편전쟁으로 톈진(天津), 한커우(漢口) 등 연해와 장강 유역 개항장의 증가 등과도 밀접한 연관이 있다. 상하이, 푸저우, 샤먼 등의 개항으로, 기존에 강서(江西), 호남(湖南)에서 광저우에 이르는 수출로는 쇠퇴하였다. 광저우의 외항(外港)으로 번영을 누렸던 황포마두(黃埔馬頭)도 아편전쟁 이후 모래로 막혀 부두의 역할을 하지 못했다(이은자, 305).

# III. 개혁개방 이후의 광저우

근대 이후 중국은 서양 열강 및 일본의 침략으로 인해 주체적인 근대화를 추진하지 못했지만, 1949년 중화인민공화국이 수립되면서 사회주의 근대화를 추동하였다. 광저우는 19세기 중반 이후 조계지가 형성된 근대 개방 항구로 변화했고, 1911년 신해혁명 이후 중화민국의 수립되면서 중국혁명의 본고장 특히 1930년대에는 국민당의 혁명 근거지가 되기도 하는 등 많은 부침이 있었다. 광저우가 이렇게 변화하는 동안 이웃에 있는 홍콩과 마카오는 각각 영국과 포르투갈의 영토이자 무역항으로 발전해왔다. 20세기 말 이 항구들은 중국으로 반환되었는데, 이러한 상황은 광저우의 변화에 많은 영향을 주었다. 특히 1980년대에 들어서서 중국공산당 정부가 개혁개방정책을 실시하면서 광저우는 전통적인 해상교역 도시로서의 면모를 되찾기 시작했다. 개혁개방정책은 특히 해양에 대한 인식을 바꾸는 데 영향을 주었다. 현 시진핑 정부가 2013년 내세운 '일대일로(一帶一路) 구상' 그리고 여기에 포함된 '신해양 실크로드 건설'은 그 이전 정부가 제기한 '해양강국'이란 슬로건과 함께 중국이 역사상 유례없는 해양진출을 모색하는 시도라고 할 수 있다. 이러한 변화는 개혁개방정책이 실시된 이후 비롯되었으니, 약 40여 년 동안 중국 정부는 해양에 대한 인식을 바꾸어온 셈이다. 그리고 이것은 1840년 아편전쟁의 패배로 5개 항구를 강제적으로 개방했던 데서 본다면, 약 140년이 지난 뒤에 시작된 해양으로의 본격적인 모색이라고 하겠다.

## 1. 중국의 개혁개방정책과 해양

중국에 1978년은 쇄국, 해양과 연결해서 말한다면 해금의 시대가 끝났음을 선언한 해였다고 할 수 있다. 이는 1950년대 이후 구축된 냉전 체제가 붕괴하고, 소위 탈냉전적 상황이 전개되었던 데서 말미암았으며, 이런 변화에 대해 중국이 반응을 보인 최초의 정책이 바로 개혁개방이라고 할 수 있다. 물론 중국의 내적인 요인도 이런 전환에 큰 몫을 했음은 말할 것도 없겠다. 여기서 개방은 바로 해금령을 해제하고 바다를 향해 문을 여는 것이라고도 말할 수 있다. 그리고 이 개방은 1949년부터 78년까지 지속된 자력갱생의 경제를 개혁하기 위한 하나의 강력한 수단이다. 소위 경제개혁이 절실한 화두였고, 그것의 핵심은 바로 산업화를 추구하는 데에 있었다. 즉 '탈냉전과 산업화'라는 큰 틀에서 중국의 1980년대가 시작되었고, 이를 위한 방안으로 해역에 위치한 특정 지역에 산업 특구를 설치하는 것이 결정되었다.

개혁개방은 경제개혁과 대외개방으로 풀 수 있다. 개혁과 개방을 동시에 추구할 방안은 중국공산당 중앙위원회 공작 회의에서 배포된 참고자료 '루마니아, 유고슬라비아의 경제는 왜 고속으로 발전했는가'를 두고 간부들 사이에서 대외경제 개방에 관한 학습에서 비롯되었는데, 이것이 제11기 3중전회에서 대외무역 확대, 외자 이용, 선진기술 관리 경험의 흡수, 합판의 추진, 그리고 대외개방의 특수 활성화 전략으로서 수출을 위한 특별구역의 설치 방침으로 표명되었다(아마코 사토시, 142). 중국공산당이 제11기 3중전회에서 제기한 '개혁개방'은 제12기 대회 이후 1980년대부터 본격적으로 시행되었다. 농업, 공업, 국방, 과학기술 4개 현대화가 목표로 정해졌으며, 이를 위해 시장경제 체제의 도입, 대외개방, 외국 자본 수용 등이 허용되었다. 거슬러 올라가면 4개 현대화는 이미 중국의 근대 초기 곧 양무운동 시기부터 제기되어온 것이라고도 할 수 있는데, 그래서 이를 위해서는 외부 곧 서구 근대의 문물을 수용하지 않으면 안 된다는 인식을 중국 지도부가 다시 확인한 것이라고 말해도 무방하다.

여기서 대외개방 정책은 사회주의 현대화 건설을 위해 국제적 분업을 이용하고, 세계 경제와 유기적 관계를 맺어야 가능하다는 인식에서 출발한다. 개방정책의 일환으로 1980년 8월에는 광둥성의 주하이(珠海)와 선전(深圳), 산터우(汕頭), 같은 해 10월에는 푸젠성의 샤먼(廈門) 등의 지역을 경제특구로 정해 수출을 도모했다. 당시 경제특구를 지정한 목적은 일차적으로 외국 자본 도입과 기술의 이전, 수출 고용 증대 등의 경제적인 이익 도모에 있었다. 이는 한국과 대만 등지에서 이미 큰 성공을 거두었던 것을 염두에 두었던 측면도 있었다. 1984년 2월에는 덩샤오핑이 대외개방과 경제특구 건설을 강조하면서 다롄, 친황다오, 톈진, 옌타이, 칭다오, 롄윈강, 난통, 상하이, 닝보, 온저우, 푸저우, 광저우, 잔장, 베이하이 등 14개 연해 도시를 개방했다.

1980년 이후 중국 연해 지역에 경제특구를 건설하는 방식으로 전개된 대외개방 정책은 자연스럽게 중국 정부가 해양에 대해 주목하지 않을 수 없게 했다. 그것은 연해 지역에 기반을 둔 경제특구에서 급격한 경제성장이 이루어졌고, 이러한 변화에 따라 해양을 통한 교류가 중요한 지위를 점하게 되었기 때문이다. 곧 해안가에 설치된 경제특구와 해양과의 관련이 한층 깊어졌는데, 이는 아편전쟁 이후 5개 도시의 개항 이후 맞은 제2의 개항이라고 부를 수 있겠다. 물론 이 개항은 자발적인 것이라는 점에서 차이가 있다.

주로 연해 지역에 위치한 특구이기 때문에 해상방어라는 안보적 요인도 발생하는데, 곧 중요산업시설의 보호와 수출입 운송 및 해상교통로의 안전 보장 등이 그것이다. 게다가 최근에는 에너지자원의 운송을 위한 안전 확보도 핵심적인 사안 가운데 하나로 부상하였다. 이것은 아편전쟁에서 패배한 이후 청나라가 내세웠던 해군력의 강화를 통한 강국 건설의 목표가 다시 새롭게 부상한 것으로 해석할 수 있겠다.

이와 더불어 대외적으로 냉전의 종식과 구소련의 붕괴 그리고 유엔해양법 협약의 채택과 발효 등으로 인해 중국의 해양에 관한 관심이 고조되었다. 즉 냉전 종식은 강대국 간의 대규모 전쟁발발의 가능성을 낮추고, 특히 대륙세력에 의한 전쟁 위협이 많이 감소하였다. 이에 중국도 안보전략을 이런 변화에 기반을 둔 국지전 대비로 전환하였고, 이러한 과정에서 해양에 대한 안보적 중요성이 상대적으로 증대되었다. 특히, 구소련이 붕괴하자 중국위협론이 대두되고, 이에 1996년 미일 신안보공동선언이 발표됨으로써, 중국은 해양세력에 대한 안보적 대비의 필요성을 강조하게 되었다. 한편 1982년 4월 30일 채택되고, 1994년 11월 16일에 발효된 UN 해양법 협약(UNCLOS: The United Nations Convention on the Law of the Sea)이 12해리 영해, 200해리 배타적 경제수역(EEZ: Exclusive Economic Zone), 대륙붕 주권, 접속수역 등에 관한 국제적 기준을 제공하게 되자, 해양에 대한 중국의 안보적 관심은 더 증폭되었다. 이뿐만 아니라, UN 해양법 협약은 관할 해양에 대한 자원의 탐사 및 개발권 확보와 관련한 틀도 제공하게 됨으로써, 해양에 대한 경제적 측면의 관심도 급격히 고조되기에 이르렀다.

이와 같은 경제·안보적 요인으로 인해 중국은 해양의 중요성을 새롭게 인식하게 되었고, 개혁개방과 함께 해양과 관련해서도 정책을 쏟아내기 시작했다. 1991년 처음으로 개최된 전국해양업무회의(全國海洋工作會議)에서 『90년대 중국 해양정책과 업무 요강(九十年代中國海洋政策和工作綱要)』이 발표되고, 1992년 10월 중국공산당 제14차 전국대표대회 보고에서 당대회 최초로 '해양권익'이란 개념이 제기되어 해양에 대한 관심이 고조되기 시작하였다. 이어서 1995년에는 국무원의 비준 하에 국가계획위원회와 국가과학기술위원회, 국가해양국이 『전국해양개발기획(全國海洋開發規劃)』을 발간하였고, 1996년에는 『국민경제와 사회발전 제9차 5개년계획과 2010년 미래 목표 요강(国民经济和社会发展"九五"計劃和2010年远景目标纲要)에 '해양자원조사강화와 해양산업개발, 해양환경보호'가 제기됨으로써, 장기 국가발전전략 문건으로는 처음 해양 관련 정책이 포함되었다. 같은 해, 중국 정부는『중국 해양 21세기 의사일정(中国海洋21世纪议程)』을 발간했고, 1998년에는 『중국해양정책(中國海洋政策)』과 해양백서인『중국 해양사업의 발전(中国海洋事业的发展)』을 간행하였다.

2천년대에 들어서는 2001년『국민경제와 사회발전 제10차 5개년 계획 요강』, 2002년『중국공산당 제16차 전국대표대회 보고』, 2006년『국민경제와 사회발전 제11차 5개년 기획 요강』과 같은 국가 공식문서에서 해양정책이 지속적으로 구체화되었으며, 이 가운데 2006년 요강에서는 '해양종합관리 실시와 해양경제 적극 발전'이라는 단독의 장이 편성되기에 이르렀다. 또 국무원은 2003년과 2008년에 각각『전국해양경제발전 기획 요강(全国海洋经济发展规劃纲要)』과『국가 해양사업 발전 기획 요강(国家海洋事业发展规劃纲要)』을 반포하였다. 이처럼 중국 정부는 해양과 관련된 아젠다와 정책을 지속적으로 발표하고 있다.

이를 중국 지도자들을 중심으로 해양정책의 큰 틀을 정리해보면, 일관된 기조를 유지하면서도 좀 더 구체적이며 세부적으로 실천해가는 형태로 나아가고 있음을 알 수 있다. 장쩌민이 "해양개발을 실시하고 해양강국을 건설해야 한다"(2002년 공산당 제16차 보고), "해양사업을 진흥시키고 경제를 번영시키자"(국가해양국 30주년 격려사)라고 하면서 '해양강국'이란 용어를 사용했고, 이어서 후진타오는 "해양자원개발능력을 향상하고 해양경제를 발전시키며 해양생태환경을 보호하고 국가 해양권익을 굳건히 보호하고 해양강국을 건설해야 한다"(제18차 당대회)라고 선언하면서 '해양경제'라는 개념을 제안하였다.

후진타오의 계승자로서 당대회에서의 선언을 실천하고 있던 시진핑은 2012년 제18차 당(黨)대회를 통해 "해양자원개발 능력의 제고, 해양경제의 발전, 국가 해양권익의 수호를 위한 해양강국 건설이 중국몽(中國夢) 실현을 위한 핵심적인 국정과제임"을 선언하였다. 그리고 2013년 취임과 동시에 시진핑은 중화민족의 위대한 부흥이라는 중국몽을 제시하고, 같은 해 9월에 '일대일로' 구상을 발표하였으며, 이것은 2014년 개최된 제12기 2차 전국인민대표자대회에서 국무원 총리의 정부 업무보고와 비준을 통해 국가의 공식적인 국정과제로 선정되었다. 이에 대해 개혁개방 이후 중국 지도부의 해양과 관련된 구상과 정책은 일관되게 보완되어왔고, 그래서 중국의 해양강국 선언이 미국의 '아시아 회귀' 전략에 대응해서 즉흥적으로 나온 것이 아니라, 중국이 경제발전의 성과를 내면서 점차 그것을 확대 발전시키고 과거의 영화(榮華)를 되찾아 세계의 중심이 되겠다는 야심과 함께 단계적으로 준비되어왔다고 해석하는 이도 있다.

## 2. 광저우와 주변 항구의 개발 및 산업화

개혁개방정책으로 인한 경제성장 그리고 그 성장을 지속시키기 위한 해상안보의 필요성 대두 더 나아가 해양강국 선언이란 일련의 과정을 개혁개방정책의 시작점이었던 광둥성의 광저우와 그 주변 항구의 개발 그리고 산업화를 통해 살펴보자.

사실 경제특구 설치 구상의 기원은 1978년 중국정부가 홍콩에 설립한 투자유치국(招商局)에 어느 기업이 제출한 건의에서 비롯되었다. 당시 이 기업은 업무 범위를 중국본토까지 확장해줄 것을 요청했는데, 그중 한 방안이 홍콩과 인접한 중국 내 특정 지역에 일종의 수출상품 생산기지를 건설한다는 것이었다. 이 기지는 당시 이미 중국 내에 존재했던 수출상품 기지와는 달리 동남아국가들에 설치된 수출가공구와 유사하였다. 그해 말에 개최된 중공 제11기 3중전회 직후 이 건의는 아주 빠르게 실현되었다.

이것이 추진되는 과정에서 광둥성 당지도부가 큰 역할을 했는데, 1979년 1월 중국공산당 광둥성위원회 제1서기 시중쉰(習仲勛)이 중공 제11기 3중 전회의 정신을 전달하고자 산터우(汕斗)시로 가면서 같은 구상을 광둥성 당위원회에 제기하였다. 먼저 산터우에 타이완의 수출가공구와 같은 특구를 건설하자는 것이었다. 산터우는 역사적으로 개방의 전통이 있으며 지리적 위치가 외진 항구도시라는 점이 선택의 이유였다. 따라서 만일 어떤 부작용이 발생하더라도 주변 지역에 미칠 영향을 최소화할 수 있다는 것이었다. 이에 대해 광둥성위원회와 성(省)혁명위원회는 먼저 바오안현(寶安縣: 선전시의 전신)과 주하이현(珠海縣)에 수출 특구를 설치하기로 하고 당중앙과 국무원에 건의하였다. 그해 2월 중국 국무원은 광둥성 바오안현과 주하이현에 농업과 공업이 결합된 수출상품 생산기지 또 홍콩, 마카오의 관광객을 유치하기 위한 관광지구 그리고 새로운 형태의 국경도시를 건설하는 방안 등을 작성하였다. 이어서 3월 국무원과 광둥성 계획위원회는 바오안현을 선전시로 주하이현을 주하이시로 승격시키고 광둥성의 감독을 받도록 결정하였다.

이렇게 경제특구 설치가 당지도부에 의해 결정되는 과정에 대한 일화를 보면, 몇 가지 중요한 사항을 알 수 있다. 곧 1979년 4월 5일부터 28일까지 베이징에서 개최된 국무원 중앙공작회의에 참석한 광둥성 공산당서기 시중쉰 등이 당중앙의 지도자들에게 "만일 광둥성이 하나의 독립된 국가라면, 수년 내에 경제를 급성장시킬 수 있다. 그러나 현재의 체제에서는 쉽지 않다"라고 말했다고 한다. 그리고 홍콩과 마카오에 가까운 선전과 주하이, 또 중요한 화교의 고향인 산터우시에 수출가공구 설립을 요구하였고, 동시에 광둥성에 대외경제무역의 자주권을 달라고 하였다. 또 회의 기간 동안 시중쉰은 예젠잉(葉劍英)의 주선으로 당시 최고지도자인 덩샤오핑(鄧小平)의 자택에서 덩에게 광둥성위원회의 구상을 보고했고, 덩은 이 보고내용에 대해 "그게 바로 특구 아닌가? …… 단, 중앙정부는 돈이 없다. 당신들이 스스로 노력하여 필사적으로 혈로를 개척하라"라고 지지를 표시했다고 한다. 이 일화를 통해서 당시 중국 지도부의 경제특구 설치 결정에 광둥성이란 한 지역의 발전계획과 그 계획에 반영된 동아시아 국가의 경제특구 경험, 홍콩과 마카오라는 다른 체제의 존재 그리고 이 계획을 실현하기 위한 자본의 투여 및 중앙정부로부터의 권한 이양(下放) 등이 논의되었음을 알 수 있다. '필사적으로 혈로를 개척하라(殺出一條血路)'라는 덩샤오핑의 말은 중앙과 지방, 내륙과 연해, 차후 일국양제 등의 복잡한 문제를 예상했는지는 모르지만, 대단히 의미심장한 결정이었음을 느끼게 한다.

### 1) 광저우 주변 초기 특구 설치

앞에서도 언급했듯이, 대외개방의 첫 번째 조치는 경제특구를 설치하는 것이었다. 1979년 4월 덩샤오핑은 특구 후보 지역을 선정하도록 지시했고, 그해 7월 「50호 문건」에 따라 광둥성과 푸젠성에 특구를 설치하기로 하였다. 경제특구의 설치는 지역의 입지조건뿐만 아니라, 정치적인 요인도 고려하여 아주 신중하게 이루어졌다. 먼저 홍콩에 인접한 선전(深圳), 마카오에 인접한 주하이(珠海)가, 그다음 광둥성 동부의 산터우(汕頭)와 타이완(臺灣)과 마주한 푸젠성의 샤먼(廈門)을 특구로 지정했던 것은 이러한 점을 고려한 결정이다. 하이난성(海南省)이 다섯 번째 특구로 지정된 것은 중국이 여타 연해 도시를 개방한 후 4년이 지난 1988년이었다.

중국정부가 경제특구를 설립한 이유는 외국 자본과 선진기술을 보다 효율적으로 도입하는 것이었던바, 어느 지역을 특구로 지정할 것인가 하는 문제에서도 선정의 우선순위는 외자 도입 가능성에 있었다. 덩샤오핑이 '혈로를 개척하라'라고 하면서 중앙정부는 돈이 없다고 한 말에서 알 수 있듯이, 특구 설치를 위한 초기 자본이 필요했고, 그것은 외자 도입 외에는 방법이 없었다. 당시 중국 지도부는 1차적으로 화교 자본을 염두에 두었고, 그렇기 때문에 화교 자본을 효율적으로 유치할 수 있는가 하는 것이 특구 지정의 핵심적인 요인이 되었다. 게다가 외자 도입을 위해 다른 지역에는 없는 특수한 경제정책을 실시해야 했기 때문에 기존의 경제 핵심지역과 지리적으로 거리가 있어야 했다. 선전(深圳)과 주하이가 가장 먼저 특구로 지정된 것은 홍콩과 마카오에 인접한 지역으로 이 지역들의 자본을 받아들이는 것이 용이할 것으로 판단했기 때문이다. 외자를 유입할 수 있게 된 선전이 해결할 나머지 문제는 사회간접자본 건설과 노동력 공급인데, 사회간접자본은 특구 지정과 함께 중앙정부의 전폭적인 지원을 받을 수 있었고, 노동력 또한 광둥성 내 인근 지역으로부터 어렵지 않게 조달할 수 있었다.

한편 처음 중국공산당 정부가 이런 경제특구 설치를 중심으로 한 개혁개방정책을 실시하기로 했을 때, 가장 염려했던 것은 대외개방으로 인한 사회적 혼란이 야기되는 것이었다. 이런 점은 앞에서 말한 특구의 3가지 모델 가운데 하나인 체제전환형 특구의 성격을 반영한다. 그래서 역사적으로 개방의 경험이 있을 뿐만 아니라, 중앙정부에서 가장 먼 곳이자 지리적으로 변방에 해당하는 곳에 특구를 선정하였던 것이다. 그리고 이곳을 담당하는 지역 정부에게는 많은 재량권을 주었다. 앞에서 거론한 등소평의 언급은 바로 이런 점을 대변하는 것이다.

광저우가 전통적으로 교역을 위한 항구로서 게이트웨이 역할을 한 것은 넓은 배후지와 연결통로라는 지정학적 위치 그리고 항구로서의 기능 등이 갖춰져 있었기 때문이다. 개방 이후에도 광저우와 인접한 선전에 최초의 경제특구가 설치된 것 역시 이러한 역사적 유래가 반영되고, 또 근대 이후 광저우 인근의 홍콩과 마카오가 무역항으로서 성장했던 것과도 무관하지 않다.

이후 중국의 대외개방정책은 점-〉선-〉면-〉전방위 개방의 점진적인 변화 과정을 거쳤다. 곧 1단계에 해당하는 점 개방은 1979년 4개의 경제특구를 설치한 것이고, 1984년에 14개의 연해 도시와 장강, 주강, 민난 삼각주 3개 연해개방지대를 개방한 것이 2단계의 선 개방에 해당한다. 3단계의 면 개방은 1988년부터 1991년까지 산둥, 요동반도, 발해만 경제개방구와 하이난다오 경제특구 지정, 상하이 푸둥 지구 종합개발계획 발표 및 변경 무역구 지정으로 나아간 것이고, 4단계 전방위 개방은 1992년 등소평의 남순강화에 비롯되어 92년 전면적 개방을 천명한 것을 말한다. 중국의 경제특구는 초기에는 개발도상국의 그것처럼 수출가공구(EPZ)의 성격이 강했지만, 1984년 덩샤오핑의 경제특구 시찰 이후 거시적인 수준에서 경제적이고 정치적인 목적까지 포함하게 된다. 이에 대해서 경제특구의 역할을 첫째, 대외창구의 역할 둘째, 개혁개방정책의 실험장의 역할 셋째, 일국양제 통일방안의 성공적 추진을 위한 교두보의 역할이라는 세 가지의 역할이 부여되었다고 지적한다.

### 2) 해양경제특구설정

2011년 중국 국무원은 산둥성, 저장성, 광둥 지역을 각각 국가급 해양경제전략 지역으로 선포하였다. 중국 정부는 해양경제를 차세대 국가 미래 성장 동력으로 인식하고 있으며 지원 정책의 지속적 강화를 추진 중이다. 국무원은 세 번째 해양경제구로 2011년 7월「광둥성 해양경제 종합시험구 발전계획」을 지정하고, 2015년까지 광둥성 권역의 해양경제 규모를 중국 전체 해양경제 규모의 25% 수준까지(약 1조 5천억 위안까지) 확대하는 것을 계획하였다. 2015년 광둥성의 해양경제 규모 실적은 25.2%로 목표치를 달성하였다. 중국의 해양경제 성장 노력은 제11차 5개년(十一五, 2006~2010) 계획 기간에 급속한 성장으로 증명되었다. 연안 지역의 해양경제 수입은 정책당국의 예상을 뛰어넘을 정도로 컸다.

중국정부는 해양경제 육성을 위한 국가 기본전략을, 지방정부는 자체 계획을 각각 수립하여 시행했고, 특히 '11·5 계획' 기간에 해양경제 정책을 체계적으로 시행하고 이어서 해양경제에 대한 국민적 관심을 환기하고, 해양강국 건설에의 동참을 촉구하고 있다. 예를 들어, 2011년 12월 중국 국영방송(CCTV-1)은 중국 해양사와 해양경제 전략을 조명한 '바다로 나아가자(走向海洋)'라는 프로그램을 제작해 방영했다. 또 제12차 5개년(十二五, 2011-2015)계획 기간에 해양 발전전략을 체계적으로 수립·시행하고자 해서, 12·5 계획 기간에 해양강국 건설, 해양 첨단과학기술 산업화·규모화, 해양산업과 연해 경제의 조화와 국제경쟁력 향상, 해양자원 개발·이용 능력의 향상을 국가전략으로 수립했다.

여기서 광둥성 해양경제 종합시험구(廣東海洋經濟綜合試驗區)는 1) 광둥성 전 해역과 광저우(廣州)·선전(深圳)·주하이(珠海)·산터우(汕頭)·후이저우(惠州)·산웨이(汕尾)·둥관(東莞)·장먼(江門)·양장(陽江)·마오밍(茂名)·제양(揭陽) 등 14개 도시를 2) 광둥 동·서해안 경제발전과 홍콩·마카오·하이난 등 동아시아와의 역내 협력을 촉진하는 역할 3) 주장(珠江)삼각주 해양경제구의 핵심 역할을 강화하고 웨둥(粤東) 해양경제구·웨시(粤西) 해양경제구의 2개 성장거점을 발전시켜 '1 핵심, 2 성장거점, 3 지역권, 4 벨트'로 조성하는 기본 계획을 세웠다. 그리고 광둥성은 중국 최대의 해양산업을 보유하고 있고, 특히 바이오 제약·바이오 의학·중약 제제 등에 경쟁 우위를 보인다. 해양산업은 낮은 수준의 어업과 운수업 중심이어서 신흥 해양산업 개발이 당면 과제가 되고 있는바, 해양산업을 활용해 새로운 전략산업을 육성하고, 선진 해양산업 시스템을 구축하며, 과학기술 수준을 제고, 해양생산 규모를 2015년까지 지역 내 총생산의 4분의 1인 1조 5000억 위안으로 끌어올릴 계획을 하고 있으며, 신흥 산업인 해양바이오 산업과 항구 기초시설에 자금을 대량 투입하고 있다.

지금까지 해양과 관련된 산업은 육지 중심의 사고로 육상 생활을 보조하는 조선, 해운, 항만, 수산유통 산업 등이 주류를 이루었으나, 해양 중심의 사고로 전환되면서 해양공간, 해양자원, 해양환경 산업으로 확대되고 있다. 그리고 이제 해양은 경제적인 수단만이 아닌 우리 삶의 질을 높일 기회로 활용해야 한다는 인식도 확대되고 있다. 이미 선진 항만들이 항만을 중심으로 해양 관련 산업을 집중 육성함으로써 고부가가치 산업을 선점해나가고 있고, 이에 중국에서도 신해양산업을 육성하기 위한 방안으로 기존의 항만기능 확대를 위한 항만 중심의 해양경제특별구역을 지정하였다. 해양산업과 해양연관산업에는 해양관광, 해양자원의 관리 보전, 개발 이용, 해양환경, 해양플랜트 등이 포함되어 있는데, 이들 산업을 항만을 중심으로 집적 및 융·복합화 하는 것은 항만의 주기능을 위한 선박의 입출항, 정박 등과 충돌할 가능성이 크기에 이들 해양 관련 산업을 집적화한 성공적인 해양경제특구가 되기 위해서는 항만을 중심으로 인접한 지역만이 아닌 해양과 연접한 일정 규모 이상의 지역으로 특구 지정 대상을 확대할 필요가 있다. 또한, 특정 지역 및 분야만으로 지정된 해양경제특구는 글로벌 경쟁에 한계가 있기에 국내 연안 도시별 특화된 해양산업을 연계하여 해양 클러스터를 구축하고 이를 공동 발전시켜 나갈 수 있는 특구 지정 방안이 마련되고 있다.

이런 점에서 본다면, 광둥성은 홍콩반환(1997.7) 4년 전인 1994년부터 성(省) 발전에 주강삼각주(珠江三角洲, Pearl River Delta)라는 권역을 명시하여 홍콩이라는 요인을 포함하려는 노력을 시작했고, 또 이 주강삼각주는 덩샤오핑이 1978년부터 제일 먼저 개혁, 개방한 지역으로, 광저우, 선전, 동관, 주하이에 걸쳐 산업클러스터를 형성하고 있다. 현재 중국의 해양경제특구로서는 생산량과 규모 면에서 가장 앞서 있다.

### 3) 항만개발과 도시의 변화: 해역도시 네트워크

현재 중국은 두 가지의 대표적인 서로 다른 대외개방 정책을 실시하고 있다. 하나는 바로 일대일로(一帶一路) 정책이다. 이것은 개발이 뒤처진 지역의 개발을 이웃 여러 나라와의 공동개발에 의해 실현하고자 하는 발상이 저변에 깔린 것으로, 상대적으로 뒤처진 중국의 서부지역을 개발(예전의 장쩌민 이후의 서부 대개발) 사업의 연장선에서 중앙정부가 예산을 투자하여 인프라를 건설하고, 동시에 외교적 협력과 남남협력과 주변 외교 중시를 표방한 것이다. 이처럼 일대일로 구상의 핵심이 대내적으로는 내륙지역에 그리고 대외적으로는 신흥국에 초점이 있고, 또 실제적인 시책으로서는 인프라의 건설에 중점이 두어져 있다.

그리고 다른 하나는 자유무역시험구의 실시이다. 이는 외자기업에 의한 기업설립과 관련된 규제를 완화하고 서비스업을 촉진하는 것을 동시 병행적으로 실시하는 것이다. 곧 상하이와 같은 연해 지역에 필요한 것은 중국이 선진국으로 이행하기 위해 필요한 제도적인 경쟁력을 강화하는 것, 즉 중진국 함정에 빠지는 제도적인 면에서의 제약에서 벗어나는 것이다. 중국의 자유무역시험구는 과거의 경제특구 등에 이어 시진핑(習近平) 국가주석 집권 후 중국이 새로 운영 중인 대외개방 창구다. 대외무역 및 외자 유치에 초점이 맞춰진 개혁개방 초기 경제특구보다 폭넓은 규제 완화를 적용하고, 금융·운송·서비스·문화 등 분야에서 더 넓은 외자 진출을 허용하는 진화된 형태다. 2013년 상하이에 처음 자유무역시험구가 지정된 이후 2018년까지 광둥·톈진·푸젠(이상 2015)·랴오닝·저장·허난·후베이·충칭·쓰촨·산시(陝西)(이상 2017)·하이난 등 총 12곳의 자유무역시험구가 지정됐다. 자유무역지구란 원재료·중간재 등을 세관 수속을 거치지 않고 즉시 수입해 임가공 처리·제조할 수 있도록 특별히 허용되는 비관세 지역을 의미하는데, 이전의 중국 지도부는 건설투자 방식을 통한 재정지출 확대로 경기부양을 도모했으나, 현 지도부는 자유무역구를 통한 지역개발에 박차를 가하고 주도권을 시장에 주는 경제모델을 채택하고 있다. 또 개혁개방 당시는 '제조업 중심의 수출 임가공 기지 건설'이 목표였으나, 상하이 등지의 자유무역구는 자본자유화, 서비스산업 개방 확대가 골자이다.

이처럼 대외개방을 통한 경제성장을 도모한 중국의 경우, 해양정책에 의해 항만이 개발되고 이를 중심으로 경제특구가 건설되면서 하나의 거대한 도시가 형성되는 패턴이 형성되었다. 특히 초기 4개의 경제특구는 항만도시(port city)라는 개념에 부합한다. 이것은 일반적으로 해안에 위치한 도시로, 도시 내 항만기능에 크게 의존하고 있는 교역 중심의 도시를 의미한다. 사전적 의미로 항만도시는 항만을 보유하고 있는 도시로 이해된다. 그러나 역사적 관점에서 살펴보면 항만으로 인해 형성된 도시라고 이야기할 수 있다. 또한, 공간적 측면에서는 항만의 배후에 존재하고 있는 도시를 지칭하는 것이기도 하다. 일반적으로 항만도시를 배후지(hinterland)라고 이야기하는 경우도 있다. 그러나 이러한 이야기는 절반만 맞는 개념이다. 배후지는 항만을 중심으로 그 영향권에 드는 모든 배후 지역을 지칭하는 것이고,

항만도시도 그 속에 포함될 수 있다. 즉 배후지는 항만도시보다 훨씬 큰 개념이고 항만도시는 그 속에 일부인 것이다. 그래서 항만, 항만 배후단지, 항만도시, 배후지 등은 엄격히 구분되어야 할 개념이지만 또 항만과 배후지를 연결하는 개념이기도 하다.

이렇게 볼 때 광저우항을 중심으로 한 주강삼각주 벨트 그리고 최근의 광둥자유무역구는 이러한 배후지 개념을 포함하고, 또 컨테이너 항만 조성을 통해 세계물동량처리 분야에서 Top 5에 들고 있다. 광둥성의 항구는 바로 경제특구 설치에 따른 항만 건설과 같은 해양인프라 건설을 통해 급성장하였고, 이런 항구들은 새로운 도시로서 탄생하였으며, 이제는 중국으로 반환된 기존의 홍콩과 마카오와 같은 전통적인 항구도시와 연결된 새로운 경제벨트를 형성하고 있는데, 그것이 바로 '웨강아오(粤港澳) 다완취(大灣區, Greater Bay Area)' 계획이다.

## 3. 일대일로와 광저우

중앙정부 차원에서 처음 웨강아오 다완취 조성을 제시한 것은 2015년 3월 28일 국가 발전개혁 위원회에서 공포한 '실크로드 경제 벨트 및 21세기 해상 실크로드 공동건설추진에 대한 비전과 행동'이라고 할 수 있다. 이것은 육상 및 해상 신실크로드를 건설하기 위해 각 지방정부와 부처에 제시한 가이드라인인데, 여기에서 '일대일로' 건설을 위해 선전 첸하이, 광저우 난사, 주하이 헝친 등과 홍콩·마카오 간 합작을 강화하여, 웨강아오 다완취를 조성할 것을 명시한 것이다.

2015년 3월 웨강아오 다완취의 출현이 '일대일로' 사업을 지원하는 세부 프로젝트 중 하나로 언급되었다면, 2017년 3월에 이르러서는 온전한 단독

정책으로 등장하게 되었다. 2017년 3월 5일, 국무원 리커창 총리는 제12기 전국 인민대표대회 5차 회의 정부 업무보고에서, 대륙(본토)과 홍콩 및 마카오와의 합작을 추진하기 위해 '웨강아오 다완취 도시군 발전계획'을 연구하여 제정할 것을 천명한 것이다. 2017년 7월, 시진핑 주석의 주재 아래 4자(국가 발전개혁위원회 주임, 광둥성 성장, 홍콩·마카오 특별 행정구 행정장관)가 서명한 '웨강아오 다완취 건설 심화 패러다임협의'에서 명시된 7대 합작 영역 중 하나가 일대일로 연선국가와의 국제 합작이다. 게다가 웨강아오 다완취는 일대일로를 위한 중요한 '지원구(支撑区)'임을 밝힌 바 있다. 이를 위해 홍콩에는 오프쇼어위안화업무허브를 조성하고, 마카오에는 실크로드 기금, AIIB, 중국-남미 산업·에너지협력 기금, 중국-아프리카 산업·에너지 협력 기금 합작을 도모한다. 또한, 광둥-홍콩-마카오기업들의 녹지투자, 다국간 M&A, 산업원구 공동건설 등을 지원할 계획이라고 한다.

웨강아오 다완취는 각 도시들이 지닌 특색을 강화하고 이들 지역 간에 협력·발전 플랫폼 구축을 최우선 목표로 하고 있다. '웨강아오 다완취 발전계획 개요'에 따르면, 국무원은 광둥성과 홍콩, 마카오와의 협력 체제를 강화하고 주장(珠江)삼각주 일대 9개 도시의 투자와 사업 환경을 글로벌 수준으로 끌어올려 새로운 개방형 경제체제를 구축하고자 한다. 핵심 내용은 1) 글로벌 기술 허브 조성 2) 인프라 연계 가속화 3) 홍콩과 중국본토 금융시스템 연계 4) 광둥성과 홍콩·마카오 산업협력 강화 등이다. 이를 위해 차세대 정보기술(IT)과 바이오 기술, 첨단 장비 제조와 신소재, 신형 디스플레이, 5세대(5G) 이동통신을 중점산업으로 육성하고 산업단지를 조성할 계획이다.

국무원은 우선 웨이강아오 다완취의 핵심 도시인 광저우, 선전, 홍콩과 마카오에 각각의 역할을 부여했다. 광저우는 웨강아오 다완취의 내륙 행정중심 도시로, 선전은 경제특구 및 혁신기술의 특별경제구역으로 각각 조성된다. 홍콩은 국제금융·무역·물류·항공의 중점 도시로, 마카오는 국제관광 허브이자 브라질 등 포르투갈어 경제권과의 교류 중심으로 만든다는 게 목표다. 이들 도시의 연계 강화를 위해 '다완취 국제상업은행'을 설립하고 광저우 난사(南沙) 신구를 자유무역시험구로 개발할 예정이다. 홍콩·마카오의 금융사 및 연구·개발(R&D) 기업들은 본토인 광저우와 선전, 주하이 등에 진출할 때 정부의 지원을 받을 수 있고, 홍콩과 마카오 주민들도 이 지역에 취업할 경우 교육과 의료, 노후 대비, 주택, 교통 지원 등에서 본토 주민과 같은 혜택을 누리게 된다.

'웨강아오 강요' 공포의 배경을 다시 정리하자면, 첫째, 주강삼각주 지역의 일체화이고, 둘째, 일국양제(一國兩制)의 완성도 제고이고, 셋째, 웨강아오 다완취를 '일대일로' 프로젝트의 성공을 위한 확고한 기반으로 양성하고자 한다고 할 수 있다.

'웨강아오 강요'는 제1장 편제 배경이나, 제9장의 독립된 장(일대일로 건설에 긴밀히 합작하여 공통 참여)을 통해 광둥-홍콩-마카오가 일대일로의 중심 지원 지역이 되어야 함을 부각하고 그 방안으로는 역내 시장 환경을 고도화하여 일대일로 프로젝트에 간접적인 지원을 하는 방법과 각종 기금을 설치하여 직접 참여하는 방법을 제시하고 있다. 그 실천 방안 중 하나로 대외개방 확대를 위한 웨강아오 다완취-일대일로 연결 지역 조성, 국제경제협력 참여, 국제시장 공동 개척을 제시했다.

일반적으로 외국인투자유치 정책의 일환으로 외국 자본과 기술의 활발한 국내유치를 유도하기 위해 각종 인프라 제공은 물론, 세제 및 행정적 특혜 등을 주기 위해 선정된 특정 지역 또는 공업단지를 경제특구라고 말한다. 동아시아 특히 중국의 경우 경제특구는 특정한 지역 곧 해역에 위치한 곳에 설치됨으로써 중국의 해양정책과도 밀접한 관련을 맺었다. 연해에 위치한 경제특구는 주로 해외수출을 목표로 한 공업지대를 건설하는 방식으로 전개되었기 때문에 이를 위해서는 노동력과 해외 원조 그리고 원자재와 생산품의 수출입을 위한 항만개발과 해상교통망의 완비가 필수적이다.

오래전부터 중개 무역항으로서 성장해 온 비(非)중국 지역 홍콩과 인접한 광둥성은, 중국공산당 정부의 개혁개방정책에 가장 적합한 장소로서 일찍부터 선전과 주하이 등이 경제특구로 지정되었다. 이후 광저우를 중심으로 한 다양한 형태의 특구와 경제 벨트의 등장은 옛날 동서를 잇는 해상 무역항으로서 광저우의 영광을 되살렸다. 특히 10년 전 해양경제특구로 지정됨으로써 신해양산업의 육성을 목표로 하여 중국경제의 신성장동력을 해양에서 구하고자 노력하고 있다. 과거 무역항에서 관문도시 또는 항만도시로 변화하고, 최근에는 각 항구들의 특성을 살리고 이 항구들을 유기적으로 연결한 지역의 중심지로서 광저우는 그 역할을 하고 있다. 게다가 자유무역시험구와 일대일로의 중심항구라는 역할을 부여받은 광저우의 미래는 결국 시진핑 정부가 추구하는 중국몽을 대변할 것으로 보이는데, 그것이 어떤 식으로 구현될지 아니면 어떤 문제를 제기하게 될지, 앞으로 광저우를 중심으로 한 웨강아오 다완취를 주목해야 할 듯하다.

# 참고문헌

강정애,『광저우 이야기』, 수류산방, 2010

리궈룽 편저, 이화승 옮김,『제국의 상점』, 소나무, 2008

劉時平,『洋行之王-怡和』, 三联书店(香港)有限公司, 2010

Blake Robert, Jardine Matheson: Traders of the Far East, Orion, 1999

(한글판) 로버드 블레이크 지음, 김경아, 오준일 옮김,『청 제국의 몰락과 서양 상인-이화양행』, 2022

하오옌핑 지음, 이화승 옮김, 『중국의 상업혁명-19세기 중ㆍ서 상업 자본주의의 전개』, 소나무, 2001

이경신 지음, 현재열, 최낙민 옮김,『해양 실크로드의 역사-동아시아 바다를 중심으로 한』, 도서출판 선인, 2018

아마코 사토시 지음, 임상범 옮김,『중화인민공화국 50년사』, 일조각, 2003

장련주,「廣東貿易體制 시기 粤海關의 징세 구조와 무역관리:『粤海關志』를 중심으로」, 이화여자대학교 대학원 석사학위 논문, 2020

강진아,「廣東 네트워크(Canton-Networks)와 朝鮮華商 同順泰」,『사학연구』88, 2007

서광덕,「동아시아 해항 도시의 문화교류와 인적 네트워크 = 동아시아 개항장의 서양 상인들의 궤적을 중심으로」,『해항도시문화교섭학』Vol.0 No.10, 2014

이은자,「광주(廣州)의 개항 기억-내셔널리티와 로컬리티의 사이에서」,『아시아문화연구』Vol.29, 2013

# 8장

---

## 요코하마:
## 항만과 도시의 연계

전지영

이 장은 〈인문사회과학연구〉 제23권 2호(2022년)에 게재된 '동북아 관문도시의 공간적 특성-요코하마를 중심으로-' 논문을 수정 · 보완한 것임.

# I. 서론

오래전부터 항구는 육상과 해상의 결절점으로 사람·물자·정보가 모이는 장소 즉, 관문의 역할을 해왔다. 특히 섬나라인 일본은 항구를 중심으로 발전해온 도시의 역사가 있고, 따라서 다양한 관문도시가 존재하는 일본을 사례로 이러한 특성을 연구할 필요가 있으며, 그 가운데에서도 일본의 대표적인 관문도시 요코하마를 사례로 살펴보고자 한다.

또한, 서구의 도시들과 달리 동아시아의 근대도시 형성은 외세와의 접촉에 의해서 시작되었다고 볼 수 있다(윤정숙, 1985: 74). 한 예로, 일본은 1854년에 체결한 미일화친조약으로 시모다, 하코다테 외에도 나가사키, 니가타, 가나가와, 효고를 개항장으로 결정하였으나, 당시 요코하마는 개항 후보지에 포함되지 않았다. 그러나 정치적 의도와 정책이 큰 영향을 미쳐 1858년 미일수호통상조약에서 가나가와의 개항이 결정되고, 1859년 가나가와 대신에 요코하마가 개항되었다(林 上, 2020: 209-210). 이러한 역사적 흐름을 통해 일본 관문도시의 특징은 외력에 의한 개항에 따른 도시발달로 설명될 수 있다. 또한, 이러한 관문도시를 중심으로 도매업이 상대적으로 많아, 물자이동이 빈번해지면 관문 기능은 급격히 성장하고 물자이동이 줄어들면 급격히 쇠퇴한다(林 上, 2020: 33). 그러나 세계화 시대에 관문 기능은 과거와는 다른 도시체계 속에서 확대되어 가고 있다.

도시체계로 본 관문도시의 일반적 형성 특성으로는 신개척지로서의 짧은 도시역사로 형성되어, 관문 기능에 의한 급속한 초기 도시형성이 이루어졌고, 이후 내륙도시와 연결되는 철도의 개통으로 경제 활성화가 되었다. 그러나 도시경제기능의 쇠퇴와 수출환경의 변화에 의해 항만 관문도시로서의 지위를 상실하게 되었고, 또한 신규 인공항만의 근접입지에 의한 상대적인 물류 기능이 저하되었다. 이로 인해 초기 번영했던 시대의 항만 관련 시설의 역사와 경관을 살린 관광산업의 활성화, 최근 활발한 워터프론트 개발사업 등으로 관문도시의 지속적 발전을 도모하고 있다(인천발전연구원, 2006).

예전에는 항만이 주로 특정 지역이나 국가의 관문적 역할을 하는 것으로 간주되었으나, 지금은 세계 경제의 국제화로 국가 간 영향을 주고받는 공간적 범위가 급속히 확장되므로 다양한 관문 기능을 가지게 되었다(기회원, 1995: 143; 김수정·이영민, 2015: 14). 고도 경제성장이라는 일본 경제의 큰 변화는 근대화, 합리화의 흐름에 따라 항구에도 큰 영향을 미치게 되었고, 1967년 무렵부터 외국 화물의 수송에 '컨테이너'라는 철제의 큰 상자를 사용하게 되었다. 그러나 1970년대 컨테이너화 이후 일본 주요 항구의 컨테이너 화물 취급량이 세계적인 추세와 비교해 상대적으로 저하되면서 이것이 일본 항만의 국제경쟁력 저하로 이어지게 되었다.[1] 결국, 오랜 역사를 가진 일본 항만의 관문 기능이 저하하게 되었고, 이를 계기로 일본은 새로운 항만 정책을 실시하게 되었다(박경희, 2004: 20; 津守貴之, 2006: 1-2).

또한, 일본의 대도시항만의 경우 중화학공업의 부진, 업종 전환, 입지이동 등에 따른 공장용지의 유휴화(遊休化)와 컨테이너화로 각종 항만시설의 유휴화가 발생하게 되고, 결국 재개발에 따른 도시 공간 및 항만 공간의 활성화가 필요하게 되었다(遠藤幸子, 1985: 82). 이에 반해 요코하마는 일본의 경제 중심지로 많은 공장이 입지한 공업지대를 형성하였고, 수도권의 베드타운으로서 도시인구를 증가시켜왔다. 이러한 요코하마는 일본의 항만 중심의 관문 기능이 쇠퇴함에도 불구하고 도시기능을 지속하며 대도시로 발

---

1 세계 100대 항만 컨테이너 처리량을 기준으로 1980년 13위 요코하마는 2020년 70위로 크게 하락하였다.(「世界の港湾別コンテナ取扱個数ランキング」,

(https://www.mlit.go.jp/common/001358398.pdf), 최종접속일: 2022.04.05.).

전해왔다(인천발전연구원, 2006: 16). 따라서 요코하마의 사례를 통해 항만 중심의 발전된 형태의 관문도시의 공간적 특성을 규명하고, 쇠퇴해가는 관문도시의 지속 가능한 발전을 모색할 필요가 있다.

이 연구의 연구대상 지역인 요코하마(그림 1)는 1859년 일본 최초로 근대 국제무역항으로 개항한 이후, 요코하마항은 수도권의 관문으로 많은 여객을 수용하고 있다. 1889년에 시제(市制)가 시행되어 본시(本市)가 탄생하고, 그 뒤 시역 확장과 구제 시행, 구의 신설을 거쳐 현재는 18곳의 행정구가 있으며, 2021년 면적은 437.78Km²이다. 인구는 제2차 세계대전 이후에 크게 감소하였으나, 1960년대 후반부터 인구는 증가하여 현재는 일본의 시구정촌 중에서 인구가 가장 많은 도시이지만, 2020년 3,777,491명을 정점으로 감소하는 경향에 있다.

〈그림 1〉 연구대상지역

요코하마항은 도쿄항의 남동쪽에 위치하고, 풍향, 풍력, 조류, 수심 등 최적의 조건을 갖춘 천연항이다. 2020년 4월 시점으로 항만구역의 면적은 7,260.5ha, 임항 구역의 면적은 2,936.8ha이다. 2021년 입항 선박은 30,024척(외항선은 8,556척, 내항선은 21,486척)이며, 취급 화물량은 270,231,755톤(외항선 화물량은 230,462,306톤, 내항선 화물량은 39,769,449톤)으로 전년 대비 11.9% 증가하였다. 컨테이너 물동량은 2,861,197 TEUs로 전년 대비 7.5% 증가하였으며, 연간 무역액은 12,179,375백만 엔(수출액 7,224,959백만 엔, 수입액 4,954,413백만 엔)이다.[2]

이에 본 장에서는 일본의 대표적인 항만 중심의 관문도시 요코하마를 중심으로 시대에 따라 요코하마의 항만 공간과 도시 공간에 어떠한 변화를 가져왔는지 살펴보고, 환태평양 관문도시의 공간적 특성을 규명하고자 한다.[3] 나아가 관문 기능이 약화되어가는 항만도시의 지속 가능한 발전을 모색한다.

---

2 「横浜港の最新の統計」(https://www.city.yokohama.lg.jp/city-info/koho-kocho/press/kowan/ 2021/0314nensokuhou2021.files/R03nensokuhou.pdf), 최종접속일: 2022.04.05.

3 시대에 따라 개항도시, 관문도시, 항만도시 등으로 불리는 지역을 이 논문에서는 관문도시로 통일하여 사용한다.

## II. 일본 항구의 발전

### 1. 일본의 '항구' 분류

일본의 '항구[4]'는 항만법상 역할과 중요성에 따라 '국제전략항만', '국제거점항만', '주요항만', '지방항만'으로 분류되며 56조 항만 61곳을 제외하면 일본 전국에 총 933곳 항만이 존재한다.[5] 이러한 항구의 분류를 입지와 용도 면에서 살펴본다면, 항구가 만들어진 것은 배가 안전하게 드나들 수 있고, 안전하게 정박이 가능한 장소였기 때문이다. 오래전에 섬과 곶이라는 천연 지형이 항구로 활용되었고, 양항의 조건으로는 배가 접안할 수 있는 충분한 수심이 확보되어 있으면서 외해(外海)에서 파도와 바람의 영향을 받기 어렵다는 점을 들 수 있다. 넓은 하천의 하구도 바다에서 운송되어 온 사람과 물건을 하천 전용 배를 이용하여 내륙으로 운반하기에 유리했다.

항구의 입지에 따라 분류하면 '해항(海港)', '연안항', '하구항', '하천항', '호수항' 등이 있다. 하천항은 모가미강의 하구에 있는 야마가타현의 사카타항, 시나노강·아가노강 항구의 니가타항 등, 하천의 하구에 위치한 항구다. 호수항은 카스미우라에 접한 이바라키현의 츠치우라항, 비와호수에 접한 사가현의 오쯔항이 유명하지만, 소규모 형태가 많다. 해항·연안항은 전국 근대항만과 인공항만인 카시마항 등이 있다.

현대에는 항구를 이용한 선박의 운송목적과 종류에 따라 '상업항', '공업항', '어항' 등으로 불리고 있다. 상업항은 요코하마항, 고베항 등 여객과 국

---

4  여기서 항구란 일본에서는 수문(水門), 미나토(湊)로 다양하게 불렸다.

5  2017년 4월 1일 시점 국토교통성 항만국 총무과 자료에 따른다.

내외 유통물자를 취급하는 항이다. 공업항은 철광소와 연계된 기타큐슈항 등 공업원료와 연료, 제품을 취급한다. 어항은 어획을 하는 어항과 시즈오카현의 야이즈항 등 어류의 유통과 가공까지 담당하는 대규모 어항이 있다.

이외에도 사람과 트럭 등을 운반하는 '페리항'이 일본 세토나이카이를 취항하고 있다. 관광지에서는 요트 등이 정박하는 '마리나'가 있으며, 최근에는 국내외 대형 크루즈선이 기항하는 항이 증가하고 있다. 또한, 그다지 알려지지 않은, 태풍 시에 선박이 피난하는 '피난항'이 있다. 그러나 이는 항만의 용도에서 본 성격으로 대부분의 항은 상업항·공업항 등 다양한 기능을 가진 종합적인 항만이다.

## 2. 상품의 이동에 따른 항로 개발로 형성된 항구들

에도시대 상인 가와무라 즈이켄(河村瑞賢)에 의해 히가시마와리(東回り) 航路)·니시마와리(西回り航路)[6] 항로가 개발되었다. 이 항로에 위치한 항구들은 에도시대에 물류확대와 함께 발전하였다. 히가시마와리 항로는 동해 측의 동북에서 쓰루가해협을 거쳐 에도로 향하고, 항로 대부분은 동일본 태평양 쪽에 위치한다. 반면 니시마와리 항로는 동해 측의 동북에서 서진해서 칸몬해협을 돌아 효고항과 오사카에 도착하며, 항로 대부분은 서일본의 동해 측과 세토나이카이다. 키타마에선이 발달한 18세기에 항로는 에조지까

---

6 하가시마와리항로: 사카이→노시로→후카우라→토사미나토→아오모리→사메→미야코→케센누마
　→이시노마키→히라카타→나카미나토→쵸시→코미나토→시모다→미사키→에도
　니시마와리항로: 사카타→오기→와지마→후쿠우라→미쿠니→쓰루가→시바야마→미호노세키→유
　노쯔→하기→시모노세키→오노미치→효고→오사카→히이우라→오지마→호우자우라→아노리→아
　라이→시모다→에도.

〈그림 2〉 히가시마와리 · 니시마와리 항로

히가시마와리 항로
니시마와리 항로

토사미나토
후카우라
아오모리
사메
노시로
미야코
게센누마
사카이
이시노마키
오기
와지마
히라카타
후쿠우라
나카미나토
미쿠니
에도
쵸시
미호노세키
쯔루가
미사키
시바야마
아라이
코미나토
효고오사카
유노쯔
하기
오노미치
아노리
시모다
시모노세키
호우자우라
오지마
히이우라

0    100km

출처: 吉田秀樹 (2018). 『港の日本史』, p. 133을 바탕으로 저자 작성

지 확장된다(그림 2).

　히가시마와리와 니시마와리 항로에서 사용된 주요한 선박은 '키타마에
선'으로 한 번에 150톤의 화물을 운반할 수 있었다. 키타마에선은 시대가 변
함에 따라 운송량의 확대와 조선기술의 향상에 따라 대형화되어 최대급은
적재량 2,400석(약 360톤)까지 운반할 수 있게 되었다(吉田, 2018). 운항속
도는 조류와 풍향에 따라 이상적인 해역에서는 3~4노트(시속 5.6~7.4km),

최대 6노트(시속 11.1km) 정도였다. 선체 가격은 현재 화폐 가치로 약 1.2~1.7억 엔으로 비쌌다. 또 데와7에서 에도까지 쌀의 운반요금은 100석당 24량 1분(현재 약 145만 엔), 데와에서 오사카는 15량(약 90만 엔), 오사카에서 에도까지는 1000석당 108량(약 650만 엔)이었고, 단순히 거리뿐만 아니라 항로의 안전성 등 항해의 난이도별 지역에 따라 운임의 기준이 반영되었다(吉田, 2018).

히가시마와리와 니시마와리 항로의 가장 큰 의의는 에도와 오사카를 중심으로 한 일본 중앙 교통망에서 독립한 데와와 무쯔의 동북 각 번(番)과 천령이 전국적으로 유통망을 조직했다는 점이다. 또한, 이 두 항로는 에도 초기에 에도와 오사카로의 쌀 운송이 주목적이었지만, 에도 후기가 되면 상품경제의 확대와 함께 화물의 종류도 다양화되어 동북 각 항구에는 카미가타와 칸토에서 생산된 의류, 종이, 염료 등이 사쓰마 경유로 류큐에 거쳐 설탕 등의 상품이 유입된다.

특히 니사마와리 항로는 주 항로로 쌀을 운송한 후에 회항할 때 에조지에서 어획된 청어와 다시마 등의 해산물을 에치젠의 쓰루가까지 운송한다. 쓰루가에서 동북의 쌀을 오사카에 운반하고, 반대로 오사카에서 쓰루가에는 술과 소금 등의 상품을 운반하고 쓰루가에서 에조지에는 어업에 필요한 잡화를 운반하였다. 또한, 히가시마와리 항로는 니시마와리 항로에 비해 조류가 빠른 쓰가루해협을 통과해야 했고, 태평양 측은 파도가 세서 시모다항처럼 항해하기 좋은 바람이 있는 항구가 적었기 때문에 발달할 수 없었다.

---

7 지금의 야마가타현과 아키타현.

## 3. 미국의 태평양 항로 주요 거점 일본

에도 막부시대가 열리면서 일본은 조선, 류큐, 중국(명, 청), 네덜란드 이외의 나라에 항구를 폐쇄하면서 교류가 단절되었다. 이러한 쇄국은 200년 이후까지 계속되지만, 19세기에 구미(歐美) 각국의 선박이 빈번하게 일본을 드나들면서 개국이 암묵적으로 요구되었다.

1840년에 영국은 아편전쟁으로 청나라를 무너뜨리고, 중국에서의 권익을 확대해 나갔다. 또한, 이 시기 프랑스는 당시의 인도차이나, 네덜란드는 당시의 인도네시아에 영향력을 확대해가고 있었다. 이러한 유럽 열강들의 아시아 진출 움직임에 비해 미국의 아시아 진출은 다소 늦은 감이 있었다.

이러한 미국의 아시아 진출로 새로운 시장을 확보하기 위해 태평양 항로 개발에 착수하는 한편, 미국 동해안에서 대서양을 거쳐 중국으로 향하는 최단 시간은 당시 증기선으로 5개월 정도 항해를 해야만 했다. 그러나 미국 서해안에서 태평양을 지나 중국으로 향하는 경우에 최단 시간은 대서양 항로의 7분의 1 이하인 20일 정도면 도착하였다. 또한, 미국에서 중국으로 가는 중에 증기선의 연료인 석탄을 보급하기 위해 중계기지인 항구가 필요했고, 미국에 있어서 아시아 진출을 위해 일본이 석탄 보급의 중계기지로 필요한 지역이었다.

미국이 일본의 개항에 적극적이었던 또 다른 이유는 포경선의 기항지로 필요한 곳이었고, 18세기 이후 미국 선단을 중심으로 고래기름을 채취하기 위해 포경이 태평양에서 행해지고 있었다. 에조지, 오가사와라제도, 하와이 제도를 연결한 지역은 고래잡이에 좋은 어장이었고, 포경선의 보급과 안전을 위해서 일본 개항이 필요했다.

결국 미국은 일본의 개항을 위해 페리 제독을 파견했고, 페리는 일본진출을 미국 의회에 승인받기 위해 정계에 강한 영향력을 가진 미국 국내 포경 업계에 협력을 요청했다. 1852년 11월 24일 페리는 미국 필모아 대통령의 국서를 가지고, 4척의 군함을 인솔하여 일본으로 향했다. 그러나 이 시기에 아직 태평양 항로가 개척되지 않아 페리 군함은 대서양에서 케이프타운을 경유해 인도양을 거쳐 싱가포르, 마카오, 홍콩을 지나 반년 이상 걸려 1853년 7월 8일 일본 에도만(灣)에 도착했다.


## Ⅲ. 요코하마항의 형성과정

### 1. 개항: 국제 관문도시로의 성장

1853년 7월 미국의 페리 제독이 4척의 배를 이끌고 우라가(浦賀)에 내항해 일본의 쇄국정책에 대해 강력히 개항을 요구했다. 당시 일본은 네덜란드 등 극히 일부 국가 외에는 오랫동안 외국과 교류를 하지 않았으나, 이듬해 1854년 3월 막부는 '미일화친조약(가나가와 조약)'을 체결했으며, 이후 1858년 7월 '미일수호통상조약'을 비롯한 네덜란드, 러시아, 영국, 프랑스와 조약을 맺고 이들 국가와 교류를 시작했다. 그리고 1859년 7월 1일 가나가와, 나가사키, 하코다테를 개항하면서 외국과의 자유 무역을 허용했다.

미일수호통상조약의 협상 당시 미국 총영사 해리스가 제시한 개항지에는 가나가와와 요코하마는 없었으나, 막부가 해리스에게 가나가와의 개항을 제안하였다. 이러한 제안은 '에도에 가장 가까운 항구로, 에도가 외국무역에 중요한 장소가 될 것임에 틀림없다'라는 이유를 들었고, 해리스는 이 제의를 받아들여 개항장에 포함되었다. 다만 해리스가 생각하고 있는 가나가와는 현재의 가나가와구 히가시가나가와 근처인 가나가와슈쿠였고, 막부는 요코하마를 염두에 두고 있었다.

그러나 막부는 외국인과 일본인의 접촉을 최대한 피하고자 토카이도와 연결되어 있는 가나가와가 아닌 요코하마의 개항을 주장했고, 결국 요코하마가 개항장이 되었다. 당시 요코하마는 항구 시설이 거의 없는 한촌(寒村)이었기 때문에 개항장이 되면서 현재의 오산바시(大さん橋)의 다리 아래에 2개 부두를 만들었다. 그러나 수심이 낮아 배가 직접 부두에 정박할 수 없었기 때문에 부두에서 먼 앞바다에 배가 정박하고 작은 배로 부두를 왕복하며 사람과 짐을 실어날랐다.

무역항으로서 개항한 요코하마항은 개항 이후부터 에도 상인과 가나가와항 등의 상인들을 시작으로 일본 전국에서 상업을 목적으로 모여들기 시작했고, 요코하마항 주변은 급속히 발전했다. 그리고 개항과 동시에 20명 이상의 서양 상인도 요코하마에 거주하였다. 이 시기에 최초로 형성된 시가지는 요시다신덴(吉田新田) 매립지에 형성된 것으로, 이 지역은 하천 하구 지역의 델타 지대나 만(灣)의 얕은 여울을 매립한 곳이다. 이러한 시가지는 다이쇼(大正)기까지 만을 매립해 조성된 항만시설이나 공업지대와 같은 장소에 형성된 이른바 원시적인 형태의 '항구도시'라 할 수 있다.

요코하마의 일본 수출품은 주로 생사와 차였다(표 1). 특히 생사수출량은 고베항이 정비되기까지 요코하마항이 일본 전국 생사수출량 1위였다. 이로 인해 요코하마는 생사 무역항으로 세계적으로 이름을 떨쳤다. 해외에서 수입된 물품은 견사, 직물, 설탕, 병기, 선박 등이었고, 이러한 무역 취급량은 1868년부터 1880년까지 요코하마항이 전국무역액의 70%를 차지했다. 요코하마항의 무역량이 증가하면서 일본 정부는 1889년부터 몇 차례에 걸쳐서 항구의 건설 공사를 진행했고, 근대적 항구를 만들기 위한 노력의 결과 요코하마항은 일본 제일의 국제무역항으로서 교역 규모가 해마다 증가하였다(林 上, 2020).

〈표 1〉 요코하마항의 시대별 주요 수출입 품목

| 시기 | 수출품 | 수입품 |
|---|---|---|
| 1859년~1888년 | 생사, 차 | 면직물 |
| 1889년~1923년 | 생사, 고급 견직물 | 조면(繰綿), 양모 |
| 1924년~1945년 | 생사, 비단 | 면화, 석유 |
| 1946년~1973년 | 철광, 자동차 | 비철금속, 석유 |
| 1974년~ 현재 | 사무용 기기, 자동차 | 비철금속, 자동차 |

출처: 요코하마시 홈페이지 https://www.city.yokohama.lg.jp/

1889년부터 1896년까지 여객선 부두로 지금도 이용되고 있는 오산바시 부두와 내방파제, 1899년부터 1916년에 걸쳐 아카렌가 창고로 알려진 신항 부두가 건설되었고 신항 부두는 당시에 건설된 시설 일부가 지금도 사용되고 있다. 또 이 시기에 바다 매립지에 공장이 건설되고 가와사키에서 가나가와에 걸친 해안의 대부분이 민간의 공장용지로 매립되었다. 그리고 게이힌(京浜) 공업지대가 만들어졌으나, 1923년 9월 관동대지진으로 개항 이후 건설되어 온 요코하마항의 시설은 대부분 상실되고 말았다.

## 2. 고도 경제성장기: 항만과 도시의 연계

관동대지진 이후 요코하마항의 지진·재해 복구는 빠르게 진행되었고 쇼와시대에는 거의 원래 모습으로 회복되었다. 또한, 이 시기 시가지가 넓어지는 계기가 되었고, 임해 하구부에 형성되어 있던 공업지대의 서쪽으로 시가지가 펼쳐지면서 항구를 둘러싼 해안선을 따라 남북으로 시가지가 형성되기 시작했다. 이러한 시가지의 확대를 촉진한 것이 1920년대 초 개통된 철도와 '시전차(노면 전차)'의 존재였다. 특히 이 시전차가 항구와 연결되면서 시가지가 확장되었고, 시가지의 발전은 1930년대까지 계속되었다.

이와 동시에 1921년부터 1934년에 걸쳐 타카시마 부두와 야마우치 부두가 새롭게 건설되는 등 항구 정비가 계속되었다. 이 당시 츠루미·가나가와[8]에는 공장용지 매립도 진행되었고, 게이힌 공업지대에는 군수 산업이 번성하여 공장이 계속해서 들어섰다. 그 후 항구 확장 공사에 착수했으나, 태평양 전쟁이 시작되면서 계획대로 진행되지 않았고 전쟁이 끝날 무렵에는 공습으로 인해 요코하마항은 또 다른 큰 피해를 보게 되었다.

1945년 종전부터 요코하마항은 미국을 중심으로 한 연합군에 의해 항구의 시설 대부분이 접수되면서 군 이외의 항구 기능이 한때 완전히 멈추게 되었다. 민간 무역도 종전 직후에 중지되었으나, 1949년부터 재개되어 타카시마, 야마우치, 오산바시, 신항의 순서로 차례차례 부두 시설이 반환되었다. 그러나 미즈호 부두와 신항 부두의 일부 등은 지금도 미군에 의해 관리되고 있다.

1951년 일본에서 항만법이 만들어지면서 각 지방에서 항만을 관리하게 되면서 요코하마시가 요코하마항을 관리하는 항만관리자가 되었다. 또 무역 재개 이후에는 점차 해외와의 거래가 활발해지면서 항구는 다시금 중요한 역할을 담당하게 되었다.

1957년 요코하마항도 외국 무역액·입항 선박 톤수·취급 화물량 등이 모두 전쟁 전의 기록을 깰 정도로 증가했다. 요코하마시는 계속해서 증가하는 입항 선박이나 취급 화물에 대응하기 위해서 새로운 항만계획을 세워 부두 등 여러 시설의 정비를 실시하였고, 1963년에는 데타마치 부두와 야마

---

8  현재 에비스, 타카라, 다이코쿠쵸 지역을 일컬음.

시타 부두, 1970년에는 혼모쿠 부두의 일부, 1971년부터는 다이코쿠 부두의 정비가 진행되었다.

그리고 1960년대 요코하마역 서쪽 출구에 쇼핑센터가 건설되면서 터미널 기능이 높아졌고, 토카이도선과 사카미선 등 요코하마역을 결절점으로 외부를 향해 방사선 형태로 시가지가 펼쳐지기 시작하였다. 1969년 도시계획법에 따라 시가화 조정구역과 시가화 구역이 나누어 도시개발 등이 시행되면서 인구 급증 억제와 난개발 방지책으로서 개발 행위나 건축 행위의 제한이 이루어지면서 도시는 안정화되었다.

또 중화학공업의 발전이 게이힌 공업지대로 확대되면서 그 주변 지역에도 공장이 들어서기 시작했다. 따라서 1970년대 다이코쿠 부두 앞을 매립하여 임해공업용지가 완공되면서 요코하마항의 공업화도 진행되었다. 그러나 주택지에 공장이 함께 있으므로 공해에 따른 피해로 공장 이전이 논의되어 가나자와 지역에 매립지가 만들어졌고, 1964년 도쿄올림픽을 계기로 오산바시 부두에 여객선용의 시설을 정비하게 되었다

## 3. 컨테이너 시대: 항만도시의 새로운 움직임

일본의 고도 경제성장이라는 큰 변화는 항만에도 큰 영향을 가져왔다. 1967년 무렵부터 외국 화물의 수송에 '컨테이너'라는 큰 철제 상자를 사용하게 되었다. 그때까지 대부분 화물은 개별적으로 포장되어 하나하나 배에 실렸기 때문에 포장, 선적과 하역을 위한 작업은 항구에서 항구까지의 운송 등에 많은 시간, 인력, 비용이 들었다. 그런데 '컨테이너'를 사용하게 되면서 화물 포장은 간편해졌고, 하역 작업은 갠트리 크레인으로 불리는 대형 크레인에 의해서 단시간에 대량으로 작업할 수 있게 되었다. 게다가 수

취인별 화물의 정리가 용이했기 때문에 항구에서 항구로의 운송도 매우 빠르고 수월해졌다. 또 '컨테이너'에 의한 화물 수송이 안전성 면에서도 탁월했기 때문에 컨테이너 화물의 양은 해마다 매우 빠른 속도로 증가했다. 결국, 컨테이너를 전용으로 운반하는 '컨테이너선'이 등장하면서 선박의 대형화가 진행되었다.

그러나 지금까지의 요코하마항 시설은 모두 일반 화물선 전용으로 건설되었고, 이러한 시설에서도 컨테이너 하역은 할 수 있지만, 대형화되는 컨테이너선에 따른 전용 항만시설 건설에 대응해야만 했다. 이에 요코하마시에서는 컨테이너 화물을 취급하기 위한 항만계획을 세워 혼모쿠 부두와 다이코쿠 부두를 컨테이너 전용 터미널로 계획하고 '갠트리 크레인'을 설치하는 등 컨테이너선 전용 항만시설을 정비했다. 이뿐만 아니라 해마다 증가하는 컨테이너 화물에 대응하기 위해 1991년부터 미나미혼모쿠 부두의 건설을 시작으로 2015년에는 3번째 컨테이너 터미널을 완공했다.

이같이 메이지 시대 중엽부터 시작된 요코하마항의 항만 정비로 항만은 앞바다로 확장되었다. 그리고 개항 후 150년이 지난 현재 야마우치 부두, 다카시마 부두에서 신항 부두, 오산바시 지구는 항만의 제일 안쪽에 위치하면서 노후화되었다. 이로 인해 항만과 도시의 조화로운 지속 가능한 발전을 도모하고자 요코하마의 수변공간 개발을 위한 '미나토미라이 21 계획'과 '오산바시 부두 재정비 사업' 등이 진행되었다. 또 항만의 임항 도로를 비롯해 시민들에게 친숙한 항만 공간을 만들기 위해 범선 닛폰호, 요코하마항 박물관, 아카렌가 창고, 임항 파크 시설 등이 정비되어 시민들이 이용하고 있다.

# IV. 항만과 도시로서 요코하마의 공간적 특성

## 1. 생산·물류 공간인 임항 지구

요코하마는 1965년에 내항지구, 야마시타 부두 등이 임항 지구[9]로 지정되었고, 당시 면적은 362ha였다. 이후 1986년까지 카네사와구에서 쯔루미 구까지 임항 지구로 지정되면서 면적이 2,542ha로 확장되었으나, 임해부의 도시구역은 1986년까지 카네사와구로 약 36ha, 2000년에 미나토미라이 21이 포함되면서 약 70ha로 확장되어 현재의 도시구역에 이른다(榊原匡房, 2013: 5). 요코하마 임항 지구는 상업항[10], 공업항[11], 마리나항[12], 수경후생(修景厚生)항[13]의 4구역으로 나누어지며, '요코하마항 임항 지구 내 구분에 따른 건축물 규제에 관한 조례'에 따라 각각의 구분 목적에 맞는 건축물 건설과 용도 변경을 금지하고 있다. 특히 임항 지구 지정 당시 1965년에는 상업항, 공업항을 계획하였으나, 1986년에 수경후생항, 2000년에 마리나항과 구역지정이 따로 없는 항이 추가되었다.

그림 3을 살펴보면, 임항 지구 내 대부분은 상업항(전체의 약 37%)과 공업항(전체의 약 58%) 구역이 차지하고 있으며, 상업항 구역은 여객과 일반 화물을 취급하고 있기 때문에 부두가 함께 있다. 또한, 컨테이너 터미널

---

9 항만의 관리운영을 원활히 하기 위해 필요한 지구로, 이를 취급하는 화물에 맞는 목적별 상업항 지구 등을 구분하여 지정하고, 각 구분된 지구에 구조물을 규제하는 지구를 말한다. 임항 지구 내 구분은 상업항, 특수화물항, 공업항, 어항, 보안항, 마리나항, 수생후생항으로 나뉜다.

10 여객 또는 일반 화물을 취급하는 것을 목적으로 하는 구역.

11 공장과 그 외 공업용 시설을 설치하는 것을 목적으로 하는 구역.

12 스포츠 또는 레크리에이션용으로 사용되는 요트 등을 이용하는 것을 목적으로 하는 구역.

13 항구의 경관을 정비하고, 항만관계자의 후생 증진을 도모하기 위한 구역.

<〈그림 3〉요코하마 임항 지구 내 지역 구분 개요도(2018년)

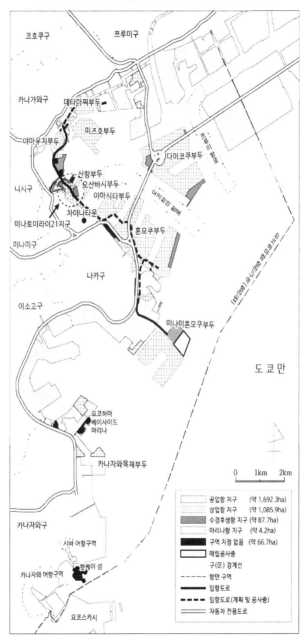

코호쿠구

쯔루미구

카나가와구

데타마쯔부두

미즈호부두

야마우치부두

다이코쿠부두

신항부두

니시구

오산바시부두

야마시타부두

차이나타운

미나토미라이21지구

혼모쿠부두

미나미구

나카구

이소고구

미나미혼모쿠부두

도쿄만

요코하마
베이사이드
마리나

카나자와목재부두

카나자와구

시바 어항구역

핫케이 섬

카나자와 어항구역

요코스카시

| | 공업항 지구 | (약 1,692.3ha) |
| | 상업항 지구 | (약 1,085.9ha) |
| | 수경휴생항 지구 | (약 87.7ha) |
| | 마리나항 지구 | (약 4.2ha) |
| | 구역 지정 없음 | (약 66.7ha) |
| | 매립공사중 | |
| | 구(区) 경계선 | |
| | 항만 구역 | |
| | 임항도로 | |
| | 임항도로(계획 및 공사중) | |
| | 자동차 전용로 | |

0   1km   2km

출처: 「横浜港臨港地区・分区指定[図]」를 바탕으로 저자 작성

이 있는 부두(혼모쿠 부두, 다이코쿠 부두, 미나미혼코쿠 부두)를 중심으로 수경후생항 구역이 있으며, 마리나항 구역은 요코하마베이사이드 마리나에 있다.

요코하마 임해 지구 내에 있는 부두별 특징을 살펴보면 다음과 같다. 컨테이너선 전용부두로 혼모쿠 부두, 다이코쿠 부두, 미나미혼모쿠 부두가 있으며, 혼모쿠 부두는 일본 해외무역이 증가한 1960년대부터 제방들이 순차적으로 건설되면서 완공되었다. 1968년에 일본 최초로 컨테이너선이 입항한 이후 컨테이너선, 재래선, RO/RO선 등 다양한 하역에 대응한 요코하마항의 중심적 부두로서 역할을 하고 있다. 이 부두에는 컨테이너 터미널 외에도 재래선 선석(berth), 다목적 선적, 내항선 선석 등 총25 선석을 가지고 있었다. 그러나 컨테이너선의 대형화와 컨테이너 화물의 증가에 대응하기 위하여 1992년에 재래선 선석 제방을 매립하여 컨테이너 터미널로 사용하고 있다.

또한, 2005년부터 시작된 컨테이너 터미널의 확장과 기능 강화를 위한 공사가 2014년에 완료되었으며, 이후 요코하마항의 중요한 부두로서 역할을 하고 있다. 다이코쿠 부두는 1971년에 컨테이너 터미널이 완공되었으며, 자동차 전용 선박 등을 취급하는 다목적 선석, 컨테이너 터미널 등을 합쳐 총 25 선석을 가지고 있다. 승용차, 트럭 등의 완성 자동차와 대형건설용 기계의 취급이 증가하여 자동차 전용 선박 터미널이 있으며, 2004년에 국도 357호선 요코하마브릿지 구간이 개통되어 요코하마항과 배후권과의 도로 연결망이 강화되었다. 미나미혼코쿠 부두도 새로운 물류거점을 위해 1990년부터 건설이 시작되어 2001년 4월에 컨테이너 터미널 1, 2호가, 2015년에 컨테이너 터미널 3호가, 2020년에 컨테이너 터미널 4호가 완공되어 사용 중이다.

임항 지구 안에서도 미나미미라이 21 지구에 있는 부두로 오산바시 부두, 신항 부두, 야마우치 부두가 있다. 오산바시 부두는 1889년에서 1896년에 걸쳐 건설된 요코하마항에서 가장 오래된 부두로, 1964년 도쿄올림픽 개최를 계기로 외항 크루즈선용 여객터미널 신설로 요코하마의 현관으로서, 역할을 하게 되었다. 그리고 2002년 한일 월드컵 개최에 맞춰 현재의 '요코하마항 오산바시 국제여객터미널'을 새롭게 개장하였다. 신항 부두는 1899년에 착공해 1917년에 완공되었다. 칸토대지진을 거치면서도 아카렌가 창고, 헤머헤드 크레인 등의 역사적 구조물이 남아있는 유일한 부두이다. 미나토미라이 21 신항지구 재개발 지구이면서, 2019년 10월에 여객선터미널을 개장하고 새로운 크루즈선의 거점 역할을 하고 있다. 야마우치 부두는 일본 국내 무역부두로 1928년부터 1932년에 걸쳐 완공되었다. 전후에 동남아시아와 서아시아 방면의 선박이 이용하였으나, 요코하마항의 가장 안쪽인 시가지에 근접해서 위치한 원인으로 인해 선박의 대형화의 대응이 곤란했다. 결국, '미나토미라이 21 지구' 계획에 따라 1988년부터 1993년에 걸쳐 부두 재생이 진행되었고, 현재는 부두 내 창고가 재활용 자원의 집적·운송 거점으로 사용되고 있다.

가나자와 목재 부두는 임항 지구에서 가장 남쪽에 위치한 부두로, 일본 고도경제성장기에 수입 목재의 증가에 대응하기 위해 1970년부터 1974년에 걸쳐 건설되었으나, 목재 수입형태가 제재(製材) 중심으로 변하면서 1985년부터 원목의 취급은 하지 않게 되었다. 현재는 금속, 목제품, 모래 등 건설용 자재를 중심으로 취급하고 있으며, 2002년 3월에 재해대책을 위한 내진화를 진행하면서 재해 시에 긴급화물 운송으로 이용되고 있다.

야마시타 부두는 1953년에서 1963년에 걸쳐 건설된 재래화물 중심 부두로 재래선 선석이 10개, 양륙장이 8곳, 창고가 8곳으로 동남아시아와 서아시아 항로의 화물선이 이용되어 왔다. 그러나 현재는 혼모쿠 부두 등의 화물기능을 보완하는 역할과 요코하마항의 항만 관련 서비스의 거점으로 중요한 역할을 하고 있다.

이 외에 데타마치 부두는 1953년부터 1963년까지 4곳의 선석이 공공용 안벽으로 건설되었다. 현재는 주로 채소, 바나나 같은 과일류를 취급하며, 부두 내에 온도·습도 관리와 훈증이 가능한 바나나 전용 창고, 청과물을 취급하는 기업의 가공소가 있다. 미즈호 부두는 1925년에 착공해서 1945년에 완공되었으나, 전후 미군기지로 사용되고 있다.

시대변화에 따른 임항 지구의 토지이용을 통해 상업항 지구의 선박 등의 정비·수리산업과 컨테이너 화물의 집적, 공업항 지구의 지역 산업 경쟁력 강화를 위한 거점으로의 역할 등을 볼 수 있었다. 이를 통해 배후에 입지한 산업이 집적하는 공간의 역할을 하고 있다는 점으로 요코하마의 임항 지구는 생산·물류 공간으로서 기능을 담당하고 있음을 알 수 있었다.

## 2. 복합공간인 미나토미라이 21(MM21)

요코하마시의 도심은 개항장이라는 가장 오랜 역사를 지닌 이세사키쵸(伊勢佐木町)와 전후 교통터미널로 급속하게 발전한 새로운 상업 중심지인 요코하마역 주변으로 두 곳으로 분리되어 있다. 또한, 도시에 존재하는 항만기능이 대부분 항만시설, 공장으로 사용되어 지역민이 항구로서 가까이 접하기 어려운 부분이 있었다(木下真男, 1987: 25). 이러한 과제를 해결하기 위해 1965년 요코하마시가 발표한 6대 사업 중 하나인 '도심부 강화사업'으로 미쓰비시중공업 요코하마조선소와 구국철 타카시마야드, 타카시마 부두 등의 항만시설로 인해 분단된 기존의 시가지를 일체화할 목적으로 요

〈그림 4〉 미나토미라이 21 개발상황도(2022년)

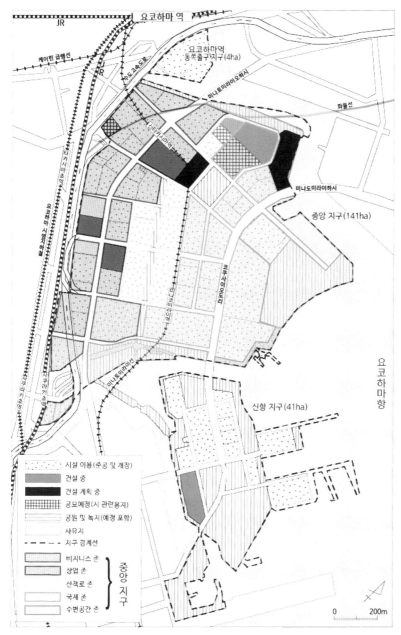

출처: 「横浜市ウェブサイト」와 「特集みなとみらい21の計画概要と個別事業」을 바탕으로 저자 작성

코하마 미나토미라이 21 (이하, MM21로 사용) 사업이 진행되었다. 1980년 3월에 요코하마조선소가 혼모쿠 부두와 가나자와 부두로 이전이 결정되면서 1983년 2월에 토지구획정비 등의 도시계획과 이와 관련된 사업자의 소유면적이 확정되었다. 그리고 2010년까지 사업 시행 기간 내에 요코하마의 자립성 강화, 항만기능의 질적 전환, 수도권 업무기능의 분담을 목표로 하여 사무기능, 상업 기능, 주거 기능 등의 가진 복합적 공간으로 개발이 시작되었다(인천발전연구원, 2006; 佐藤英人, 2007).

MM21은 중앙 지구(141ha), 신항 지구(14ha), 요코하마역 동쪽 출구 지구(4ha)로 크게 세 구역으로 나뉜다(그림 4). 대부분 시설이 건설 완공되어 이용 중이나, 중앙 지구와 신항지구 일부분은 건설이 진행 중이다. 그리고 중앙 지구의 남동쪽에 건설계획 중인 곳과 건설 공모예정 지구가 남아있다.

중앙 지구는 두 개의 도심인 요코하마역 주변 지역과 관내 지역을 연결하는 위치에 있으며, 1993년 3월에 '중앙 지구 계획'이 결정되었다. 당시에는 비즈니스 존, 상업 존, 산책로 존, 국제 존, 수변공간 존으로 공간적으로 구분되어 계획되었다. 특히 요코하마의 자립성과 도심 기능 강화를 위한 중요한 지역으로 사무, 상업 등의 다양한 도시기능의 집적을 도모했다. 또한, 이 구역은 '요코하마의 얼굴'로서 다양한 선진적 도시기능이 집적한 활기 넘치는 거리, 거리에 있는 사람들이 마음 편히 지낼 수 있는 도시환경 형성을 목표로 계획되었다.

신항지구는 '섬'으로 독자의 영역성을 가진 근대항만의 발원지로, 그 역사적 자산과 항구의 경관을 충분히 활용해 MM21 중앙 지구와 관내 지구를 연결하는 시설, 수변공간을 이용한 녹지 등으로 형성된 지구이다. 특히 이 지구의 토지이용의 특징은 항만 관련 사무시설에 따른 선박승무원 및 항만노동자를 위한 휴게시설의 도입, 해안선에 입지한 역사적 건조물의 보전과 시민 이용 공간의 형성에 기여하기 위한 문화·상업시설의 도입, 요코하마항을 거점으로 한 도쿄항의 광범위한 항만관리의 중추를 담당하는 해상재해시설의 도입, 일본 국내 크루즈선 수요에 대응한 크루즈터미널 시설의 도입 등을 들 수 있다.

장기적으로 계획된 MM21은 시대의 변화에 대응하여 사업을 진행하고 있다. 특히, 국제적인 업무와 문화를 가진 다양한 도시·항만 공간을 만들고, 바다에 접한 지구의 특성을 살려서 항만 중추 관리기능, 여객터미널, 임해공원 등 도심과 기능적·경관적으로 통합하여 수변공간을 생활공간으로 지역민들에게 제공하고 있다. 그리고 항만지구에 있는 역사적 문화유산을 활용하면서 도시 공간을 창조하여 방문하는 사람들에게 바다가 가진 경관·문화를 접할 수 있는 귀중한 복합공간이다(木下真男, 1987: 26).

〈그림 5〉 요코하마시 외국인 인구 추이

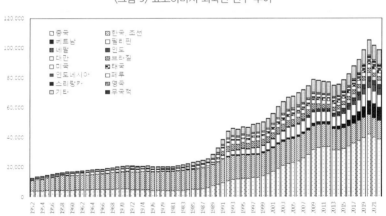

출처: 요코하마시 통계자료

## 3. 다문화 공간인 차이나타운

1859년 요코하마가 개항되면서 구미상사(歐美商社)는 옛 요코하마의 갯벌을 매립하여 만든 외국인거주지에 상관(商館)을 설치했고, 이러한 상관들은 대부분 홍콩, 광저우, 상해 등을 근거지로 하여 중국과의 무역을 중계했다. 1871년 청일수호조약이 체결되면서 중국과의 무역이 번성하게 되었고, 다양한 직업군의 화인(華人)은 외국인거주지의 한 부분에 집중해서 거주하기 시작하면서 차이나타운이 형성되었다.

요코하마 차이나타운은 아시아에서 가장 큰 규모로 1972년 중국과 일본의 국교가 정상화되면서 중국계 이주민의 일본 이주는 더욱 활성화되었다. 특히 중일 국교의 정상화가 계기가 되어 일본에서는 전국적으로 중국 붐이 일었다. 이로 인해 요코하마 차이나타운에 대한 관심이 높아지면서 이곳을 방문하는 관광객도 증가하게 되었다. 1980년대 들어서면서는 중국요리에 대한 일본인의 관심이 높아지면서, 중국요리점이 집중한 요코하마 차이나타운은 요코하마와 도쿄 주변뿐만 아니라 일본 전국 각지에서 관광객이 방문하는 관광지로 발전하게 되었다.

요코하마시의 외국인 수를 보면 1952년부터 꾸준히 증가하는 경향이었으나, COVID-19 이후 감소하고 있다(그림 5). 중국 국적의 외국인 수가 크게 증가하였고, 베트남이 2015년 이후 증가하는 경향이다.

그림 6 요코하마 차이나타운의 점포 분포를 보면, 중국음식점(146점포), 중식 뷔페(22점포), 선물 가게(26점포), 일본음식점(18점포) 등이 츄카마치오도리(中華街大通り)를 중심으로 분포되어 있다. 특히 중국음식점의 지역별 점포 수를 보면, 광둥(88점포), 상하이(30점포), 베이징(14점포), 스촨(42점포), 푸젠(9점포), 후난(1점포). 둥베이(6점포), 산둥(2점포), 대만(12

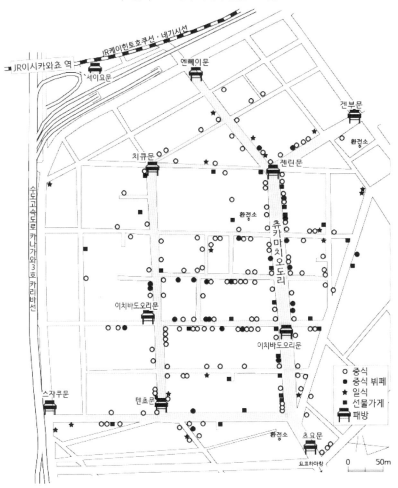

〈그림 6〉 요코하마 차이나타운(2022년)

JR케이힌토호쿠선·네기시선

JR이시카와쵸 역

세이요문

엔뻬이문

겐부문

환정소

치큐문

젠린문

환정소

츄카마치오도리

수도고속도로카나가와3호카리바선

이치바도오리문

이치바도오리문

중식
중식 뷔페
일식
선물가게
패방

스자쿠문

텐쵸문

환정소

초요문

요코하마항

0    50m

출처: 「横浜中華街ウェブサイト」를 바탕으로 저자 작성

점포)으로, 광둥식 요리가 가장 많았다[14]. 이는 차이나타운 내 거주인구가 광둥 출신이 주류를 이루는 것과 관련이 있다.

최근 차이나타운에 나타나는 특징으로는 후계자가 없어 중국음식점을 폐

---

14 중국음식점의 지역별 점포 수 집계는 한 점포에서 복수의 지역 요리를 하는 경우도 포함되어 있다.

점하는 '구화교(老华侨)'와 중국 개혁개방정책(1978년) 이후 방일한 '신화교(新华侨)[15]'의 진출이 두드러진다. 차이나타운에 진출한 신화교가 경영하는 중국음식점의 가장 큰 특징은 저렴한 가격으로 많은 양을 즐길 수 있는 '중식 뷔페'를 들 수 있다(齋藤讓司·市川康夫·山下淸海, 2011: 68).

이러한 요코하마 차이나타운은 일본에 거주하는 화교들의 생활공간이면서 경제활동의 장소이기도 하다. 특히 1972년 중일 수교 이후, 일본은 화교들에 대한 요코하마에서의 거주 권리를 보장함으로써 그들의 장기 투자를 활성화하였으며 중국 엘리트들이 일본 유학 시 장학금을 제공하는 등 다양한 혜택을 통해 화교 경제를 육성하므로 요코하마의 화교 인구가 증가하게 되었다(이동현, 2009: 39). 이를 통해 요코하마 차이나타운은 보수적이고 폐쇄적인 민족 집거지가 아니라 화교와 일본인이 공생하는 다문화 공간으로 성장해 오고 있다(김혜련, 2016: 296). 한편 차이나타운은 항만정책과 직접적인 관련이 있기보다는 육상과 해상의 결절점으로 사람·물자·정보가 모이는 장소였던 항만기능을 가진 관문도시의 진화된 공간으로 볼 수 있다.


## V. 결론

본 장에서는 일본의 대표적인 항만 중심의 관문도시 요코하마를 중심으로 요코하마의 항만 공간과 도시 공간에 어떠한 변화를 가져왔는지 살펴보고, 세계와 일본을 잇는 관문도시의 공간적 특성을 규명하였다. 그 결과 요

---

15  구화교는 제2차 세계대전 이전 중국본토나 대만에서, 신화교는 1978년 개혁개방 이후 유학, 취업 등의 목적으로 일본에 유입된 중국계 이주민을 말한다(김혜련, 2021: 578-579).

코하마의 사례를 통해 환태평양지역 관문도시의 공간적 특성을 살펴본 결과, 요코하마의 임항 지구는 생산·물류 공간의 기능, 미나토미라이 21은 복합공간의 기능, 차이나타운은 다문화 공간의 기능을 담당하고 있었다. 이러한 공간적 특성을 통해 항만기능을 가진 공간 외에도 질적 기능을 가진 공간들이 복합적으로 형성되어 있으므로 항만 공간과 도시 공간이 분리되지 않고, 서로 공존하면서 형성되어 가고 있음을 알 수 있었다.

현재 일본의 항만 중심의 관문도시는 세계화에 따라 항만 간 경쟁과 산업구조의 변화로 국제경쟁력이 저하되고 있다. 이에 따라서 항만기능의 강화를 통해 항만 활성화 정책이 논의되고 있으나, 단순히 항만 자체의 기능 강화만을 고려하는 것은 충분하지 않다. 따라서 이를 근간으로 항만이 존재하는 도시와 산업과 관련하여 고려할 필요가 있으며, 이러한 논의를 통해 관문도시의 지속 가능한 발전을 도모할 수 있을 것이다.

관문도시의 일반적 형성 특성으로는 관문 기능에 의한 급속한 초기 도시형성이 이루어졌고, 이후 내륙도시와 연결되는 철도의 개통으로 경제 활성화가 되었다. 그러나 도시경제기능의 쇠퇴와 수출환경의 변화에 의해 항만기능을 가진 관문도시의 지위를 상실하게 되었을 뿐만 아니라 환태평양의 새로운 허브항만에 의해 상대적인 물류 기능은 저하되었다. 이로 인해 초기 번성했던 시대의 항만 관련 시설의 역사와 경관을 살린 관광산업의 활성화, 수변공간 개발사업 등으로 관문도시의 지속적 발전을 도모하고 있다(인천발전연구원, 2006: 161). 한편 현대의 관문도시는 컨테이너선 등에 의한 물자뿐만 아니라 크루즈선과 여객선에 의한 사람의 수송도 증가하고 있다. 이러한 점을 볼 때 관문도시의 관광 산업적 기능도 고려해볼 필요가 있다.

# 참고문헌

기회원 (1995), '컨테이너화와 港灣의 機能的 特性에 관한 硏究', 木浦海洋大學校 論文集 3(1), 141-148.

김수정·이영민 (2015), '환태평양시대의 멕시코 항만체계와 관문도시의 변화 특성 연구: 만사니요시를 중심으로', 한국도시지리학회지 18(1), 13-29.

김혜련 (2016), '일본 요코하마 차이나타운의 모국 상징 기제 연구', 동북아문화연구 46, 289-305.

김혜련 (2021), '도쿄 화교·화인의 현지 정착 실태에 관한 연구', 중국학 75, 577-595.

박경희 (2004), '일본 컨테이너항만의 위기와 대응전략 연구', 한국항만경제학회지 20(2), 19-23.

송경언 (2009), '금강 유역 관문도시의 교통 변천에 따른 공간적 특성 변화: 군산과 강경을 대상으로', 한국지역지리학회지 15(3), 351-368.

윤정숙 (1985), '개항장과 근대도시 형성에 관한 역사 지리적 연구: 군산항을 중심으로', 대한지리학회지 20(2), 74-99.

이동현 (2009), '일본의 3대 차이나타운 특징과 시사점', 부산발전포럼 115, 38-43.

인천발전연구원 (2006), 『동아시아 관문도시, 인천!』 인천발전연구원.

遠藤幸子 (1985), 'コンテナ化の進展に伴う国際輸送システムの変化', 経済地理学年報 31(4), 342-354.

国土交通省港湾局 (2018), 『港の中長期政策「PORT 2030」』 国土交通省港湾局.

榊原匡房 (2013), '臨港地区における土地利用の変遷~6港湾の比較~', 名古屋都市センター, 1-16.

齋藤讓司·市川康夫·山下清海 (2011), '横浜における外国人居留地および中華街の変容', 地理空間 4(1), 56-69.

佐藤英人 (2007), '横浜みなとみらい21地区の開発とオフィス移転との関係：フィルタリングプロセスの検討を中心に', 地理学評論 80(14), 907-925.

木下真男 (1987), 'みなとみらい21計画_21世紀の新都心計画-', コンクリート工学 25(1), 25-29.

林 上 (2020), 『ゲートウェイの地理学』 風媒社.

津守貴之 (2006), '日本港湾の「国際競争力」とは何か', 海事交通研究 55, 1-12.

横浜市政策局政策課 (2018), 『横浜市中期4か年計画2018~2021』 横浜市.

『港湾の中長期政策「PORT2030」資料-2』(https://www.pref.kochi.lg.jp/soshiki/175001/files/2018113000044/file_20181275104518_2.pdf), 최종접속일: 2022.04.05.

『世界の港湾別コンテナ取扱個数ランキング』(https://www.mlit.go.jp/common/001358398.pdf),

최종접속일: 2022.04.05.

『横浜港の最新の統計』(https://www.city.yokohama.lg.jp/city-info/koho-kocho/press/
kowan/2021/0314nensokuhou2021.files/R03nensokuhou.pdf), 최종접속일: 2022.04.05.

『横浜港臨港地区·分区指定図』(https://www.city.yokohama.lg.jp/business/bunyabetsu/kowan/
rinko/jourei.files/0003_20180820.pdf), 최종접속일: 2022.04.05.

『横浜市ウェブサイト』(https://www.city.yokohama.lg.jp/kurashi/machizukuri-kankyo/toshisei-
bi/mm21/mmkaihatsu/gaiku.files/00-20_20220330.pdf), 최종접속일: 2022.04.05.

『横浜中華街ウェブサイト』(https://www.chinatown.or.jp/wp-content/themes/china2/pdf/china-
town-guide2022.pdf), 최종접속일: 2022.04.05.

『特集みなとみらい21の計画概要と個別事業』(https://www.ymm21.jp/common/pdf/info_v069.
pdf), 최종접속일: 2022.04.05.

# 9장

---

부산:
환태평양 항만도시의
성장과 재구조화

**백두주**

이 장은 〈인문사회과학연구〉 제23권 2호(2022년)에 게재된 '동북아 항만도시의 성장과 재구조화: 부산항을 중심으로' 논문을 수정 · 보완한 것임.

# Ⅰ. 서론

항만은 역사적으로 도시의 기원이었다. 많은 도시가 무역을 통해 번성해 왔으며 항만은 무역을 지원하고 해상운송 네트워크의 노드 역할을 하면서 해양과 내륙의 이익을 모두 충족시켰다. 사람, 상품, 자본이동의 흐름에 따라 장소가 형성되고 장소는 다시 이러한 흐름을 집중시키는 순환구조가 항만을 통해 이루어져 왔다. 유럽의 항만 도시들과 달리 아시아 주요 항만도시들은 식민지 시대 제국의 이익을 위한 전략적 거점으로 성장했고 탈식민지 국가시대에도 국제무역의 거점이자 도시, 지역, 국가의 경제성장에 엔진 역할을 하고 있다. 특히 항만도시가 제공하는 세계로의 '연결성'과 개방성은 부와 혁신의 확산에 결정적 영향을 미치고 있다. 자본주의적 세계화는 국가보다 도시를 글로벌 경제의 핵심주체로 부상시켰고 소수 세계도시들의 경제적 지배력 또한 높아지고 있다.

전 세계 인구 절반 이상이 도시에 거주하고 있으며 인구 100만 이상의 도시 513개 중 271개(52.8%)가 해안선 100km 이내에 있다. 이러한 세계도시의 공간적 지도는 도시발전에 있어 해양의 중요성을 가늠할 수 있게 해준다. 다른 한편 현대 항만 도시들은 흐름의 집중과 분산의 긴장 사이에서 진자운동을 한다. 흐름은 장소에 중요한 영향을 미치지만 장소가 흐름을 형성하기도 한다. 따라서 장소와 흐름의 다양한 발전 논리, 상호작용, 갈등, 조정 그리고 적응하는 방식을 도시의 성장궤적에 따라 살펴보는 것은 매우 의미 있는 연구주제이다. 항만도시는 이와 같은 연구 관심에 가장 부합하는 연구대상이라 생각된다.

이 장은 동북아지역의 대표적인 항만도시인 부산의 도시 성장과 재구조화 과정을 부산항의 역동적 변화에 초점을 두고 규명한다. 부산은 한국의 근현대사를 가장 잘 품고 있는 항만도시이다. 제국의 식민지 시대에 수탈과 침략의 전략적 거점에서 현재는 세계 7위의 컨테이너 항만이자 세계 2위의 환적항만으로 성장하여 글로벌 물류 네트워크의 전략적 거점 역할을 하고 있다. 동아시아 허브 항만으로의 성장은 항만과 도시 관계의 변화과정이자 도시의 공간적 진화과정이기도 했다. 항만도시 부산의 성장과 재구조화 과정을 분석하기 위한 문제의식은 다음과 같다. 항만도시의 성장을 촉진한 환경적 요인은 무엇인가? 이 과정에서 항만도시의 적응능력은 어떤 방식으로 나타났는가? 도시 재구조화의 압력요인은 무엇인가? 마지막으로 도시 재구조화의 결과는 어떻게 실현되고 있는가? 이러한 문제의식을 토대로 항만도시 부산의 성장, 재구조화 내용과 결과를 분석하고자 한다.

## II. 기존 논의

항만은 도시발전을 촉진하는 주요 요인이며 특정 시기에는 항만의 존재가 도시발전의 전제가 되기도 한다. 특히 강력한 세계화의 흐름은 사람·상품·자본 그리고 효율성과 각종 서비스 측면에서 글로벌 네트워크화된 항만 거대도시(port megacities)의 패턴을 만들어 냈다. 이는 해양경제, 혁신적 운송기술 및 물류 서비스와 항만도시 시스템의 발전 사이에 분명한 관계가 있다는 의미이다. 현재 국제 상품무역의 약 90%가 바다를 통해 세계 각국의 항만과 연결되고 이를 통해 내륙의 소비시장으로 전달되고 있다. 물론 근대 이전부터 국제무역은 해상운송을 통해 이루어져 왔지만 20세기 중반 '컨테이너화(containerization)'를 통한 항만과 운송 모드의 효과적 통합은 세계화의 상징이며 세계화의 속도·범위·영향력은 이전과 비교할 수 없다. 글로벌 가치사슬(Global Value Chain)에 통합된 항만도시는 상품의 생산과 소비를 통합하는 글로벌 네트워크의 연결지점을 나타낸다. 따라서 21세기 새로운 실크로드에 따른 지정학적 경쟁은 주로 연결성(connectivity)을 위한 경쟁이며 항만도시는 이 경쟁에서 핵심적인 역할을 담당한다(Pavia and Zevi, 2021).

기존 항만도시의 개념은 그 공간이 하나의 분석단위로 상정하기 어렵기 때문에 학자마다 다르게 정의되어 왔다(Ducruet, 2011; Ducruet and Jeong, 2005). 즉 합의된 개념 정의가 없다는 것은 다양한 네트워크와 영역(territories)이 도시 공간에 복잡하게 얽혀 있기 때문에 그 자체적인 정체성을 찾기 어렵다는 가정을 전제로 한다. 그러나 항만도시는 일반적으로 '비항만도시'들에 비해 특정한 경제적 · 사회적 · 문화적 정체성을 유지한다(Cartier, 1999). 따라서 항만도시로 호명되는 도시는 항만기능과 도시가 서로 다른 수준의 결합방식을 가지고 있긴 하나 여전히 상호의존성을 갖는다고 볼 수 있다. 항만도시의 가장 단순한 정의는 '항만을 통해 해양활동을 하는 도시'로 수렴되지만 육상과 해상네트워크 간 교류의 노드(communication node)로서 항만은 배후지와 지향지(foreland)의 연속체에서 중요한 역할이 강조된다. 더 넓은 범위에서 바다와 육지가 연결되어 있다는 점을 고려하면 지역(도시, 국가, 대륙) 내 여러 도시와 항만을 포함하는 전체적인 노드 시스템으로 이해할 수 있다. 또한, 항만과 도시의 관계에 초점을 두면 이들 간 관계는 시간이 지남에 따라 고유한 논리 속에서 진화 혹은 변형된다. 이 과정에서 항만도시는 하나의 시스템으로 간주될 수 있으며 항만과 해양활동이 도시 공간에 영향을 미친다.

그동안 많은 학자들이 항만 및 항만도시의 공간적 진화에 대한 연구를 수행해 왔다. 초기 대표적인 연구는 항만 인프라가 시간과 공간에 따라 어떻게 진화하는지를 분석한 버드(Bird, J.)의 Anyport 모델이다(Bird, 1963). 버드는 항만의 발전과정을 탄생기, 제한된 안벽(marginal quay) 확장기, 제한된 안벽 성숙기, 독(dock) 성숙기, 선형 안벽(simple lineal quayage) 등장기, 마지막으로 전용 선석(spcialized quayage)기에 진입한다는 6단계 발전론을 제시했다. 전용 선석기에서는 대수심과 대해로 열린 선형 선석 사용이 보편화된다. 또한, 화물 취급의 전문화, 선박의 대형화, 이에 따른 항만 공간의 확장 압력 증가로 '항만 이전(migration)'이 발생하기도 한다. 림머(Rimmer, P.J.)는 항만과 배후 지역 교통망의 관계를 다룬다. 이 연구에 따르면 초기 군소항만이 분산적으로 배치된 단계에서 시간이 지남에 따라 항만들이 배후지와 항만 간 연결수준을 높이면서 마지막 단계에서는 상위항만 간 네트워크 강화되고 상위항만을 중심으로 배후지가 연결되는 시스템이 완성된다(Rimmer, 1967; 이성우, 2006). 이와 같은 초기연구는 항만의 진화과정에서 나타나는 단계적 특성을 규명했음에도 불구하고 항만과 도시 관계의 역동적 변화과정에 대한 설명이 부족하고 무엇보다 컨테이너화에 따른 변화양상을 반영하지 못한 한계를 보였다.

이러한 초기 연구의 한계는 하유스(Hayuth, Y.)의 컨테이너 항만 발전모델에서 일부 보완되었다(Hayuth, 1981). 하유스는 1960년대 말 이후 미국과 유럽을 중심으로 확산하기 시작한 컨테이너화 이전 단계부터, 초기 컨테이너 항만개발, 컨테이너 항만의 확산·통합 그리고 항만 집중화 단계를 거쳐 화물센터(load center), 주변 항만들로부터 도전을 받는 단계로 나아간다고 제시했다. 마지막 단계에서는 컨테이너 화물이 특정 항만에 집중되면서 항만과 도시 간 기능적·공간적 분리현상을 경험하게 된다. 이러한 현상을 보다 체계적으로 발전시킨 연구는 호일(Hoyle, B.S.)의 항만-도시 인터페이스 5단계론이다(Hoyle, 1989; 1998). 이 연구는 서구형 항만도시의 공간

분리 과정을 시기적으로 규명했다. 1단계 초기 도심항만(cityport) 단계(중세~19세기)에는 도시와 항만이 기능적 · 공간적으로 밀착되어 있다가, 상업화 · 산업화에 따른 무역증가로 항만개발의 압력이 높아진다(19세기~20세기 초). 컨테이너화의 등장은 과거 항만도시를 현대적 항만도시로 변화시켰으며 컨테이너 운송과 하역을 위해 더 넓은 공간이 요구되면서 항만과 도시의 분리현상을 겪는다(20세기 중반). 선박의 대형화와 하역기술의 발전 속에서 이 분리현상은 보다 심화되고 항만은 도심 속 공간으로 남게 된다(1960년대~1980년대). 마지막 단계에서 도시는 해운 환경의 변화에 적응하기 위해 컨테이너 신항만 건설과 함께 기존 항만부지는 재개발을 위해 도시에 환원된다(1970년대~1990년대). 호일은 이후 연구에서 기존 5단계에서 항만도시 재생단계를 추가했다. 호일의 연구는 도시와 항만이 관계에 대한 연구에서 산업화, 해양경제의 전환 그리고 항만도시의 성장과 연관된 변화를 반영하기 때문에 매우 중요한 연구성과로 평가할 수 있다. 특히 항만은 독자적으로 성장하는 것이 아니라 변화하는 기회와 요구에 대응하여 성장함을 밝혀냈다는 점에서 의의가 있다(Hoyle and Smith, 1998). 이후 연구 관심은 새로운 항만-도시 간 연계 방식과 통합개발로 이어졌다.

이상의 연구들은 대부분 서구 항만도시의 진화과정을 규명한 성과들이다. 그러나 이러한 단계론적 진화모델들은 서구 중심적 시각을 반영하여 아시아 항만도시의 진화과정을 반영하지 못한다는 비판에 직면한다. 즉 아시아 항만도시의 진화모델은 반드시 서구의 진화모델로 수렴되지 않는다는 것이다. 이에 따라 아시아 중심 항만의 부상에 따른 새로운 모델들이 제안되었다(Ducruet and Jeong, 2005; Lee et al., 2008; Wang, 2015). 대표적인 연구는 호일의 모델과 비교되는 '아시아 허브 항만도시 통합모델'이다. 이 모델에 따르면 아시아 주요 항만들은 초기 연안 어촌마을에서 시작하여, 식민지 도시항만, 중계무역 도시항만, 탈식민지화 이후 자유 무역 항만도시 거쳐 허브 항만도시, 글로벌 허브 항만도시로 이행했다. 핵심적 주장은 아시아 허브 항만 도시들은 서구의 항만과 도시의 기능적·공간적 분리모델을 따르지 않았으며 항만과 도시 간 상호작용이 통합(공생)된 형태로 나타난다는 것이다. 대표적인 항만도시가 싱가포르와 홍콩이다. 이 연구들은 서구의 항만도시와 차별적 경로로 진화해온 아시아적 모델을 정립했다는 점에서 큰 의의가 있다.

항만도시의 차별적 성장경로는 항만도시의 유형화 연구를 통해 보완될 수 있다. 이 연구들은 도시 규모와 항만 규모를 주요 변수로 상정하여 항만도시들을 유형화했다. 일반적으로 도시 규모는 인구의 수로, 항만 규모는 물동량으로 측정된다. 다른 한편 무역을 촉진하는 내생적 특성인 '중심성 (centrality)'과 운송 네트워크에서의 위치 선택과 같은 외생적 요인으로 정의되는 '중개성(intermediacy)'을 조합하여 항만도시를 유형화하기도 한다 (Ducruet and Lee, 2006; Fleming and Hayuth, 1994; Ducruet and Jeong, 2005). 이에 따르면 컨테이너화는 항만 도시들의 차별적 진화과정을 초래하며, 주요 도시는 항만 및 관문 기능의 쇠퇴를 경험하는 반면, 일부 도시는 내륙연결을 확장하고 전략과 제도를 조정함으로써 경쟁력을 회복하기도 했다. 뒤크레(Ducruet, C.)는 인구, 인프라, 물동량, 해상접근성, 장소의 매력도를 기준으로 일반 항만도시, 허브 항만도시, 배후지 항만도시, 해양 항만도시로 분류했다(Ducruet, 2016). 다른 한편 OECD는 항만의 성장과 쇠퇴, 도시의 성장과 수축을 유형화하여 항만 도시들이 추진해야 할 정책과제를 제안한다. 예를 들어, 항만과 도시가 모두 성장하고 있는 경우는 추가 항만부지 모색이 필요하지만, 두 변수 모두 쇠퇴하는 경우에는 새로운 경제적 전환을 모색해야 한다(Merk, 2013).

이상의 논의를 종합해보면, 항만도시의 성장, 항만-도시와의 관계 및 재구조화 양상을 포함하는 공간적 진화는 환경적 조건의 변화에 따른 적응능력(adaptive capacity)과 연관되어 있음을 알 수 있다. 여기서 적응능력은 "외부압력에 대처하는 능력을 향상시키는 시스템의 행동과 특성의 조정"으로 항만의 경우 이러한 적응은 "항만이 변화하는 조건, 압력, 위험 또는 기회에 잘 대처하고 관리 또는 조정하기 위한 과정, 조치 그리고 결과"(Notteboom, 2016: 298)를 의미한다. 앞서 살펴본 대로, 항만도시 성장과정에서 가장 중요한 환경적 요인은 컨테이너화이며 이러한 압력, 위험 다른 한편으로는 기회에 항만도시가 어떻게 적응하는가에 따라 공간적 진화의 양상이 결정된다. 즉, 항만도시가 변화하는 환경에 성공적으로 적응할 경우 이른바 세계적 허브 항만도시로 진화하는 반면, 적응에 실패할 경우 항만기능의 쇠퇴와 함께 새로운 전환전략을 모색할 수밖에 없다. 특히 세계적 허브 항만으로 진화과정에서 '글로벌 연결성(global connectivity)'의 구축과 확대는 성공의 전제이자 결과로 볼 수 있다(Murphey, 1989). 결국 세계의 항만 도시들이 '동형화(isomorphism)와 차별화의 이중적 흐름' 속에서 성장해 왔음을 가정한다면, 항만도시의 공간적 진화의 경로와 유형은 다양한 사례연구를 통해 확인되어야 하는 문제이다.

## III. 항만도시의 성장

### 1. 환경적 요인: 컨테이너화와 세계화

국제무역의 컨테이너화와 이에 따른 세계화는 항만의 기능적 전환과 도시 공간의 재구조화를 촉진하는 환경적 요인이다. 해상운송은 세계화의 대상이자 이러한 변화를 가속하는 요인이었다. 컨테이너 항만의 성장 및 지리적 확산은 1956년 미국 시랜드(Sea-Land)사의 최초 컨테이너 서비스 제공 시작이 출발점이다. 이후 1970년대 중반에는 북미, 서유럽, 일본지역을 중심으로 확대되었으며, 1980년대에 이르면 동아시아 주요 지역으로 빠르게 확산된다. 1990년대는 선박의 대형화 추세와 함께 중국의 경제성장에 따라 이 지역 항만들이 글로벌 해운 네트워크에 포함된다. 2000년대에는 최고의 성장 시기로 중국 항만의 급속한 성장과 환태평양 횡단무역의 폭발적 증가로 인해 북미 서부해안 컨테이너 항만들 역시 눈에 띄는 성장을 이루었다 (Guerrero, 2014).

컨테이너화를 통한 해운 기술의 혁신은 자본축적을 위한 공간확장 전략의 일환이다. 혁신의 결과, 바다를 통한 자본순환, 상품의 물리적 이동, 가치실현이 더욱 빠르고, 효율적으로 가능해졌다. 이 기술혁신은 '해양과 물리적 지리의 동기화'를 포함한 국제적 상품교환의 속도와 리듬을 조정하는 기술이며, 바다는 더욱 빠르고 저렴하며, 신뢰할 수 있는 '글로벌 상업 고속도로'를 제공했다(Lian and Alejandro, 2021). 컨네이너화를 통한 항만과 운송 모드의 효과적 통합은 세계화와 글로벌 가치사슬 확산의 상징이다(백두주, 2021). 컨테이너화는 빠른 상품이동, 극적인 비용 절감으로 글로벌 적시 물류의 발전을 촉진하며 글로벌 해상운송 네트워크를 보다 조밀하게 조직했다. 또한, 글로벌 수준의 생산 분절화, 국제분업의 조직화, 적시 생산시스템의 원칙은 지역·국가·국제적 수준에서 물동량을 증가시켰고 항만 도시들은 해운 기술에 의해 조정된 글로벌 생산네트워크의 결절점 역할을 하고 있다.

컨테이너 운송은 지속적으로 규모의 경제를 추진하는 특징을 보였다. 하나의 선박에 운송되는 컨테이너 수가 많을수록 TEU당 비용이 하락하기 때문이다. 선박의 대형화는 국제무역 비용을 획기적으로 낮췄을 뿐만 아니라, 항만도시의 항만시스템과 항만-도시 간 역학에도 큰 영향을 미쳤다. 컨테이너 선박의 대형화는 1956년 유조선을 개조한 시랜드사의 선박(500~800 TEU급)을 시작으로 주로 파나마 운하와 수에즈 운하를 통과할 수 있는 규모에 상응하여 발전해왔다. 현재는 수에즈 운하가 수용할 수 있는 기술적 한계에 가까워지고 있으며 MGX-24는 21,000~25,000 TEU급으로 대형화되었다(Notteboom, 2022). 컨테이너 선박의 대형화는 이전 일반 화물처리 항만들보다 더 깊은 수심, 더 많은 기계장비, 더 넓은 항만 공간을 요구한다. 또한, 해운산업의 통합과 산업 집중도 높아진다. 선박의 크기가 커지면 운송항로에 포함된 모든 항만에 연쇄적인 영향을 미치게 되며 전 세계 어느 항만도시도 이 역동적인 과정에서 벗어날 수 없다(Merk, 2018). 특히 선박의 대형화는 초국적 선사와 동맹의 권력을 강화했다[1]. 이는 항만의 '장소 귀속성'과 초국적 선사의 '이동성' 간의 불균형에서 초래된 결과이다. 초국적 선

〈표 1〉 컨테이너선의 진화(Evolution of containerization)

| 구분 | 시기 | 용량(TEU) | LOA-Beam-Draft(m) | 비고 |
|---|---|---|---|---|
| Early Containerships | 1956년~ | 500~800 | 137-17-9(200-20-9) | 유조선 개조 |
| Fully Cellular | 1970년~ | 1,000~2,500 | 215-20-10 | 2세대 |
| Panamax | 1980년~ | 3,000~3,400 | 250-32-12.5 | |
| Panamax Max | 1985년~ | 3,400~4,500 | 290-32-12.5 | |
| Post Panamax(Ⅰ) | 1988년~ | 4,000~6,000 | 300-40-13 | 파나마운하 |

---

1  지난 10년 동안 글로벌 운송시장은 2M Alliance, OA Alliance, THE Alliance 등 3개의 해운동맹으로 통합되었다. 2012-2013년 독립 선사가 약 70%의 시장점유율을 보였지만, 2017-2021년까지 3개 해운동맹의 합산 시장점유율은 75%에 달한다(Placek, 2021).

| | | | | |
|---|---|---|---|---|
| Post Panamax(Ⅱ) | 2000년~ | 6,000~8,500 | 340-43-14.5 | |
| New-Panamax | 2014년~ | 12,500~ | 366-49-15.2 | Suezmax |
| VLCS | 2006년~ | 11,000~15,000 | 397-56-15.5 | |
| ULCS | 2013년~ | 18,000~21,000 | 400-59-16 | |
| MGX-24 | 2019년~ | 21,000~25,000 | 400-61-16 | 말라카해협 |

\* VLCS(Very Large Container Ship): 초대형 컨테이너선 \* ULCS(Ultra Large Container Ship): 극초대형 컨테이너선 \* MGX(Megamax)-24

출처: Notteboom et al.(2022) 내용을 토대로 작성

사들은 점점 더 독점적인 플레이어가 되며 항만 도시들은 이들 '게임의 볼모'가 되어 글로벌 흐름에 포함되기 위한 효과적인 조치를 강구해야만 한다.

급변하는 해운 환경 속에서 항만 도시들은 장소의 매력도를 높이기 위해 항만의 재구조화뿐만 아니라 항만 배후지에 물류 구역 및 센터, 경제자유무역지대와 같은 정책을 추진한다. 이 과정에서 항만 주변 지역은 공간적·기능적 변화를 경험하게 되며 이는 항만도시의 진화 양상에도 큰 영향을 미친다. 특히 컨테이너화와 선박의 대형화의 흐름 속에 항만 도시들의 적응양상은 항만의 폐쇄, 확장, 추가, 통합, 재개발 그리고 초대형 항만(Mega port) 개발 등으로 나타난다[2]. 즉 항만도시를 둘러싼 환경적 요인의 변화는 항만쇠퇴(예를 들어, 런던항과 보스턴항 등)의 위기와 세계적 허브 항만으로 성장할 수 있는 기회를 동시에 포함하고 있는 것이다.

---

2  항만의 진화과정(소위 '항만세대론')에 대해서는 이종필 외(2014), Notteboom et al.(2022) 참조.

## 2. 항만도시의 적응

### 1) 부산항의 컨테이너화

1956년 미국에서 시작된 해상운송의 컨테이너화는 1966년 미국·유럽·극동 지역을 잇는 최초의 대륙 간 컨테이너 운송서비스로 이어지면서 아시아 지역 항만들의 컨테이너화도 초미의 관심사였다. 부산항의 첫 컨테이너 처리 시점은 명확하지 않지만 대략 1967년쯤으로 추정되고 있으며 이 시기는 한국의 베트남 전쟁 관련 해외 진출 시기와 겹친다(DiMoia, 2020). 당시 컨테이너 하역시설이 없었던 부산항의 화물처리는 매우 비효율적이었다. 컨테이너 하역을 위한 기계장비들이 없어 입항 선박에 설치된 건식 화물용 장비로 작업한 것으로 알려진다. 부산항에 입항한 최초의 컨테이너선은 미국 시랜드사의 1만 2천 톤급 피츠버그(Pittsburgh)호이다. 1970년 3월 2일 부산항 4부두에 도착한 피츠버그호는 미 군수물자 35피트짜리 컨테이너 98개를 선적 후 태평양을 횡단해 온 첫 컨테이너 화물선이었다(이용득, 2019). 당시 한진상사는 1970년 1월 미국 시랜드사와 한국 총대리점 계약을 체결하여 첫 컨테이너 하역 작업을 시행했다. 하역준비를 위해 부산항 4부두 북쪽 25번 선석 일대 2,800평을 컨테이너 야적장으로, 18호 창고는 화물조작창으로 지정되었다.

1970년은 제2차 경제개발 5개년계획(1967~1971년)이 마무리 단계로 접어들고 국가주도의 수출 지향적 산업화가 본격화되어 부산항도 도약기를 맞이할 때쯤이다. 그러나 첫 컨테이너선 입항을 둘러싼 사회적 갈등도 만만치 않았다. 전국부두노동조합은 피츠버그호의 부산항 입항을 강력히 반대했으며, 총파업까지 결의해 둔 상황이었다. 핵심적인 쟁점은 실업과 그에 대한 보상 문제였다. 한진상사가 노조의 요구를 수용하면서 사태는 일단락되었으나 하역 당시 평소 100여 명의 부두노동자들이 해야 할 일을 4~5명의 기계 조작자들이 처리하는 광경은 화주·하역회사와 부두노동자들 모두에게 상당한 충격을 주었다[3]. 화주·하역회사들은 기계화된 하역시스템의 생산성에 놀랐고, 부두노동자들은 향후 실업 위기[4]에 대한 불안감이 높아졌다.

첫 컨테이너선 입항 이후 미국·유럽 등지로 수출되는 상품의 컨테이너화도 시작되었다. 1971년 당시 미국과 유럽의 한 달 평균 수출물동량은 2만 8천 톤 가량이었는데 해운사들은 약 2만 톤 정도를 컨테이너로 수출할 계획을 세웠다[5]. 화주들도 컨테이너의 신속성, 안전성, 편리성으로 컨테이너 화물 운송에 대한 선호도가 점차 높아졌다. 1972년 10월 역시 부산항 컨테이너화 역사에 의미 있는 날이다. 대진해운 소속 인왕호(4,500톤, 186 TEU급)[6]가 부산-일본 고베 간에 처음으로 컨테이너 운송서비스를 시작하며 부산항이 지역의 피더(feeder)항 역할을 시작했기 때문이다. 1974년경에는 국적선 6척, 외국선 4척 등 10여 척의 컨테이너 피더선이 부산과 일본을 오갔으며, 같은 해에 부산-서울 간 컨테이너 전용 열차도 운행을 시작하여 부산

---

3 「컨테이너 반대결의」, 『중앙일보』, 1970. 2. 19.

4 컨테이너화는 항만하역산업을 노동집약적 산업에서 대규모 장치산업인 자본 집약적 산업으로 전환시켰다. 이 기술은 항만노동자들의 감소와 도시 공동체의 특성도 변화시켰다. 근대 이전 선박은 항만에서 비교적 오랜 시간을 보내고, 항만은 사람과 상품이 붐비는 장소였다. 컨테이너화 이전까지 상황은 크게 변하지 않았다. 따라서 항만 주변에는 관련 문화와 커뮤니티가 형성될 수 있었다. 그러나 컨테이너화는 항만노동자 감소와 함께 화물 하역시간을 극적으로 단축시켰고 이에 따라 선박의 기항시간도 짧아졌다. 그 결과 항만은 점차 도시의 사람과 문화로부터 분리되기 시작했다.

5 「연내로 완전컨테이너화」, 『매일경제』, 1971. 2. 20.

6 대진해운은 1967년 설립되었으며 설립배경에는 베트남 전쟁 당시 미국 시랜드사의 컨테이너 화물 운송 시스템의 경이적인 효과가 있었다. 회사 설립 후 노르웨이로부터 1만 2천 톤급 화물선 오대호를 도입하여 환태평양 정기 항로(한국-일본-미국)에 투입했고 이어 일본 조선소에 컨테이너선 2척을 주문한 것이 국내 컨테이너선의 효시이다. 이 중 한 척을 인도받아 부산-고베 노선에 투입된 선박이 인왕호이다(박영출, 2004).

항은 복합운송시대의 토대를 구축해 나갔다.

1968년~1979년 기간 동안 부산항 수출입물동량의 컨테이너화 비율을 보면 〈그림 1〉과 같다. 1968년 부산항 수출물동량은 총 1,369,748톤으로 전국의 60.8%를 차지했다. 이 중 컨테이너 물동량은 3,807톤으로 컨테이너화율은 0.3%에 불과했다. 당시 전국 수출 컨테이너 화물의 75.8%가 부산항을 통해 처리되었다. 1970년대까지 모든 수출입 컨테이너 화물은 부산항과 인천을 통해 처리되었기 때문에 나머지 수출 컨테이너 화물(24.2%)은 인천항을 경유했다. 낮은 수준의 수출화물의 컨테이너화율은 1974년 20.0%를 기점으로 1975년 43.9%로 두 배 이상 증가했고, 부산항에 첫 컨테이너 전용부두가 개장한 1978년에는 56.1%로 절반을 상회했으며 그다음 해에는 63.2%까지 높아졌다. 그러나 인천의 경우 수출화물 컨테이너화율은 1968년 0.8%에서 1979년 4.3%로 진행속도가 느렸다. 1979년 기준 전국 컨테이너 수출

〈그림 1〉 부산항의 수출입 화물의 컨테이너화율: 1968년~1979년(단위: %)

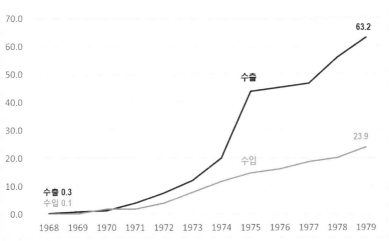

주: 컨테이너화율=(컨테이너 물동량 톤수/전체 화물 물동량 톤수)×100
출처: 정이근(2015), pp. 16–17의 통계수치를 토대로 작성

물동량에서 부산항이 차지하는 비중은 98.6%에 달했다. 반면 수입 컨테이너 화물의 컨테이너화율은 1968년~1979년 기간 동안 0.1%에서 23.9%로 상대적으로 낮았다. 전국 수입화물의 컨테이너화율이 4.6%에 불과해 부산항 수입 물동량 컨테이너화율도 낮을 수밖에 없었다. 이는 당시 한국의 수출 상품이 주로 경공업 가공·제조 상품으로 컨테이너화에 더 적합했다는 의미이다. 1979년 부산항의 전국 수입 컨테이너 화물 점유율은 93.8%에 달했다. 따라서 부산항은 초기 컨테이너화 과정에서 전국 수출입물동량의 90% 이상을 차지해 컨테이너 특화 항만으로 성장했음을 알 수 있다.

### 2) 부산항 개발과 성장

1962년 이후 제1차, 제2차 경제개발 5개년계획 추진결과 해상물동량의 급격한 증가를 가져왔다[8]. 부산항 처리물동량은 1966년 441만 9천 톤에서 1971년에는 788만5천 톤으로 연평균 15.7%의 성장세를 보였다. 문제는 부산항의 하역능력이었다. 1971년 부산항의 하역능력은 574만 톤에 불과해 전체 물동량에 비해 27.2%나 부족한 실정이었다. 특히 1968년부터 컨테이너 화물이 일본 고베항을 통해 환적 후 부산항으로 들어오면서 컨테이너 부두가 없는 부산항은 기존 일반부두에서 처리할 수밖에 없었다(부산직할시, 1992: 608). 일반 화물과 함께 취급되는 컨테이너 화물은 해외의 컨테이너

---

7  1973년~1975년 기간 동안 부산항의 수입 컨테이너 수는 45,095개에서 82,283개로 82.4%, 수출 컨테이너 수는 37,110개에서 90,845개로 144.8% 증가했다(해운항만청, 1986: 82).

8  제1-2차 경제개발 5개년 계획 기간 동안 연평균 경제성장률은 각각 7.8%, 9.6%로 매우 높았고, 상품 수출 증가율 역시 연평균 각각 38.6%, 33.8%로 달했다. 1991년 제6차 경제개발 5개년이 종료되기까지 한국경제의 연평균 경제성장률과 상품 수출 증가율은 매우 높은 수준이 보였다. 국가기록원, "기록으로 보는 경제개발 5개년 계획."
https://theme.archives.go.kr/next/ economicDevelopment/statistics.do(검색일: 2022년 2월 15일)

부두와 비교하면 효율성이 떨어졌다. 이와 관련하여 당시 부산항은 2가지 해결과제에 직면하고 있었다. 하나는 고베항을 통해 환적되어 오는 컨테이너 모선을 부산항으로 직기항 시키는 것이었고 다른 하나는 부족한 컨테이너 하역능력을 개선하는 것이다. 이 문제는 부산항의 문제만이 아니라 국가의 성공적인 수출 지향적 산업화의 조건이기도 했다.

〈표 2〉 부산항(북항) 컨테이너 부두 개발현황(1974년 이후)

| 구분 | 자성대부두 | 신선대 부두 | 감만부두 | 신감만부두 | 우암부두 |
|---|---|---|---|---|---|
| 개발 기간 | 1974-1996 | 1985-1997 | 1991-1997 | 1995-2001 | 1995-1999 |
| 운영개시 | 1978.9 | 1991.6 | 1998.4 | 2002.4 | 1996.9 |
| 부두길이 | 1,447m | 1,500m | 1,400m | 826m | 500m |
| 전면 수심 | 15m | 15-16m | 15m | 15m | 11m |
| 하역능력 | 172만 TEU | 223만 TEU | 160만 TEU | 82만 TEU | 30만 TEU |
| 접안능력 | 5만 톤급 4<br>1만 톤급 1 | 5만 톤급 5 | 5만 톤급 4 | 5만 톤급 2<br>5만 톤급 1 | 2만 톤급 1<br>5만 톤급 2 |
| 부지면적 | 624천 $m^2$ | 1,170천 $m^2$ | 727천 $m^2$ | 294천 $m^2$ | 182천 $m^2$ |

주 1: 자성대부두 피더 운영: 1996년 9월. 신선대 부두 4번석 운영일 1997년 11월, 5번석 2006년 2월
출처: 한국항만물류협회(2021), p. 140

1970년대 이전 서울과 부산을 잇는 주요 교통 축은 경부선 철도였으나 1970년 경부고속도로의 개통은 철도와 경쟁하면서 전국에 산재해 있는 수출업체들의 부산항 접근성을 높였다. 그 결과 부산항을 통해 수출하려는 화물들은 더욱 집중되었다. 정부는 부산항의 당면 문제를 해소하기 위해 '부산항 1단계 개발사업(1974~1978년)'에 착수하게 된다(부산광역시, 2018). 1단계 사업의 주요 내용은 5부두(컨테이너 부두), 7부두(석탄, 고철, 광석 부두), 8부두(특수화물), 국제 및 연안여객부두를 개발하는 것이다. 5부두에 건설된 자성대 컨테이너 부두는 부산항 최초의 컨테이너 전용부두로 세계적으로 확산되고 있었던 국제화물 운송의 컨테이너화에 대한 '적응조치'였

다. 5만 톤급 선박 2척이 동시에 접안 가능한 규모였다. 5부두에는 부산항 최초의 컨테이너 운반용 갠트리 크레인(gantry crane)도 설치되어 하역 작업의 효율성을 높였다.

부산항 1단계 사업 이후에도 컨테이너 화물뿐만 아니라 일반 화물 물동량도 예측치를 모두 초과하면서 추가적인 부두개발이 불가피했다. 곧이어 시작된 '부산항 2단계 개발사업(1979~1983년)'은 세계개발은행(IBRD) 차관사업으로 수행되었으며 컨테이너 전용부두인 6부두 건설에 초점을 두었다. '부산항 3단계 개발사업(1985~1990년)' 역시 신규 컨테이너 부두와 컨테이너 전용 크레인 설치를 중심으로 수행되었으며 그 결과 부산항의 접안 능력은 이전 56척에서 69척으로 23.2% 증가했다. '부산항 4단계 개발사업(1991~1997년)' 대상도 컨테이너 전용부두 건설에 집중되었다. 이는 동아시아 허브 항만 간 경쟁에서 우위를 차지하기 위한 전략적 조치였다. 만약 시설 부족에 따른 체선 · 체화가 심하게 나타나거나 하역시간 증가 등 항만 생산성이 낮을 경우 초국적 선사들이 기항 횟수를 줄이거나 나아가 주변 항만으로 물량을 이동시킬 수 있었기 때문이다. 4단계 사업으로 건설된 감만부두는 안벽이 1,400m에 달했고, CY 759천㎡, 갠트리 크레인 8기 설치 등 5만 톤급 컨테이너 4척이 동시 접안하여 연간 120만 TEU를 처리할 수 있는 규모로 건설되었다. 부산항 4단계 개발사업 이후에도 늘어나는 컨테이너 물동량을 처리하기 위해 우암부두(컨테이너 피더선 전용부두)[9], 자성대 부두(1만 톤급 1개 선석 추가), 신선대 부두(5만 톤급 1개 선석 추가), 신감만부두(컨테이너 피더 부두)를 연이어 건설 · 개축했다(부산광역시, 2018).

---

9 우암부두는 1990년 개장 이후 부산항 컨테이너 부두 역할을 해오다가 부산신항 개장과 북항 재개발이 시작되면서 물동량 감소로 2015년부터 일반부두로 운영되다 유휴화된 상태이다. 현재는 해양산업클러스터로 육성하기 위한 사업을 추진 중이다(해양수산부, 2017).

1974년부터 시작한 부산항 컨테이너 부두 개발사업은 결국 증가하는 컨테이너 물동량의 처리를 위한 항만도시의 '적응능력'을 반영한 것이다. 부산항의 물동량 증가요인은 다음과 같이 정리할 수 있다. 첫째, 부산항의 성장은 국가주도의 수출 지향적 압축적 산업화 과정과 직접 연계되어 있다. 한국 산업화 과정이 압축적이었던 만큼 수출입물동량도 단기간에 급증했다. 한국의 경제성장은 동아시아 신흥 산업국가의 성장을 반영했다. 한반도 분단상황에서 한국은 지리적으로 섬 국가의 성격을 갖기 때문에 해외무역거래 중 해운 운송 비중이 절대적이다. 부산항의 배후도시로서 부산은 초기 제조업 성장으로 자체 물동량을 발생시키긴 했으나[10] 특정 배후 지역이 아니라 가장 큰 시장인 수도권을 포함하여 국가를 배후지로 성장했다. 또한, 수출입물동량의 부산 집중화 현상은 식민지 항만의 유산과 더불어 인천에 비해 상대적으로 깊은 수심과 조수간만의 차가 적은 유리한 지형적 조건도 반영되었다.

둘째, 부산항이 보유한 지리적·공간적 이점인 높은 '중개성'이다(Frémont and Ducruet, 2005). 부산항은 일본-홍콩-싱가포르를 잇는 주요 항로와 아시아-북미를 연결하는 태평양 횡단의 항로에 있다. 즉 부산항은 아시아 회랑(Asian corridor)과 태평양 횡단 회랑(Trans-Pacific corridor)에 자리 잡고 있어 글로벌 네트워크와 세계 주요 항만 도시들의 흐름에 통합되어 있다. 1990년 이후 부산항의 물동량을 증가시킨 원인은 환적화물이 크게 늘어났기 때문이다. 중심 무역 회랑에 위치한 지리적 이점 이외에 환적화물이

---

10 산업화 초기인 1965년 부산은 신발·합판·섬유산업을 중심으로 한 2차산업 비중이 40.5%에 달했던 '수출'산업 도시였다. 이후 1973년에는 전국 수출에서 부산이 차지하는 비중이 29.2%로 수출물동량을 발생시키는 주요 지역이었다. 이는 항만과 도시의 연계성이 비교적 높았다는 의미이다(부산광역시, 2020: 378).

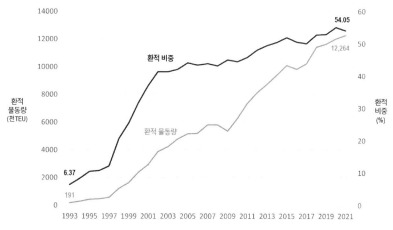

〈그림 2〉 부산항 환적 물동량 및 비중 변화 추이: 1993년~2021년(단위, 천 TEU, %)

출처: 부산광역시(2004); 해양수산부 PORT-MIS (검색일: 2022년 2월 24일) 토대로 작성

증가한 이유는 1995년 1월 일본 고베 대지진으로 인해 환적화물이 부산으로 이동한 것과 중국의 놀라운 경제성장으로 동아시아 물동량의 폭발적인 증가이다(부산광역시, 2004).

　1993년 이후 현재까지 부산항의 컨테이너 환적 물동량 및 비중의 변화추이는 〈그림 2〉를 통해 확인할 수 있다. 1990년 이전 부산항의 환적 물동량은 5% 미만에 불과했으나 1995년 471천 TEU로 그 비중이 10.4%로 증가했다. 1999년에는 1,632천 TEU(25.4%), 부산항 신항이 부분 개장 전해인 2005년에는 환적 물동량이 5,179천 TEU로 전체 컨테이너 물동량의 44.1%까지 증가했다. 2000년 기준 부산항 환적화물 중 56%는 중국본토에서 발생한 환적화물이며 홍콩 화물까지 포함하면 부산항 환적화물 중 중국 화물이 차지하는 비중은 62.3%에 달했다. 특히 청도, 텐진, 다롄 등 황해항은 세계항로에서 비교적 이격되어 있어 부산항을 거쳐 북미와 유럽으로 향했다. 중국의 항만물동량은 1990년 6,305천 TEU에서 2000년 35,483천 TEU로 급증했고, 2년 후인 2002년에는 55,717천 TEU로 2년 만에 무려 57%나 증가했다[11].

셋째, 초국적 선사들의 기항전략의 산물이다. 2002년 글로벌 상위 27개 해운사 중 26개사가 부산항에 기항했으며 이러한 해외 선사들의 기항전략은 부산항이 더 이상 한국의 대외무역 물동량에만 의존하지 않는다는 것을 보여준다. 2000년대 이전인 1997년 기준으로 보더라도 부산항 자성대 · 신선대 · 우암부두의 선사별 컨테이너 처리실적으로 보면, 한진해운이 15.7%, 현대상선 12.1% 등 국적 선사 비중이 44.1%(1,590천 TEU)인 반면 해외 선사는 55.9%(2,015천 TEU)로 해외 선사 비중이 더 높게 나타나 동아시아의 허브 항만의 위상을 갖춰 나갔다(해양수산부, 1998: 134).

## 3. 항만도시의 재구조화 압력

세계적으로 많은 항만 도시들이 환경적 조건의 변화에 적응하며 도시 성장을 이루어 왔다. 그러나 항만의 성장은 그 자체로 기존 항만을 외부로 이전시키려는 힘을 강화하기도 했다. 소위 '항만도시 성장의 역설'이 나타난 것이다. 다시 말하면 컨테이너화와 세계화 진전으로 기존 항만의 이전 압력이 강화되고 그 결과 항만과 도시는 '분기(divergence)' 상황을 맞이하게 되었다(Notteboom et al., 2022; Notteboom, 2016; Merk, 2018). 항만도시의 재구조화를 위한 대표적인 압력은 해상접근성, 물리적 제약 없는 해운 노선 위치, 항만의 규모와 토지의 불경제, 항만-도시의 갈등, 비용 차이, 강

---

11 부산항의 환적화물 집중은 낮은 항만이용료와 환적 비용에도 기인한다. 2000년 기준 항만이용료는 부산항이 100이면 가오슝항 161, 싱가포르항 130, 홍콩항 219, 고베항 219이며 환적 비용(부산항=100)도 가오슝항 201, 싱가포르항 217, 홍콩항 314, 고베항 379로 큰 차이를 보였다(해양수산부, 2001: 14; 17).

한 환경규제 등이 있을 수 있다[12]. 이 논문에서는 항만도시 부산 그리고 부산항의 재구조화 압력을 물동량 증가 대비 항만시설의 부족으로 인한 체선·체화현상의 심화, 교통·환경 등 도시문제, 허브 항만 경쟁환경을 중심으로 살펴본다.

부산항 컨테이너 부두의 시설능력은 1984년 이미 초과하였으며, 1990년 처리물동량은 시설능력 대비 150.2%를 넘어섰다. 시설능력은 90만 개인데 실제 물동량은 227만 개로 시설능력 보다 137만 개를 더 처리한 것이다. 이러한 상황이 가능했던 이유는 컨테이너 화물을 컨테이너 전용부두가 아닌 일반부두에서 혼합 처리했기 때문이다. 부산항 제1·2단계 사업이 완료된 1984년 이후에도 이러한 체선·체화현상이 심화된 이유는 경제성장에 따른 물동량이 급속히 증가했기 때문이다. 시설능력은 1983년 28백만 톤에서 1990년 34백만 톤으로 21% 증가한 반면, 처리물동량은 같은 31백만 톤에서 63백만 톤으로 무려 103% 증가하여 부산항의 혼잡도는 높을 수밖에 없었다(부산직할시, 1992: 600; 603). 이후 컨테이너 선박의 대형화와 물동량의 지속적인 증가는 기존 항만의 효율성을 낮춰 새로운 대안 모색이 시급한 과제였다. 제한된 도시 공간에서 부두의 확장, 추가, 통합을 통해 문제를 해결해 왔으나 거의 한계에 봉착하게 되었다.

다음으로, 항만이 도심에 위치해 발생하는 교통혼잡 및 환경문제의 유발이다. 부산항 물동량은 대부분 도로를 통해 내륙으로 연계운송 되기 때문에

---

12  항만은 여객과 화물이 선적, 하역 및 환적되는 통합 허브로서 국제무역에서 핵심적인 역할을 한다. 또한, 항만기능은 더욱 다양화되어 물류센터는 물론 산업클러스터로서의 역할도 점차 확대된다. 이러한 기능과 역할이 결합하면 일자리 증가 및 부의 창출과 함께 도시 거주민에게 많은 이점을 줄 수 있다. 그러나 항만의 기능과 가치에 대한 시민들의 인식은 배기가스, 소음 그리고 도로혼잡과 같은 도시문제들로 부정적일 수 있다(D'agostini and Jo, 2019). 즉 도시 내 항만기능은 순기능과 역기능을 동시에 포함하고 있다(최진이, 2021: 508-571; Popiolek and Klopott, 2016).

| 구분 | 서울 | 부산 | 대구 | 인천 | 광주 | 대전 | 울산 |
|---|---|---|---|---|---|---|---|
| 인구당 손실비용 (십만 원/인 · 년) | 5.3 | 8.2 | 3.6 | 6.2 | 6.2 | 6.1 | 3.3 |
| 차량당 손실비용 (십만 원/대 · 년) | 20.2 | 33.3 | 11.8 | 21.4 | 22.3 | 19.2 | 10.2 |
| 차량당 추가유류 소모 (ℓ/대 · 년) | 115.9 | 216.4 | 80.9 | 140.7 | 160.4 | 133.8 | 34.6 |

출처: 설재훈 · 박인기(2003), p. 42 일부 인용

도심에 위치한 항만은 심각한 교통혼잡을 초래했다. 또한, 항만 공간의 부족으로 컨테이너 야드가 도심 전역에 산재해 있었기 때문에 화물트럭의 시내 운송은 일반 도시교통과 혼재되어 심각한 체증 현상을 보일 수밖에 없었다. 2002년 기준 전국 7대 도시의 교통혼잡비용 조사결과는 위와 같은 문제를 반영한다. 부산은 교통혼잡으로 인한 인구당 손실비용, 차량당 손실비용, 차량당 추가유류 소모량 모두 1위를 차지했다. 대부분 항목에서 다른 도시들과 큰 격차를 보여 그 심각성을 가늠할 수 있다.

부산항이 근대항만의 모습을 갖추는 과정은 항만 매축의 역사였다(홍순연, 2021). 부산항은 배후지 시가지가 넓지 않은 배산임해(背山臨海)의 지형적 특성으로 항만부지 확보와 배후 도심의 용지를 확보하기 위해서는 대대적인 매립공사가 불가피했다. 1970년대 이후 컨테이너 물동량이 증가하면서 항만부지의 심각한 부족을 경험하게 된다. 컨테이너 부두뿐만 아니라 항 내 야드 시설도 절대적으로 부족하여 컨테이너 보관을 위한 야드는 항만 밖으로 밀려날 수밖에 없었다. 그 결과 도시 곳곳에 조성되어 있는 장소가 ODCY(Off-Dock Container Yard)이다. ODCY는 부두 내 컨테이너 장치장이 부족한 부산항의 공간적 특성을 반영한 것으로 주로 일반부두에서 처리되는 컨테이너들이 이 장치장을 경유했다. 2003년 기준으로 임항 지

역 14개소, 재송지역 1개소, 철도 지역 8개소, 기타지역 3개소 등 총 26개의 ODCY가 부산 전역에 산재해 운영되었다. ODCY는 도심항만 주변의 극심한 교통체증을 유발하는 주원인일 뿐만 아니라 물류비용 증가의 주요 요인이었다[13].

항만도시의 환경문제 역시 사회적 이슈가 되어왔다. 부두에 정박한 선박, 항만을 오가는 화물트럭, 야드 트랙터 및 크레인 등은 배기가스 배출과 미세먼지로 심각한 환경문제를 유발한다(해양수산부, 2021). 항만기능이 도시기능과 상충하는 것이다. 컨테이너 선박 1척이 디젤 승용차 5,000만 대에 해당하는 황산화물(SOx)을 배출하고 트럭 50만 대에 해당하는 미세먼지를 배출하는 등 부산항은 세계 항만 중 오염항만으로 지목되고 있다(이언경 외, 2017).

마지막으로, 동북아 허브 항만 경쟁도 부산항의 항만확장을 위한 압력요인으로 작용했다. 중국의 경제성장은 과거 환적화물 증가 등 부산항 성장에 '기회 요인'으로 작용했으나 중국이 대규모 항만개발에 나서면서 '위협요인'이 되었다. 즉 중국은 증가하는 컨테이너 물동량을 소화('자국 화물, 자국처리 원칙')하고 나아가 인근 국가의 환적화물을 유치하려는 전략을 구상하기 시작했다. 2000년대 들어 중국정부는 아시아 허브 항만을 목표로 중국 상하이 양산 신항 건설을 추진하여 2002년 착공, 2005년 1단계 터미널을 개장 후 지속적으로 선석을 추가하며 운영하고 있다. 상하이에서 약 30km 떨어진 양산 신항은 2020년까지 30선석 우선 개발, 이후 총 50선석 이상의 규

---

13  도로운송 기준 부두 직반출의 경우 40FT 391천 원, 20FT 262천 원인 반면 ODCY를 경유할 경우 40FT 467천 원, 20FT 317천 원으로 각각 19.4%, 21.0% 높다. 이는 ODCY를 경유할 경우 ODCY 조작료 등의 추가비용이 발생하기 때문이다. 특히 일반부두에서 처리하는 컨테이너들의 경우 상당수가 ODCY를 경유했다(해양수산부, 1998: 134).

모로 확대하여 세계 최대항만을 지향하고 있다(임종관 · 이주호, 2005). 중
국을 비롯해 부산항과 허브 항만 위상을 둘러싼 경쟁항만들이 항만 인프라
확대 및 화물유치 전략을 본격화하면서 부산항으로서도 기존 항만의 재구
조화의 필요성과 재편압력이 점점 더 커졌다.

〈표 4〉 세계 컨테이너 항만순위 변화 추이: 1980-2021년(단위: 천 TEU)

| 구분 | 1980년 | | 1990년 | | 2000년 | | 2010년 | | 2021년 | |
|---|---|---|---|---|---|---|---|---|---|---|
| | 항만명 | 국가 | 항만명 | 국가 | 항만명 | 국가 | 항만명 | 국가 | 항만명 | 국가 |
| 1 | NY/NJ (1,947) | 미국 | 싱가포르 (5,223) | 싱가포르 | 홍콩 (18,100) | 중국 | 상하이 (36,537) | 중국 | 상하이 (47,025) | 중국 |
| 2 | 로테르담 (1,901) | 네덜란드 | 홍콩 (5,101) | 중국 | 싱가포르 (17,040) | 싱가포르 | 싱가포르 (28,431) | 싱가포르 | 싱가포르 (37,468) | 싱가포르 |
| 3 | 홍콩 (1,465) | 중국 | 로테르담 (3,666) | 네덜란드 | 부산 (7,540) | 한국 | 홍콩 (23,532) | 중국 | 닝보-저우산 (31,080) | 중국 |
| 4 | 고베 (1,456) | 일본 | 가오슝 (3,495) | 대만 | 가오슝 (7,426) | 대만 | 선전 (22,509) | 중국 | 선전 (28,760) | 중국 |
| 5 | 가오슝 (976) | 대만 | 고베 (2,596) | 일본 | 로테르담 (6,275) | 네덜란드 | 부산 (14,940) | 한국 | 광저우 (24,180) | 중국 |
| 6 | 싱가포르 (917) | 싱가포르 | 부산 (2,348) | 한국 | 상하이 (5,613) | 중국 | 닝보-저우산 (13,144) | 중국 | 칭다오 (23,700) | 중국 |
| 7 | 산후안 (852) | 푸에르토리코 | LA (2,116) | 미국 | LA (4,879) | 미국 | 광저우 (12,550) | 중국 | 부산 (22,706) | 한국 |
| 8 | 롱비치 (825) | 미국 | 함부르크 (1,967) | 독일 | 롱비치 (4,601) | 미국 | 칭다오 (17,510) | 중국 | 톈진 (20,260) | 중국 |
| 9 | 함부르크 (783) | 독일 | NY/NJ (1,898) | 미국 | 함부르크 (4,248) | 독일 | 두바이 (15,592) | UAE | 홍콩 (17,788) | 중국 |
| 10 | 오클랜드 (782) | 미국 | 키룽 (1,807) | 대만 | 안티워프 (4,082) | 벨기에 | 톈진 (14,050) | 중국 | 로테르담 (15,300) | 네덜란드 |

출처: 한철환 · 우종균(2004); 한국항만물류협회(2012); 부산항만공사(2022) 참조로 작성

# Ⅳ. 항만도시의 재구조화

## 1. 항만 이전: 부산항 신항

항만 재구조화의 압력에 대응하는 항만도시의 적응전략은 기존 항만 이전과 초대형 항만을 건설하는 것으로 현실화되었다. 부산시는 부산항의 체선·체화를 해소하고 항만운영 환경을 개선하기 위해 1989년 7월 '부산항 광역개발 기본 계획'을 수립하여 가덕도를 신항만 후보지로 선정하는 등 항만 이전 계획을 준비했다. 1995년 정부의 '세계화추진위원회'에서 부산항 신항만건설 계획이 중점 추진과제로 선정되면서 본궤도에 올랐으며 이후 1996년 항만 기본 계획 고시, 1997년 착공으로 이어졌다. 계획 당시 사업내용은 2011년까지 총 사업비 4조 6,948억 원(정부 1조 7,177억 원, 민자 2조 5,679억 원)을 투입하여 컨테이너 부두 30선석을 비롯한 항만 배후 인프라를 조성하는 것이었다(해양수산부, 1998: 69). 2006년 3선석 조기 개장을 시작으로 순차적으로 개장해 운영 중이다.

신항만 건설계획은 여러 차례 수정계획 고시를 거쳤으며 가장 최근 계획인 '제2차 신항만건설 기본 계획(2019-2040)'에 따르면 총 사업비 13.6조(정부 5조2천억 원, 민자 8조4천억 원)를 투입하여, 2019년 22선석에 하역능력 23,354만 톤 수준을 2040년까지 34개 선석, 35,924만 톤으로 규모를 늘려 총 56개 선석 59,278만 톤의 하역능력을 보유한다는 계획이다(해양수산부, 2019a). 추가로 개발되는 신항의 컨테이너 부두들은 25,000 TEU급 초대형 선박이 접안 가능한 대수심·대용량(수심 −23m, 야드 폭 800m, 선석길이 400m) 규모이다. 또한, 4차 산업혁명 기술이 적용된 자동화 항만을 단계적으로 적용하고, 항만의 다기능화를 위해 수리 조선 단지, LNG 벙커링 터미널, 항만 배후부지의 추가개발을 통해 단순한 화물처리 항만을 넘어선 고부가가치 항만을 계획하고 있다. 이러한 항만개발의 최종 목표는 '동북아 Mega Port'로 성장하는 것이며 해상으로는 환태평양과 유럽 항로, 내륙으로는 남북연결을 통한 유라시아 복합운송이 가능한 '동북아 게이트 물류 허브 항만'을 지향한다.

물류는 높은 운송 집약적 활동이기 때문에 항만시설 인근 지역은 매력적인 사업 환경을 제공한다. 항만은 시장, 원자재 및 부품의 글로벌 연결을 통해 제조기회를 극대화할 수 있으며 글로벌 가치사슬의 구축 환경에서 상대적으로 가장 안정적인 위치를 제공할 수 있다. 즉 항만이 제공할 수 있는 연결성이 높을수록 배후지는 더 나은 가치생산 활동을 보장받게 된다. 부산항 신항 역시 항만과의 연계성이 높은 대규모 배후단지를 조성 중이다. 부산항 신항 배후단지는 2030년까지 북측 컨테이너 터미널(2,226,030 $m^2$, 부산/진해), 남측 컨테이너 터미널(1,444,162 $m^2$, 부산), 웅동(3,606,371 $m^2$, 진해), 서측 컨테이너 터미널(1,175,129 $m^2$, 진해) 배후단지 총 8,451,692 $m^2$ 규모로 조성될 계획이다. 이는 국내외 물류ㆍ제조기업을 유치하여 항만 인프라, 항만 배후단지와 인근 산업단지를 연계하는 국제 항만물류클러스터 구축 전략의 일환이다(해양수산부, 2019b). 2030년 배후단지 조성이 완료되면 활동인구는 150,754명으로 추정되고 있다.

부산항 신항 인근 배후 지역은 외국인 직접투자 유치를 위해 2003년 10월 경제자유구역으로 지정되어 운영 중이다. 경제자유구역은 외국인 투자기업들에 각종 규제조치를 적용하지 않거나 나아가 자본을 위한 특혜를 부여하는 "예외적 공간(space of exception)"(박배균, 2017)이다. 대표적으로 국세와 지방세가 감면되며, 해외로 재수출되는 물품에 대해서는 관세가 면제된다. 토지임대료 역시 투자금액, 업종, 고용인원에 따라 대폭 감면해 준다. 부산진해경제자유구역은 신항만지역 11.1$km^2$를 비롯하여 총 51.1$km^2$ 규모로 조성·운영 중이며[14], 2004년부터 2021년까지 총 3,514.2백만 불의 외국인투자를 유치했으며 업체 수는 168개, 업종별로는 첨단산업 75개 업체(1,792.3백만 불), 신항만건설 3개 업체(697.2백만 불), 물류 77개 업체(426.7백만 불), 관광 레저 2개 업체(62.0백만 불), 기타 11개 업체(535.2백만 불)이다(부산진해경제자유구역청, 2022).

〈그림 3〉에서 나타나듯, 2006년 부산항 신항의 3선석이 개장된 이래 컨테이너 물동량의 대규모 이전이 이루어졌다. 부산항 신항은 개장과 함께 237,710 TEU(2.0%) 처리를 시작으로 물동량 점유율을 꾸준히 높여 나갔으며, 2012년에는 9,442,691 TEU(54.9%)를 처리하여 북항(7,703,487 TEU, 45.1%)을 앞서나가기 시작했다. 2020년 현재 부산항의 총 물동량

〈표 5〉 주요 항만 배후단지 현황(2021년 기준)

| 구분 | 부산항 신항 | 광양항 | 인천항 | 평택·당진항 | 울산항 | 포항항 |
|---|---|---|---|---|---|---|
| 물류업(개) | 65 | 48 | 26 | 16 | 4 | 7 |
| 제조업(개) | 4 | 7 | 21 | 0 | 4 | 0 |
| 계(개) | 69 | 55 | 47 | 16 | 8 | 7 |
| 면적($m^2$) | 2,595,103 | 2,183,710 | 1,292,590 | 934,533 | 359,133 | 152,337 |
| 화물(TEU) | 1,937,723 | 817,050 | 477,525 | 359,998 | 56,333 | 17,204 |
| 고용(명) | 2,609 | 1,238 | 1,726 | 884 | 270 | 55 |
| 외자 유치 (백만 원) | 183,453 | 34,574 | 39,126 | 2,750 | - | - |
| 매출액 (백만 원) | 514,251 | 381,885 | 860,940 | 195,100 | 434,142 | 26,086 |

출처: 해양수산부(2022) 참조로 작성

---

14 경제자유구역은 신항만지역(물류, 유통, 국제업무), 명지지역(물류, 첨단부품, 국제비즈니스, 주거), 지사지역(첨단생산, 국제업무), 웅동지역(첨단산업, 여가, 휴양, 주거 지원), 두동지역(첨단생산, 국제업무, 주거 지원, 여가) 등 5개 지역으로 구분된다. 부산진해경제자유구역청 https://www.bjfez.go.kr/dev/00037/00038.web (검색일: 2022년 2월 23일).

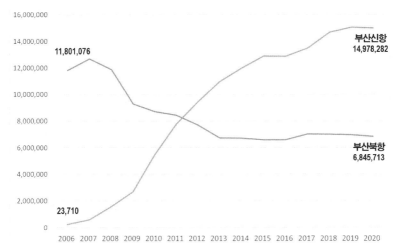

〈그림 3〉 부산 북항과 신항의 컨테이너 물동량 변화추이: 2006년~2020년(단위: TEU)

출처: 부산항만공사, 『부산항 컨테이너 화물처리 및 수송통계』, 각 연도

은 21,823,995 TEU로 이 중 신항이 14,978,282 TEU로 68.6%, 북항이 6,845,713 TEU로 31.4%를 차지하고 있다. 물동량이 신항 쪽으로 이전되면서 북항의 물동량은 2007년 12,682,316 TEU로 최고치를 보인 이후 지속적으로 감소하고 있다. 부산항 총 물동량 규모도 2006년 12,038,786 TEU에서 2020년 21,823,995 TEU로 81.3% 증가하여 부산항 신항이 부산항 전체 물동량 증가를 견인해 온 것으로 평가할 수 있다. 이러한 추세는 신항의 추가선석 개발 등 항만 인프라가 확대될수록 양항 간의 물동량 격차는 더 벌어질 것이다.

대규모 항만개발은 부산항의 '글로벌 연결성'을 높이는 데 상당한 기여를 한 것으로 보인다(Hoffmann and Hoffmann, 2020). 2020년 기준 국제 정기선 운송서비스를 받는 컨테이너 항만 수는 전 세계적으로 939개이다. 이 모든 항만이 서로 간에 직접 서비스(직기항)를 제공하는 경우 44,391개의 항만 간 정기선 직기항 연계가 가능하다. 그러나 실제로는 12,748개의 항만 쌍(pairs)만이 직접 연결되어 있다. 단순 계산상으로는 2.9% 수준이며 나머지 97.1%는 항만 간 직접 무역을 하기 위해 컨테이너를 다른 항만에서 환적해야 한다는 의미이다. 부산항과 직기항으로 연결된 전 세계 항만 수는 274개로 세계 2위에 해당한다. 1위는 중국 상하이항이며 부산항 다음으로는 안티워프항(266개), 로테르담항(264개), 닝보항(258개), 싱가포르항(249개) 순이다. 일본의 요코하마항은 141개 수준으로 부산항의 51.5% 수준에 머물렀다. 세계적 허브 항만도시로의 진화가 글로벌 연결성을 확대하는 능력으로 나타난다면, 부산항은 신항 개발과 함께 상당 부분 달성하고 있는 것으로 보인다.

## 2. 항만도시의 재생: 북항 재개발

부산항 북항에서 신항으로의 대규모 물동량 이전에 따라 기존 북항 지역은 수변공간 재개발이 추진되고 있다. 이와 같은 기존 항만 공간의 재개발은 항만과 도시의 관계를 재조명할 수 있는 기회이다. 항만은 도시 공간의 일부로서 글로벌 가치사슬에 대한 접근과 같은 다양한 경제적 기회를 제공하지만, 항만이 성장할수록 도시기능과 갈등이 발생할 수 있으며 특히 컨테이너화 이후 많은 기존 항만들이 수변공간 재개발 대상이 되고 있다(Lee and Ducruet, 2006). 북항의 일반부두들은 일반 화물을 처리하기 위해 건설되었으나 컨테이너 부두와 시설의 부족으로 컨테이너 화물까지 처리함에 따라 설계하중을 초과하는 위험한 운영을 계속해 왔다. 또한, 컨테이너화의 진전은 일부 벌크화물을 제외하고 일반부두의 전체적인 물동량을 감소시켰다. 이러한 추세는 신항 컨테이너 부두들의 단계적 개장에 따라 더욱 가속화되었다. 다른 한편, 주민들의 수변공간에 대한 접근성, 즉 기존 항만이 오랜 기간 주민들과 차단된 '보안시설'로 유지되어 왔기 때문에 바다를 향한 도시 공간의 '개방감' 요구도 항만 재정비의 필요성을 높였다. 앞서 살펴본 대로, 부산지역에 산재해 있는 ODCY는 교통체증을 유발할 뿐만 아니라 항만물류의 경쟁력을 약화시키는 주요 요인이다. 이러한 부지들은 항만 이전에 따라 지역발전에 필요한 새로운 개발 가용지를 제공할 수 있으며, 재개발을 통해 쇠퇴하는 항만 주변 도심의 재활성화에도 기여할 수 있다(부산광역시, 2019c: 124). 결과적으로 항만재개발은 무계획적으로 배치된 항만시설과 연계부지를 주민들의 요구에 기반을 둔 도시계획과 개발로 도시 공간의 수용성과 활용도를 높일 수 있다.

북항 재개발 1단계 대상 지역은 항만과 인접한 원도심인 중구, 동구(제1

〈표 6〉 북항 재개발 1단계 지구별 기능 및 도입시설

| 구분 | 지구 | 기능 | 도입시설(예정) |
|---|---|---|---|
| 유치시설 303,425㎡ (27.3%) | 상업 업무지구 | 복합상업기능 | 쇼핑센터, 위락시설, 국제업무, 국제회의장, 호텔 |
| | | 업무지원기능 | 국제업무, 국제회의장, 호텔 |
| | IT·영상 전시지구 | 문화전시기능 | 공연장, 전시장, 스튜디오 |
| | | 복합사업기능 | IT 쇼핑몰 및 업무시설 |
| | 해양문화지구 (랜드마크) | 레저·휴양기능 | 리조트, 특급호텔, 워터파크, 수족관 등 |
| | 해양 문화지구 | 레저·휴양기능 | 특급호텔, 놀이공간, 해양콘도 |
| | | 상업기능 | 백화점, 쇼핑센터, 업무시설 |
| | 복합· 도심지구 | 휴식·휴양기능 | 관광호텔, 서비스레지던스호텔, 콘도 |
| | | 상업·판매기능 | 복합쇼핑몰, 테마 레스토랑 |
| | | 주거기능 | 공동주택, 아파트(주상복합) |
| 공공시설 809,503㎡ (72.7%) | 복합 항만지구 | 여객기능 | 국제여객·크루즈터미널 |
| | | 공공 및 관광기능 | 옥상광장, 컨벤션센터, 면세점 및 전문상가 |
| | 기타 | | 환승센터(25,714㎡), 공원 및 광장(199,939㎡), 마리나(28,463㎡), 도로 및 공공용지(393,788㎡) |

출처: 부산항만공사. https://www.busanpa.com/redevelopment/Contents.do?mCode=MN0022(검색일: 2022년 2월 23일)

~4부두, 연안·국제여객부두, 중앙부두) 일원으로 총면적 1,532,581㎡이다. 지구별 기능 및 도입시설(예정)은 〈표 6〉과 같다. 2008년부터 진행 중인 북항 재개발은 크게 6개 지구의 특화된 개발과 환승센터, 공원·광장, 마리나 등으로 추진된다. 상업업무지구는 역세권과 항세권의 중심에 위치하여 비즈니스 공간과 금융, 쇼핑, 숙박시설이 들어서며, IT·영상·전시지구는 영상 도시를 표방하고 있는 부산지역의 특성을 반영하여 미디어 라인 구축 및 융합을 통한 시너지 효과를 높일 계획이다. 해양문화지구는 가장 상징적인 랜드마크 구역으로 지역주민들과 외부 관광객 유치를 위한 시설들이 모여있는 곳이다. 또 다른 해양문화지구는 수변공간을 조성하는 오픈스페이스와 문화공간으로 조성된다. 복합 도심지구는 수변 지역과 마리나 시설을 연계하여 도심형 수변 생활공간으로, 복합항만지구는 여객터미널과 배후의 상업·업무지구를 연계하여 교류의 장으로 개발할 예정이다.

　해양수산부는 1단계 재개발 계획에 이어 기존 '부산 북항 자성대부두 재개발 기본 계획'을 '부산항 북항 2단계 재개발 기본 계획'으로 변경 고시했다(해양수산부, 2020a). 자성대부두는 1978년 부산항 최초의 컨테이너 전용부두로 매우 상징적인 곳이다. 대상 지역도 기존 자성대부두·양곡 부두 일원에서 부산역·부산진역 CY, 좌천동, 범일동 일원으로 확대해 총면적이 747,717㎡에서 2,198,594㎡로 1,450,877㎡가 추가되었다. 노후화된 부두는 생산성이 낮고, 특히 전면 수심이 낮아 초대형 컨테이너 접안이 어려워 아시아 역내 운항(Intra-Asia)에 국한되어 운영되는 한계를 가지고 있다. 또한, 이 계획에는 신항 건설로 기능을 상실한 다수의 ODCY 부지가 포함되어 있다. 항만과 도심을 단절시켰던 철도시설의 재배치가 이루어지며 쇠퇴하는 원도심과 연계 개발을 목표로 하고 있다. 2단계 개발사업도 해양문화관광지구, 복합 도심지구, 공공시설 지구로 구분하여 지구별 개발을 추진할 계

〈그림 4〉 부산항 북항 통합마스터플랜

출처: 해양수산부(2020b)

획이나 1단계 개발계획의 보완과 차별화에 중점을 둘 것으로 알려져 있다.

부산시는 2017년 북항을 중심으로 하는 종합계획을 수립하여 발표했다 (부산광역시, 2017: 121-122). 북항 부지를 중심으로 도시 공간을 국제도 시 교류축, 창조경제 중심축, 게이트웨이 연계축으로 '통합개발'해야 한다 는 계획이었다. 이를 한 단계 발전시킨 것이 '부산항 북항 통합개발 마스터 플랜'이다(〈그림 4〉)(해양수산부, 2020b). 이 계획은 북항을 중심으로 한 도 시 공간의 재편을 종합해 놓은 미래의 청사진이다. 이 계획에 따르면 '사람 과 바다가 어우러지는 글로벌 신해양도시 산업 중심지 육성'이라는 목표 아 래 북항과 연계된 공간이 게이트웨이 · 친수 · 문화지구(북항 1단계), 국제 교류 · 도심복합지구(북항 2단계: 자성대부두+주변 지역), 정주 공간 · 청년 문화 허브 지구(북항 2단계: 부산역 조차장), 근대문화 · 수변 상업지구(영 도 봉래), 해양산업혁신지구(영도 청학), 해양레저산업혁신지구(우암부두), 항만물류지구(신선대 · 감만부두) 등 7대 특화지구로 개발된다. 항만물류

지구는 현재 운영 중인 컨테이너 전용부두에 2030년까지 4,655천 TEU의 하역능력을 유지한다. 북항 외항에 위치한 컨테이너 부두를 향후 전면 폐쇄하는 것이 아니라 아시아 역내 기항지의 역할 담당과 전용부두의 역사성을 유지하면서 운영될 계획이다. 이와 같이 북항 재개발은 부산의 도심에 지역발전을 위한 새로운 광대한 부지를 제공하면서 핵심 도시 공간의 기능전환을 가능케 하고 있다.

## V. 결론

이상으로 동북아지역의 대표적 항만도시인 부산의 도시 성장과 재구조화의 과정을 부산항의 변화를 중심으로 살펴보았다. 이 장의 내용을 요약하면 다음과 같다.

첫째, 항만의 기능적 전환과 도시 공간의 재구조화를 촉진하는 환경적 요인은 1970년대 이후 본격화된 컨테이너화와 그에 따른 세계화이다. 해운 기술의 혁신은 국제무역에서 낮은 비용으로 신속한 상품이동을 가능하게 했으며 글로벌 가치사슬의 구축은 물동량을 증가시키는 원인이다. 또한, 컨테이너화는 선박의 대형화를 촉진하였으며 이는 초국적 선사와 동맹의 권력을 강화했다. 항만 도시들은 초국적 선사들이 주도하는 글로벌 흐름에 포함되기 위해 항만은 새로운 적응능력을 발휘해야만 했다. 부산항은 초기 컨테이너화 과정에서 전국의 수출입물동량의 압도적 점유율로 컨테이너 특화항만으로 성장해 나갔다.

둘째, 이와 같은 환경적 요인에 대한 부산의 적응능력은 컨테이너 부두의 단계적 개발과 더불어 항만과 연계된 기반시설의 확충으로 나타났다. 당시

국가주도의 수출 지향적 산업화는 항만개발과 불가분의 관계가 있었다. 지속적인 항만개발에도 불구하고 컨테이너 물동량은 시설(하역)능력을 초과하여 급격히 늘어났다. 항만의 성장 과정에서 부산항 물동량의 증가요인은 국가주도의 수출 지향적 산업화, 부산항이 보유한 지리적·공간적 이점인 높은 '중개성', 초국적 선사들의 기항전략의 산물이었다. 이러한 컨테이너 물동량의 증가와 항만개발은 도시의 재구조화에 대한 압력을 높였다. 재구조화 압력요인은 항만시설 부족으로 인한 체선·체화현상 심화, 교통·환경문제 대두, 동북아 허브 항만 경쟁 등이 작용했다.

셋째, 위와 같은 압력요인에 대응한 항만도시의 재구조화 결과는 항만 이전과 기존 항만(북항)의 수변공간 재개발이었다. 우선 항만 이전은 부산항 신항개발로 현실화되었다. 부산항 신항은 해운 기술의 변화에 적극적으로 대응할 수 있는 항만으로 초대형 컨테이너 선박이 접안 가능한 대수심·대용량으로 건설되었다. 또한, 신항 인근 배후지를 조성하기 위해 배후단지 조성과 경제자유구역을 지정하여 항만과 도시의 연계성을 높이려 하고 있다. 항만 이전의 결과는 물동량 이전과 함께 항만의 글로벌 연결성을 높였다. 유휴화된 북항 부지는 지역발전에 필요한 새로운 개발 가용지로 활용되어 대규모 재개발이 추진되고 있다. 이는 항만-도시 간의 관계를 재조명할 수 있는 기회를 제공하고 있다. 결국, 북항 재개발은 항만을 중심으로 도시 공간의 새로운 진화를 가능하게 한 중요한 계기가 되고 있다.

항만도시의 부산의 성장과 진화는 '서구의 단계론적 모델'에서 강조하는 컨테이너화와 세계화에 따른 항만-도시 간 기능적·공간적 분리현상이 나타났다는 점에서 '아시아 허브 항만도시 통합모델'과 차이를 보인다. 다른 한편, 도시 내 항만 이전과 북항 재개발을 통해 새로운 항만-도시 간 연계성을 높이고자 하는 전략적 조치를 실행하고 있다는 점에서 항만과 도시의 통합모델의 성격도 동시에 포함하고 있다. 이는 항만도시 성장은 하나의 모델로 설명할 수 없다는 점을 말해준다. 즉 환경적 요인에 적응하는 항만 도시들의 성장경로와 특성은 동형화의 흐름 속에서도 항만-도시 관계가 다양하게 나타날 수 있다는 의미이다.

부산은 항만도시 성장 과정에서 비교적 적절한 수준의 적응능력을 발휘해 온 것으로 판단된다. 다만 항만을 중심으로 한 도시 공간의 재구조화는 현재진행형이며 일부는 계획수준이라 적응능력에 대한 종합적 판단은 아직 이르다. 따라서 현재 진행되고 있는 항만을 중심으로 하는 도시 재구조화에 대한 지속적인 연구가 필요하다. 나아가 서구와 아시아 그리고 항만도시 간 비교연구는 다양한 항만도시 성장의 동학을 규명하고 유형화를 가능하게 하여 '항만도시론'의 발전에 기여할 수 있을 것이다. 부산의 미래와 공간적 진화의 방향과 내용은 항만도시를 둘러싼 위험과 기회 요인에 대해 어떤 방식으로 적응능력을 보이는가에 좌우될 것이다.

# 참고문헌

국가기록원, "기록으로 보는 경제개발 5개년 계획", https://theme.archives.go.kr/ next/economicDevelopment/statistics.do.

매일경제 (1971), '년내로 완전컨테이너화', 2. 20.

박배균 (2017), '동아시아에서 국가의 영토성과 예외적 공간: 동아시아 특구의 보편성과 특수성', 한국지역지리학회지 23(2), 288-310.

박영출 (2004), '재계 인물현대사: 수송 한국의 거목, 조중훈(11)', 문화일보, 2. 7.

백두주 (2021), '환태평양 가치사슬의 구조변동과 전망: 미국과 중국의 전략적 선택을 중심으로', 사회과학연구 29(1), 44-88.

부산광역시 (2004), 부산광역시 시정 10년사.

부산광역시 (2017), 2030년 부산도시기본계획(변경).

부산광역시 (2018), 부산광역시 도시계획사.

부산광역시 (2020), 부산역사산책.

부산직할시 (1992), 도시계획백서.

부산진해경제자유구역청 (2022), '2021년 12월 외국인투자유치 통계 현황.'

부산진해경제자유구역청, https://www.bjfez.go.kr/dev/00037/00038.web

부산항만공사 (2022), 2021 부산항 컨테이너 화물처리 및 수송통계.

부산항만공사 각 연도, 부산항 컨테이너 화물처리 및 수송통계.

설재훈, 박인기 (2003), 2002년 전국 교통혼잡비용 산출과 추이 분석, 교통개발연구원.

이성우 (2006), '항만도시 성장의 관점에서 본 부산항 재개발 방향', 해양수산 263, 36-49.

이언경 외 (2017), AMP 설치 수요조사 및 추진과제 연구, 한국해양수산개발원.

이용득 (2019), 부산항 이야기: 부산항의 오래된 미래를 만나다, 유진북스.

이종필 외 (2014), 글로벌 해양시대를 선도하는 항만 지역 선진화 방안 연구, 한국해양수산개발원.

임종관, 이주호 (2005), 양산항 개장이 동북아 항만 경쟁 구도에 미치는 영향, 한국해양수산개발원.

정이근 (2015), '1960·70년대 부산항 무역 변동', 항도부산 31, 1-33.

중앙일보 (1970), '컨테이너 반대결의', 2. 19.

최진이 (2021), '항만과 도시의 관계 재정립을 통한 부산항과 부산의 연계성 강화 연구', 항도부산 41, 501-530.

한국항만물류협회 (2012), 항만하역 요람.

한국항만물류협회 (2021), 항만하역 요람.

한철환, 우종균 (2004), 북중국 항만발전이 우리나라 환적화물 유치에 미치는 영향, 한국해양수산개발원.

해양수산부 (1998), 컨테이너 편람 1998.

해양수산부 (2001), 제2차(2002~2011) 전국항만 기본 계획(무역항).

해양수산부 (2013), 부산항(북항) 항만재개발 기본 계획.

해양수산부 (2017), 부산항 해양산업클러스터 개발계획.

해양수산부 (2019a), 제2차 신항만건설 기본 계획(2019-2040). 해양수산부 고시 제 2019-122호.

해양수산부 (2019b), 부산항 신항 항만 배후단지 개발계획(2017~2030).

해양수산부 (2019c), 부산항 북항 2단계 재개발 기본 계획.

해양수산부 (2020a), 제3차(2021-2030) 항만재개발 기본 계획.

해양수산부 (2020b), '부산 통합개발로 원도심에 활기 불어넣어: 부산항·북항 통합개발 마스터플랜 발표.'

해양수산부 (2021), 항만 지역 등 대기질 개선 종합계획.

해양수산부 (2022), 제4차(2023-2030) 항만 배후단지 개발 종합계획.

해양수산부, PORT-MIS, https://new.portmis.go.kr/

해운항만청 (1986), 부산항 개발 2단계 차관협정서, 부산항 개발 2단계 사업평가보고서.

홍순연 (2021), '부산지역 근대 항만도시 형성에 따른 항만 활동의 변화: 항만 매축과 산업 활동을 중심으로', 인문사회과학연구 22(3), 27-51.


Bird, J. (1963), The Major Seaports of the United Kimdom, Hutchison.

Cartier, C. (1999), 'Cosmopolitics and the maritime world city,' Geographical Review, 89(2), pp. 278-289.

D'agostini, E. and Jo, S.H. (2019), 'Port-City and local population relationship: the perception of Busan citizens of the port,' J. Naving. Port Res. 43(2), pp. 110-121.

DiMoia, J.P. (2020), 'Reconfiguring transport infrastructure in post-war Asia: mapping South Korean container ports, 1952–1978,' History and Technology, 36(3/4), pp. 382-399.

Ducruet, C. (2011), 'The port city in multidisciplinary analysis. Joan Alemany and Rinio Bruttomesso,' The port city in the XXIst century: New challenges in the relationship between port and city, RETE.

Ducruet, C. (2016), 'Port-city relationships in Europe and Asia,' Journal of International Logistics and Trade, 4(2), pp. 13-35.

Ducruet C. and Lee, S. W. (2006), 'Frontline soldiers of globalisation: port-city evolution and regional competition,' Geojournal, 67(2), pp. 107-122.

Ducruet, C. and Jeong, O. (2005), 'European port-city interface and its Asian application,' KRIHS Research Report 2005-17.

Fleming, D. and Hayuth, Y. (1994), 'Spatial characteristics of transportation hubs: centrality and intermediacy,' Journal of Transport Geography, 2(1), pp. 3-18.

Frémont, A. and Ducruet, C. (2005), 'The emergence of a mega-port: from the global to the local, the case of Busan,' Tijdschrift voor economische en sociale geografie, Wiley 96(4), pp. 421-432.

Guerrero, D. and Rodrigue, J-P. (2014), 'The wave of containerization: shifts in global maritime transportation,' Journal of transport geography, 35, pp. 3-18.

Hayuth, Y. (1981), 'Containerization and the load centre concept,' Economic Geography, 57(2), pp. 160-176.

Hoffmann, J. and Hoffmann, J. (2020), 'Ports in the global liner shipping network: understanding their position, connectivity, and changes over time,' UNCTAD Transport and trade facilitation Newsletter, 57.

Hoyle, B.S. and Smith, J. (1998), 'Transport and development: conceptual frameworks,' In: Hoyle, B. S. and Knowles, R. D. (eds.). Modern Transport Geography. Wiley, Chichester.

Hoyle, B. S. (1989), 'The port-city interface: trends, problems and example,' Geogorum, 20(4), pp. 263-279.

Hoyle, B. S. (1998), 'The redevelopment of derelict port areas,' The Dock & Harbour Authority, 79-887, pp. 46-49.

Lee, S.W. et al. (2008), 'A tale of Asia's world ports: the spatial evolution in global hub port cities,' Geoforum, 39(1), pp. 372-385.

Lee, S.W and Ducruet, C. (2006), 'Waterfront redevelopment and territorial integration in Le Havre(France) and Southampton(UK): Implications for Busan, Korea,' Ocean Policy Research, 21(2), pp. 127-156.

Lian, C. and Alejandro, C. (2021), Capitalism and the Sea. Verso.

Merk O. (2013), 'The competitiveness of global port-cities: synthesis report,' OECD regional development working papers 2013/13, OECD.

Merk, O. (2018), 'Container ship size and port relocation,' Discussion Paper 169, OECD.

Murphey, R. (1989), 'On the Evolution of the Port City,' in Broeze, F. (ed.), Brides of the Sea: Port Cities of Asia from the 16th- 20th Centuries, University of Hawaii Press.

Notteboom, T.E. (2016), 'The adaptive capacity of container ports in an era of mega vessels: The case of upstream seaports Antwerp and Hamburg,' Journal of Transport Geography, 54, pp. 295-309.

Notteboom, T.E. et al. (2022), Port economics management and policy. Routledge.

Pavia, R. and Zevi, T. (2021), 'Port and global cities: what future?,' ISPI.

Placek, M. (2021), 'Market share of the largest container shop alliances 2012-2021', Statista.

Popiolek, I.U. and Klopott, M. (2016), 'Container terminals and port city interface: a study of Gdynia and Gdansk ports,' Transportation Research Procedia 16, pp. 517-526).

Rimmer, P.J. (1967), 'The search for spatial regularities in the development of Australian seaport 1861-1961/2,' Geofrafiska Annalar 49(1), pp. 42-54.

Wang, M. (2015), 'The rise of container tonnage and port developments in East Asia,' Business and Management Studies, 1(2), pp. 189-198.

**횡단과 연계의 탐색**
# 환태평양 도시연구

초판인쇄  2023년 7월 31일
초판발행  2023년 7월 31일

지은이  노용석, 현민, 정호윤, 박명숙, 문기홍, 백두주, 서광덕, 전지영
펴낸이  채종준
펴낸곳  한국학술정보(주)
주  소  경기도 파주시 회동길 230(문발동)
전  화  031-908-3181(대표)
팩  스  031-908-3189
홈페이지  http://ebook.kstudy.com
E-mail  출판사업부 publish@kstudy.com
등  록  제일산-115호(2000. 6. 19)

ISBN  979-11-6983-466-7 93300

이담북스는 한국학술정보(주)의 출판브랜드입니다
이 책은 한국학술정보(주)와 저작자의 지적 재산으로서 무단 전재와 복제를 금합니다